ANALYSIS
OF A TRIANGULAR PYRAMID
IN SEARCH OF
THE MULTIDIMENTIONAL REGIONAL INNOVATION CAPACITY DEVELOPMENT

剖析三棱锥：
寻求区域创新能力形成的
立体路径

陈玉川 著

江苏大学出版社
JIANGSU UNIVERSITY PRESS

图书在版编目（CIP）数据

剖析三棱锥：寻求区域创新能力形成的立体路径 /
陈玉川著. —镇江：江苏大学出版社，2011.11
ISBN 978-7-81130-269-1

Ⅰ.①部… Ⅱ.①陈… Ⅲ.①地区经济－国家创新系
统－研究－江苏省 Ⅳ.①F127.53

中国版本图书馆 CIP 数据核字（2011）第 229663 号

剖析三棱锥：寻求区域创新能力形成的立体路径

著　　者/陈玉川
责任编辑/张　静
出版发行/江苏大学出版社
地　　址/江苏省镇江市梦溪园巷 30 号（邮编：212003）
电　　话/0511-84440890
传　　真/0511-84446464
排　　版/镇江文苑制版印刷有限责任公司
印　　刷/丹阳市教育印刷厂
经　　销/江苏省新华书店
开　　本/890 mm×1 240 mm　1/32
印　　张/8.75
字　　数/238 千字
版　　次/2011 年 11 月第 1 版　2011 年 11 月第 1 次印刷
书　　号/ISBN 978-7-81130-269-1
定　　价/32.00 元

如有印装质量问题请与本社发行部联系（电话：0511-84440882）

前　言

　　区域之间经济实力差距的实质是创新能力的差距。提升区域创新能力既是中国先发区域赶超发达国家的必由之路，更是中国后发区域脱贫解困急需解决的迫切问题。区域创新能力主要体现为区域创新主体的创新能力。区域创新能力形成路径是区域创新能力研究中的薄弱环节，从区域创新主体着手研究区域创新能力形成路径，是提升区域创新能力的现实需要。

　　区域创新能力是一个立体结构，包括器物层、制度层和文化层3个层次。区域创新能力器物层是人们能够直接感觉到的区域创新能力。区域创新主体的技术创新行为只是区域创新能力形成过程中诸多原因之一，驱使区域创新能力形成的深层原因是区域创新能力的制度层和文化层，区域创新能力制度层和文化层是更深层次的区域创新能力。只有从器物层、制度层和文化层同时着手，才能全面揭示区域创新能力形成的路径。本研究通过剖析区域创新能力器物层、制度层、文化层及各层之间的关系，揭示了区域创新能力形成的立体路径。全书共分七章，第一章对国内外区域创新能力研究文献进行综述；第二章分析区域创新主体核心层和支撑层创新能力；第三章分析区域创新主体的自组织创新能力；第四章分析区域创新能力制度层；第五章分析区域创新能力形成的文化基因；第六章通过对区域创新能力的3个层次进行总结，分析区域创新能力各层次之间的关系；第七章得出研究结论，并对未来研究进行展望。本研究认为，在区域创新能力结构中，位置决定职能,如何认识区域创新主体在区域创新能力结构中的地位,是揭示区域创新能力形成路径的关键。江苏省的创新能力在全国名列前茅,在器物层上体现为企业家创新能力、R&D(研发)能力等;在制度层上体现为区域技术创新制度完善,基本形成完整的技术创新制度链;在文化层上体现为区域传统文化基因对技术创新具有双重作用,江苏文化在限制区域创新主体冒险精神发挥的同时,又为江苏区域创新能力的提升奠定了雄厚的知识和人才基础。

本研究在中外学者已有研究理论的基础上,在以下几方面取得了创新:① 分别以区域创新能力形成过程中驱动因素的性状和区域创新主体在技术创新中的作用为维度,建立了区域创新能力多层次立体分析模型;② 基于区域创新主体的层次性,分析了区域创新能力器物层、制度层和文化层形成的路径,将区域技术创新制度和技术创新文化落实到具体的区域创新主体身上,将中国传统文化基因分解到区域亚文化层次,并提出塑造技术创新新文化基因的具体措施;③ 应用系统动力学、结构方程、因子分析等非线性方法研究区域创新能力形成的路径,并建立了区域创新能力器物层的系统动力学模型、区域创新能力制度层和文化层的结构方程模型。

本研究的基础在于以区域创新主体为核心,分析区域创新能力形成的路径。为将区域创新能力科学地分成若干层次,本研究从以下方面进行了划分:① 根据区域创新主体在技术创新中的作用,将区域创新主体分为核心层和支撑层。企业是区域R&D成果实现市场化的关键,将企业作为区域创新主体核心层,已基本得到国内外学者的普遍认可。在此基础上,本研究进一步将区域创新能力核心层划分为企业创新战略决策能力、R&D能力和新产品营销能力等,并着重分析它们形成的路径。② 根据区域创新能力驱动因素的性状,将区域创新能力划分为器物层、制度层和文化层。分别分析区域创新主体核心层、支撑层形成区域创新能力器物层、制度层和文化层的路径。③ 对区域创新能力制度层、文化层形成路径进行量化分析比较困难,因此本研究通过探索性因子分析,设计了问卷调查表格，通过问卷调查，运用结构方程方法，建立了区域创新能力制度层和文化层的研究模型，从根本上找出了提升区域创新能力的措施。④针对学术界对个别区域创新主体的创新地位存在争议的问题，本研究根据江苏省历史数据，应用系统动力学方法分析了区域创新主体在技术创新中所起的作用。

　　本研究通过理论分析和实证分析，基于层次性，揭示了区域创新能力形成的立体路径，为提升区域创新能力提出了多层次、全方位的发展战略。本研究虽以江苏省为例，但所揭示的区域创新能力形成路径具有普遍性，对研究中国其他区域创新能力形成的路径也具有借鉴价值。

目 录

1 绪 论

1.1 问题的提出

在经济全球化和知识全球化的今天,科学技术迅猛发展,使得技术进步在经济增长中的贡献率逐年提高,在西方发达国家,这一比例已经达到 $60\%\sim80\%$,世界经济正在向着知识经济的方向发展,技术进步对于区域经济的发展越来越重要。区域技术进步的决定因素是区域创新能力,先发区域与后发区域之间技术差距的实质是创新能力的差距。

由于种种原因,中国技术创新能力在国际上的地位一直不容乐观。据统计,目前我国拥有自主知识产权和核心技术的企业仅占全国企业总数的五分之三,企业对外技术依赖度超过 50%,而美国、日本企业的对外技术依赖度仅为 5% 左右。世界上的创新型国家的企业,对外技术依赖度一般在 30% 左右。由此可见,提升区域创新能力是世界后发区域缩小同先发区域技术和经济差距的必由之路。

中国科技发展战略研究小组从 2000 年开始公布的 5 份《中国区域创新能力报告》均显示,中国各区域之间的创新能力存在很大差距。区域创新能力决定了一个区域长期的经济竞争力,因此,中国各区域之间创新能力的差距预示着今后几年各地的经济发展趋势。提升区域创新能力既是中国先发区域赶超发达国家迫切需要解决的问题,更是中国后发区域脱贫解困急需解决的问题。

基于提升区域创新能力的迫切现实需要,从 20 世纪 90 年代开始,国外和国内先后掀起研究区域创新能力的高潮。但国内外研究的重点主要集中在区域创新系统构建和区域创新能力评价方面,很少对区域创新能力形成路径进行深入研究。区域创新能力形成路径是区域之间创新能力存在差距的根本原因,明确区域创新能力形成路径是提升区域创新能力的根本。

1.2 基本概念的界定

自从区域创新能力概念提出以来,国内外学术界经常讨论区域创新能力,但至今仍没有形成一个统一、规范的定义。之所以如此,主要是因为研究者对区域创新能力研究的视角不同,许多研究者只是从一个视角对区域创新能力进行定义,很少根据区域创新能力的本质对其进行定义。概括起来,国内外对区域创新能力的定义主要有以下几种:

(1)将区域创新能力定义为区域所具有的一种潜力。Sterm、Porter 和 Furman 认为,一个区域的创新能力由生产一系列相关的产品的潜力决定,最重要的因素是 R&D(研发)存量,无论是企业 R&D 还是政府 R&D,都能自主地控制新技术、发明、设计和创新生产方式,从而影响创新能力的 R&D 边际产出。Riddel 和 Schwer 也认为,区域创新能力是区域内不断地产生与商业相关联的创新的潜力。将区域创新能力定义为区域所具有的一种潜力,是站在对区域创新能力未来前景进行预测的角度对其进行的定义,没有揭示出现实区域创新主体和创新资源在区域创新能力中的内涵。

(2)将区域创新能力定义为区域创新主体把知识转化为新产品和新工艺的能力。黄鲁成认为,区域创新能力是以区域内技术能力为基础的、实施产品创新和工艺创新的能力。[①] 柳御林、胡志坚认为,区域创新能力是将一个地区的知识转化为新产品、新工艺、新服务的能力。区域创新能力既不是科技能力,也不是科技竞

---

① 黄鲁成:《关于区域创新系统研究内容的探讨》,《科研管理》,2000 年第 3 期。

争力,一个地区的科技竞争力强并不等于技术创新能力强。[①] Lall 认为,区域创新能力是对需要的知识和技能的有效吸收、掌握和改进现有技术以及创造新技术的能力。将区域创新能力定义为区域创新主体将知识转化为新产品和新工艺的能力,是站在狭义技术创新的角度对区域创新能力进行的定义。狭义的技术创新就是指创新主体创造出新的产品和新的工艺。

(3) 将区域创新能力定义为区域创新主体运用创新资源,协调与推动区域创新活动的能力。颜晓峰认为,国家创新能力是国家创新体系作为创新主体,运用政府、制度、政策的力量,动员与组织国家的创新资源,协调与推动国家创新活动的能力。[②] 这是站在区域创新主体对区域创新所起的作用的角度对区域创新能力进行的定义。

(4) 将区域创新能力定义为区域创新主体把创新要素纳入社会生产过程中的能力。甄峰、黄朝永、罗守贵认为,创新贯穿于社会发展的始终,区域创新能力是在创新过程中,在充分利用现实信息与通讯技术的基础上,不断将知识、技术、信息等要素纳入社会生产过程中的一种能力。对一个地区而言,创新能力是对该地区知识和技术发展状况的综合反映。[③] 吴林海认为,创新能力就是对生产要素创造性集成的能力,从微观角度分析,中国科技园区域创新能力的大小取决于众多创新企业对创新资源创造性集成的能力,即取决于创新企业群对各种资源的获取、协调、融合以实现创造性集成的能力;从宏观角度分析,中国科技园区域创新能力体现在区域高技术产业化的能力上,即体现在科技园区基本目标功能的实现上。胡宝娣、胡兵认为,一个地区的创新能力就是整合区域内生产要素、形成新的组合,从而提高资源利用效率、提升区域竞

---

① 柳御林,胡志坚:《中国区域创新能力的分布与成因》,《科学学研究》,2002 年第 5 期。

② 颜晓峰:《论国家创新能力》,《中国特色社会主义研究》,2000 年第 3 期。

③ 甄峰,黄朝永,罗守贵:《区域创新能力评价指标体系研究》,《科学管理研究》,2000 年第 6 期。

争力的能力。① 将区域创新能力定义为区域创新主体把创新要素纳入社会生产过程中的能力，是从区域创新主体运用创新资源方面对区域创新能力进行的定义。

（5）将区域创新能力定义为区域内部的一种网络集结能力。Foss 认为，区域创新能力是区域可持续竞争力的源泉，它不能被转移和购买，不能被复制。区域创新能力根植于企业内部网络模式、个人之间的内在联系。那些知识大部分是隐性知识，很难模仿。这是站在区域创新网络角度对区域创新能力进行的定义。

（6）将区域创新能力定义为区域创新主体支持区域创新活动的一系列特征。王德禄认为，区域创新能力是指便利组织支持创新活动的一系列综合特征。根据考察对象主体的不同，创新能力可分为国家创新能力、区域创新能力和企业创新能力等。② 这是站在区域创新主体的创新表现角度对区域创新能力进行的定义。

以上即是中外学者出于不同研究目的，对区域创新能力作出的不同定义。区域创新能力是区域创新主体在区域范围内进行技术创新的能力，要理解区域创新能力的内涵，首先必须搞清"区域"、"创新"和"能力"的内涵。在区域经济学理论中，"区域"既是一种实体的概念，又是一个抽象的、观念上的空间概念，往往没有严格的范围和边界，一个地区、一个国家、一个流域均可成为一个区域。只有对区域边界进行明确的界定，才能为区域创新能力的定义划定范围。不管哪种范围的区域，都是一个系统，即由边界、要素、要素间的关系、输入、输出和环境组成。"创新"有广义和狭义两种定义，广义的"创新"以 Joseph Alois Schumpeter 的定义最为权威，是指创新主体将一种"从来没有的生产要素的新组合"引入生产系统，这种"新组合"包括新的产品、新的工艺、新的材料来源、新的市场和新的企业组织。狭义的"创新"仅指技术创新，即创

---

① 胡宝娣，胡兵：《中西部地区区域创新能力研究》，《重庆工商大学学报（西部经济论坛）》，2003 年第 5 期。

② 王德禄：《区域创新——中关村走向未来》，山东教育出版社，1999 年，第 128 页。

004 / 剖析三棱锥：寻求区域创新能力形成的立体路径

新主体创造出新的产品或新的工艺。"能力"指的是一种素质和本领。根据表现形式不同,能力可分为 3 个层次:器物层次(Material Layer)、制度层次(System Layer)和文化层次(Conception Layer)。其中器物层次上的能力是指以各种生存方法、方式和物质成果形式表现出来的素质和本领,如资本、劳动、技术等;制度层次上的能力是指以各种规范形式表现出来的素质和本领,如各种法律、条例、组织内部规定等;文化层次上的能力是指在心理或精神方面表现出来的素质和本领,如各种价值观、世界观、信仰、思维方式等。

所以,要对区域创新能力进行准确的定义,定义中必须能同时体现出"区域"、"创新"和"能力"的内涵,即既能体现出"区域"作为一个创新系统的特征,又必须指明"创新"和"能力"的内涵。基于以上考虑,笔者认为,区域创新能力是指一定区域的创新主体直接或间接地参与区域技术创新,对区域创新资源进行创造性的集成后,将创新投入转化为新的产品、新的工艺,并实现市场化的能力。书中的"区域"主要指省域,"创新资源"既包括器物层创新资源(技术、知识、劳动、资本、自然资源等),也包括制度层创新资源(法律、体制、规定、习俗等)和文化层创新资源(价值观、世界观、信仰、思维方式等)。

1.3 国内外相关研究文献的综述

国内外对区域创新能力的研究来源于对国家创新系统和区域创新系统的研究。自 Freeman[①] 提出国家创新系统概念以后,区域创新系统作为国家创新系统研究的延伸,最先由 Cooke[②] 提出,此后区域创新理论的研究在国际上不断升温。国外最早研究区域创新能力的是美国学者埃弗雷特·M·罗杰斯和朱迪斯·K·拉森。1996 年国内首次出现"区域创新能力"一词。目前国内外关于区域

① Freeman C. Technology policy and economic performance: lessons from Japan. London: Pinter, 1987:192-198.

② Cooke P, Uranga M G. Regional innovation systems: institutional and organization dimensions. Research Policy,1992(26).

创新能力的研究主要集中在以下方面：① 对区域创新能力概念的研究；② 对区域创新能力结构与模型的研究；③ 对区域创新能力影响因素的研究；④ 对某个具体区域创新能力提升措施的研究；⑤ 对区域创新能力评价的研究。其中对区域创新能力评价和某个具体区域创新能力提升措施的研究最为集中，占整个区域创新能力研究的 80% 以上。区域创新能力主要包括器物层、制度层和文化层 3 个层次，下面对国内外区域创新能力 3 个层次的研究分别进行总结。

1.3.1　区域创新能力器物层研究的理论综述

自 20 世纪 90 年代国内外学者开始研究区域创新能力以来，研究重心主要集中在区域创新能力的器物层。这是因为器物层创新要素直接参与区域技术创新，对区域创新能力能够产生直接的效果。所以，区域创新理论创立近 20 年来，国内外学者在区域创新能力器物层研究方面取得了许多研究成果。

1.3.1.1　区域创新能力结构研究

对区域创新能力结构的研究来源于对区域创新系统结构的研究。对区域创新能力结构的研究是对区域创新系统中创新主体、创新主体之间的关系以及创新系统的功能等进行的研究。要搞清区域创新能力结构的研究过程，首先必须搞清区域创新系统结构的研究过程。

1. 对区域创新系统结构的研究

从区域创新研究诞生开始，对区域创新系统结构的研究就一直是研究的重点，但至今尚未对区域创新系统结构形成一致的结论。归纳起来，国内外对区域创新系统结构的研究主要有以下观点：

第一，认为区域创新系统是由若干子系统构成的。Autio 认为，区域创新系统是由基本的社会系统及相互作用的子系统构成的，组织和子系统内部及相互之间的互动产生了推动区域创新系统演化的知识流。① 刘洪涛等认为,国家创新系统由生产—学习系统、搜寻系统、探索系统、选择系统 4 个子系统构成。② 王益谊、席酉民、梁磊认为,区域创新系统由主体系统、辅助系统和环境系统 3 个子系统构成,其中主体子系统包括企业和科研机构,辅助子系统包括科技推广和中介机构、人才培养系统、政府管理系统,环境子系统包括政策和制度网络。③ Kuhlmann 认为区域创新系统由区域政治系统、区域教育和研究系统、区域产业系统以及区域创新环境构成,这 4 个部分彼此联系,相互作用,并在互动的过程中不断学习和发展,从而推动整个区域创新系统的不断演化和发展。④ 江兵、杨蕾、杨善林认为,区域创新系统由创新主体子系统、创新基础子系统、创新环境子系统构成。⑤ 上述学者认为区域创新系统由不同的子系统构成,实质上是按照区域创新系统要素的不同功能将区域创新系统划分为不同的部分,研究视角不同,将区域创新系统划分的子系统也不同。

第二,认为区域创新系统是由一个核心层和支撑层构成的。Asheim 和 Isaksen 认为,区域创新系统是由组成机构围绕的两类主要主体以及它们之间的互动组成的区域集群。第一类主体是区域内主导产业集群及其支持产业的企业;第二类主体是制度基础机构,如研究和高等教育机构、技术中介机构、职业培训机构、行业

① Autio E. Evaluation of RTD in regional systems of innovation. European Planning Studies,1998, 6(2).

② 刘洪涛,王应洛,贾理群:《国家创新系统——理论与中国的实践》,西安交通大学出版社,1999 年,第 170-190 页。

③ 王益谊,席酉民,梁磊:《西部区域创新系统的结构及其战略体系演化的研究》,《研究与发展管理》,2003 年第 3 期。

④ Kuhlmann S. Future governance of innovation policy in Europe—three scenarios. Research Policy,2001(30).

⑤ 江兵,杨蕾,杨善林:《区域创新系统理论与结构模型》,《合肥工业大学学报(社会科学版)》,2005 年第 1 期。

协会和金融机构等,这些机构对区域创新起着重要的支撑作用。①
Andersson 和 Karlsson 认为区域创新系统的核心是由区域集群中
的企业构成的,环绕以支撑组织,如互补的企业等,制度作为必要
的部分和"游戏规则",用以促进合作与知识的溢出和传播,同时,
知识和技术的基础组织如金融机构等则辅助企业的创新。② 魏江、
申军认为,区域传统产业集群创新系统由核心网络系统、辅助网络
系统和外围支撑网络系统构成,核心网络系统主要包括供应商、竞
争企业、用户和相关企业四因素,并且这 4 个因素构成了集群及其
创新网络的核心主体,它们之间通过产业链、竞争合作或其他内部
连接模式实现互动。辅助网络系统主要为集群技术基础设施,包
括硬件基础设施(如道路、港口、通讯等)和软件基础设施(如研究
开发机构、实验室和大学、人力资源与培训机构、金融机构、行业协
会、技术服务机构等)。辅助网络主要为核心网络提供资源和基础
设施、知识流、技术流、人力资源流、信息流等生产要素的支持。外
围支撑网络系统主要由集群的环境因素构成,包括社会、文化、政
治、外部资源和制度规划等,这些因素往往是集群自身不可控的,
属于集群的外围因素。外围网络系统主要通过不断完善辅助网
络,或直接通过有关规制的建设,或通过其他间接的作用方式,影
响网络的行为和相互联结方式。③ 另外,国内学者龚荒、潘德均、陈
琪与徐东等也认为区域创新系统由核心层和支撑层两部分构成。
认为区域创新系统由核心层和支撑层构成的学者都将企业作为区
域创新系统的核心层,认为区域创新系统其他部分是核心层的支
撑层,突出了企业作为区域创新系统创新主体的作用,但并没有进

---

① Asheim B T, Isaksen A. Localized knowledge, interactive learning and innova-
tion: between regional networks and global corporations. Vatne E and Taylor M(eds).
The Networked Firm in a Global World. Aldershot: Ashgate, 2000:167.

② Andersson M, Karlsson C. Regional innovation systems in small & medium-sized
regions: a critical review & assessment. JIBS Working Paper Series, 2002(2):467-480.

③ 魏江,申军:《传统产业集群创新系统的结构和运行模式——以温州低压电器
业集群为例》,《科学学与科学技术管理》,2003 年第 1 期。

一步揭示区域创新系统核心层和支撑层是如何通过支撑与被支撑的相互作用形成区域创新能力的,即没有揭示区域创新主体通过支撑与被支撑形成区域创新能力的机理。

第三,认为区域创新系统是由若干创新要素组成的网络构成的。世界经济合作与发展组织(OECD)在其国家创新系统中强调创新系统主体的作用,认为企业、高校、科研机构、中介组织之间的知识流动是国家创新系统的核心。Porter认为,区域创新系统是由顾客、供应商、产业支持机构和同行竞争者组成的网络形成的。[①]谭清美认为,区域创新系统由创新主体、中介机构、区域市场和创新资源构成。创新主体包括地方政府、企业、科研机构和大学等;中介机构包括信息中心、咨询机构、经济机构、评估机构、仲裁机构和交流中心等;区域市场包括人力资源、金融资源、信息资源、权威资源、人文资源和基础设施等。区域创新系统各创新主体和中介机构以独立法人为单元,在区域市场中构成非层次性网络,创新主体和中介机构是网络的结点,结点之间没有层次关系,只是在市场机制作用下平等地形成有机整体。区域创新网络中的各节点,实质上是相互之间由行业性质、技术构成和产业关联性等因素决定的共同利益网络中的特殊结点,它们一方面是网络中的创新主体,另一方面是网络的管理者,是区域市场中的裁判。[②]认为区域创新系统是由区域创新主体结成的网络系统符合知识全球化和信息全球化的现实情况。区域创新系统本身就是一个系统,系统的存在和发展主要是靠区域创新主体之间复杂的网络创新关系得以进行的。

第四,认为区域创新系统是由创新主体、功能和环境构成的。胡志坚、苏靖认为,区域创新系统主要由主体要素、功能要素和环

---

① Porter M. The competitive advantage of nations. London: Macmillan, 1990: 260-261.

② 谭清美:《区域创新系统的结构与功能研究》,《科技进步与对策》,2002年第8期。

境要素构成。① 丁焕峰认为,区域创新系统是国家创新系统的基础和重要组成部分,区域创新系统主要由主体要素、功能要素和环境要素构成,其中主体要素包括区域内的企业、大学、科研机构、中介机构和地方政府,功能要素包括制度创新、技术创新、管理创新和服务创新等,环境要素包括体制、机制、政府或法制调控、基础设施建设和保障条件等。② 付晓东认为,区域创新系统包括创新机构、创新资源、中介服务系统和管理系统 4 个部分。创新机构指企业、科研机构、大专院校和政府有关部门,不包括中介机构,其中企业是最重要的创新活动主体,它应逐步成为技术创新、知识应用、创新投入的主力。创新资源是创新活动的基础要素,包括创新人才、资金、信息、知识及知识产权等。管理系统是指区域政府为了建立和管理区域创新系统而建立的机构和机制,包括行政手段、经济手段、法制手段等。认为区域创新系统由创新主体、创新功能和创新环境组成的学者是从系统学角度对区域创新系统结构进行的概括,其中的功能实际上就是区域创新主体的作用,是区域创新主体在区域创新中所具有的功能。这种观点虽然概括出了区域创新系统的主要构成要素,但忽视了区域创新系统各要素之间的相互作用。

第五,认为区域创新系统是由创新主体构成的。顾新认为,每一级区域创新系统均由企业、科研机构、高等院校、政府等 4 个要素构成,其中企业是区域创新系统的中心要素,决定整个区域创新系统的创新能力,其他要素如大学、科研机构、政府为非中心要素。③ 吴中、席俊杰、张艳认为,区域创新系统由企业、机构、知识基础设施和创新政策构成。其中,企业是区域创新系统的中心要素;机构包括政府、产业研发机构、大学和其他机构,是区域创新系统的非中心要素。冯之浚认为,区域创新系统由区域内的企业、大学

---

① 胡志坚,苏靖:《区域创新系统理论的提出与发展》,《中国科技论坛》,1999 年第 6 期。

② 丁焕峰:《论区域创新系统》,《科研管理》,2001 年第 6 期。

③ 顾新:《区域创新系统论》,四川大学博士论文,2002 年。

和科研机构、中介服务机构和地方政府构成。① Lundvall 认为，区域创新系统由公司组织、公司间关系、公共部门、财政部门的制度结构和 R&D 组织构成。② 认为区域创新系统由区域创新主体构成的观点，忽视了区域创新系统中的其他要素。

第六，认为区域创新系统是由创新主体、创新基础设施和区域创新制度环境构成。王稼琼等认为，区域创新系统都是由创新机构、创新基础设施、创新资源和创新环境组成的。③ 这种观点实质上认为区域创新系统由区域创新主体和环境构成，忽视了区域创新主体之间的关系，对区域创新系统的认识也不够全面。

2. 对区域创新系统的结构产生不同认识的原因

从系统科学角度考虑，区域创新系统主要包括创新主体、创新资源、创新环境 3 种系统要素，另外还有创新系统各要素之间的关系、创新资源的输入和创新产出。区域创新系统作为一种特殊的系统，也必须由构成系统的主要要素构成，才能有效发挥创新系统的功能。所以，完整的区域创新系统应该由创新主体、创新资源、创新环境以及三者之间的关系构成。区域创新系统的核心是创新主体，创新主体既是区域技术创新的行为者，也是区域制度创新和文化创新的行为者。国内外学者之所以会对区域创新系统的结构产生不同认识，关键在于对区域创新系统构成要素存在不同认识：

第一，对区域创新主体认识上的差异。关于技术中介机构，许多学者认为其属于区域创新主体，如梁凯、OECD、官建成与刘顺忠、赵新力、魏江与夏雪玲等中外学者或组织都持这种观点。有个别学者认为技术中介机构不属于区域创新主体，如张志富认为区域创新机构包括企业、科研院所、大专院校和政府有关部门，不包括中介机构④；孟浩认为区域创新主体主要为企业，区域公共研究

① 冯之浚：《国家创新系统的理论与政策》，经济科学出版社，2000 年。

② Lundvall B A. National systems of innovation: towards a theory of innovation and interactive learning. London: Pinter, 1992:290.

③ 王稼琼，等：《区域创新系统的功能和特征分析》，《中国软科学》，1999 年第 2 期。

④ 张志富：《知识经济与区域经济》，中国轻工业出版社，2000 年，第 66-88 页。

机构、私人研究机构、技术中介机构、职业中介机构、教育机构和政府机构等都属于创新基础系统①。其实,所谓区域创新主体,是指直接或间接参与区域技术创新的行为者。企业是直接参与区域技术创新的行为者,技术中介机构和区域政府等是间接参与区域技术创新的行为者,既然区域政府可以是区域创新主体,区域技术中介机构当然也可以是区域创新主体。对区域金融机构和区域科研、教育机构的认识也是如此。笔者认为技术中介机构与企业、区域政府、金融机构、科研和教育机构一样都是区域创新主体,只不过企业直接参与区域技术创新,属于区域创新主体中的核心层,其他创新主体靠向企业提供创新资源参与区域技术创新,属于区域创新主体中的支撑层。

第二,对区域创新资源认识上的差异。许多学者认为区域创新资源包括知识、技术、资本、劳动、自然资源等,如张志富认为区域创新资源包括创新人才和创新资金,是创新活动的基础要素。付晓东认为区域创新资源包括创新资金、创新人才、专利、知识和信息。持这种观点的学者将知识、技术、资本、劳动、自然资源、信息等视为区域创新资源,而将区域技术创新制度和技术创新文化视为创新环境。另外,还有学者将区域技术创新制度和技术创新文化也视为创新资源。如谭清美认为,区域创新资源包括人才资源、金融资源、信息资源、权威资源、人文资源和基础设施等,其中人才资源、金融资源、信息资源等是流动性资源,可以由市场配置,属于配置性资源;权威资源、人文资源和基础设施是相对稳定性资源,可以由政府等主体主导或控制,属于控制性资源。魏江、夏雪玲认为,区域创新资源包括创新自然资源和创新社会资源,创新自然资源包括矿产资源、生物资源、土地资源、水资源等,创新社会资源包括人口资源、文化资源、各种基础设施等。其实,区域创新主体既是区域新产品和新工艺的缔造者,也是区域新制度和新文化

---

① 孟浩:《基于产业集群的群簇区域创新系统——对区域创新系统内涵与结构的探讨》,《天府新论》,2004 年第 5 期。

的缔造者。区域技术创新制度和技术创新文化是区域创新能力提升中的内生变量，对提升区域创新能力起着深层的决定作用。

第三，对区域创新环境认识上的差异。中外学者对区域创新环境认识上的差异同对区域创新资源认识上的差异紧密联系。Autio 认为，区域文化环境是区域知识应用、开发子系统与区域知识生产、扩散子系统的环境，对这两个系统具有重大影响，区域创新系统的两个子系统根植于同一区域社会经济和文化环境中。欧洲创新研究小组（GREMI）认为，创新环境是在有限的区域内，主要的行为主体通过相互之间的协同作用和集体学习过程而建立的非正式的复杂社会关系，这种关系提高了本地的创新能力。[①] 盖文启认为，区域创新环境包含了社会文化环境、制度环境和劳动力市场环境等，是区域软环境的组成部分。[②] 在理解区域技术创新制度、技术创新文化对区域创新能力的作用时，应将区域技术创新制度同区域其他制度、区域技术创新文化与区域其他文化区分开。对区域创新系统而言，区域技术创新制度和区域技术创新文化是区域创新系统内部的创新要素，是区域创新能力的内生变量，区域其他制度和文化则位于区域创新系统外部，是区域创新系统的创新环境。既然区域技术创新制度和区域技术创新文化属于区域创新系统的内部要素，就存在制度层和文化层的区域创新能力问题。

第四，对创新主体之间关系认识上的差异。通过对前面区域创新系统结构研究的总结可知，既有学者认为区域创新主体之间是一种网络关系，也有学者认为区域创新主体之间是一种核心层与支撑层之间的关系，还有学者认为区域创新主体之间是核心层与外围层之间的关系。其实，就参与区域技术创新而言，企业直接参与区域技术创新，其他创新主体靠向企业提供创新资源间接参与区域技术创新。既然中外学者已经承认企业在区域技术创新中

① Narayanan V K：《技术战略与创新——竞争优势的源泉》，程源，高建，杨湘玉译，电子工业出版社，2002 年，第 269-270 页。

② 盖文启：《创新网络——区域经济发展新思维》，北京大学出版社，2002 年，第 133-135 页。

的核心作用,就应该承认其他区域创新主体对企业技术创新所起的支撑作用,即区域创新主体在参与区域技术创新过程中存在直接与间接、核心层与支撑层之间的关系。

3. 对区域创新能力结构的研究

明确了中外学者对区域创新系统结构的认识,就比较容易理解区域创新能力的结构。对区域创新能力结构的认识,从不同视角研究可以得出不同的结论。国内外学者出于不同研究目的,在近 20 年对区域创新能力的研究中,对区域创新能力进行了多种划分。归纳起来,主要有以下观点:

第一,从投入—产出角度研究区域创新能力结构。方旋等认为,区域创新能力由科技创新的 R&D 能力、科技创新成果的转化能力和科技创新产品的市场占有能力构成。[①] 黄鲁成认为,区域创新能力由区域内资源投入能力、区域内创新管理能力和区域内 R&D 能力构成。在创新资源投入方面,企业发挥主要作用;在创新管理方面,政府有关机构和中介机构起着重要作用;在 R&D 能力方面,科研机构和企业是主要影响因素。邵云飞、谭劲松认为,区域创新能力由技术创新的投入能力、技术创新的产出能力、技术创新的潜力和技术创新的环境支持能力构成。[②] 从投入—产出角度研究区域创新能力结构,符合技术创新流程的规律,成为国内外区域创新能力结构研究的主流。从这个视角研究区域创新能力结构,虽然能够揭示区域创新投入与创新产出的关系,但区域创新主体的创新行为只是产生区域创新能力的结果。不管是创新资源投入行为,还是 R&D 行为、R&D 成果的商业化行为,都是在一定诱因驱使下才产生的,驱使区域创新主体进行创新投入和创新产出的诱因往往存在于投入—产出链之外,如果不从区域创新流程之外寻找驱使区域创新主体产生创新行为的诱因,将很难从更深层

① 方旋,刘春仁,邹珊刚:《对区域创新理论的探讨》,《华南理工大学学报(自然科学版)》,2000 年第 9 期。
② 邵云飞,谭劲松:《区域技术创新能力的形成机理探析》,《科学学学报》,2006 年第 4 期。

次揭示出区域创新能力形成的机理。

第二，从区域创新系统的功能角度研究区域创新能力结构。颜晓峰认为，区域创新能力由知识创造能力、知识传播能力和知识应用能力构成。Autio认为，区域创新能力由知识应用能力和知识生产、扩散能力构成。Lall认为，区域创新能力由知识吸收能力、知识改进能力和知识创造能力构成。柳御林认为，区域创新能力由知识创造能力、知识交流能力、企业创新能力、区域创新绩效和创新环境构成。从区域创新系统的功能理解、研究区域创新能力结构，能够揭示区域创新主体在区域创新系统中的功能，但许多学者从区域创新系统功能角度对区域创新能力所作的研究只是针对区域创新系统构成要素的一部分功能，很难揭示区域创新能力的全部内涵。区域创新主体通过一定的关系以区域创新系统的形式存在，区域创新系统的创新功能从某种程度上可以体现区域创新能力形成的机理。但从区域创新能力研究产生以来，国内外许多学者只是从器物层和行为层上研究区域创新系统及其功能，将驱使区域创新主体进行技术创新的深层诱因作为区域创新环境，即认为这些诱因只会影响区域创新主体的创新行为，而不会受区域创新主体的影响，这在一定程度上弱化了区域创新系统创新诱因的功能。所以，从这个角度研究区域创新能力结构，只能揭示区域创新能力器物层形成的机理，不能从更深层次揭示区域创新能力形成的机理。

第三，从区域创新能力的层次性角度研究区域创新能力结构。Tomi和Vesa认为，区域创新能力由信息能力、技术能力、组织能力和制度能力构成。吴林海认为区域创新能力由技术创新能力、制度创新能力和支撑创新能力构成。中外学者从区域创新能力层次性角度对区域创新能力进行研究的成果不是很多，原因在于从制度层、文化层对区域创新能力进行研究难度较大，而且很难对研究对象进行量化分析。区域创新系统的核心是区域创新主体及其创新行为，区域创新主体是形成区域创新能力的微观基础。国内外学者从区域创新主体角度研究区域创新能力结构，可以揭示单个区域创新主体创新行为产生的原因。但从这个角度揭示的区域创新能力形成机理只能体现区域创新主体创新行为产生的单个原因，不能反映区域创新主体之间、创新行为背后诱因之间的深层联系。从这个角度研究区域创新能力结构，也很难全面揭示区域创新能力形成的机理。

上述对区域创新能力结构的研究虽然出发点不同，但都是以区域创新主体为核心进行的。从投入—产出角度研究区域创新能力，实际上是研究区域创新主体如何将创新资源转化为创新产出，区域创新主体将创新投入转化为创新产出的能力就是区域创新能力。从区域创新系统的功能角度研究区域创新能力，区域创新系统的功能主要体现为区域创新主体与创新资源、创新环境相互作用的功能。从区域创新能力的层次性角度研究区域创新能力，区域创新主体是区域创新系统中最重要的创新要素，区域创新能力的核心在于人，而各种人才分布在不同的区域创新主体内。所以，区域创新要素归根结底在于区域创新主体，区域创新系统中物的要素是区域创新主体中人的产物或人的创新对象，相对而言，将区域创新主体分为核心层和支撑层去研究区域创新能力，更能从根本上把握区域创新能力形成的规律。

从中外学者对区域创新能力结构的研究可知，在区域创新能力结构中，对区域创新能力主体研究的多，对区域创新能力主体之间的关系研究的少；对区域创新能力结构模型研究的多，对区域创新能力形成机理研究的少；对区域创新能力实证研究的多，对区域创新能力规范理论研究的少；对发达国家区域创新能力研究的多，对发展中国家区域创新能力研究的少；对区域创新能力实物要素研究的多，对区域创新能力制度要素和文化要素研究的少。

1.3.1.2 区域创新能力评价研究

自区域创新理论创立以来，区域创新能力评价研究一直是中外学者关注的热点，现有关于区域创新能力研究的文献中，几乎一半都是关于区域创新能力评价的研究。许多中外学者企图通过对区域创新能力的评价找出区域之间在创新能力方面存在的差异。

对区域创新能力评价的研究是区域创新能力研究中成果最丰富、理论发展最快的领域。

对区域创新能力评价指标的研究是区域创新能力评价研究的首要工作。区域创新理论创立以来，中外学者创建了许多区域创新能力评价指标。美国哈佛大学的 Porter 教授和 MIT 的 Stern 教授联合设计了美国的《创新指标》，以评价美国不断提高的创新能力。他们认为，国家创新能力取决于公有创新基础设施的强度、支持创新集群的环境条件，以及两者互动联系的强度。其中创新基础设施包括 R&D 中的人力资源、投资于 R&D 的资金资源、对国际投资的开放度、知识产权的保护水平、教育投资水平和人均国民生产总值。支持创新集群相关的环境条件包括产业 R&D 投资的强度，基础设施和产业集群两者的联系，可用大学 R&D 的水平来衡量。① 美国学者卢戈和高德斯提出的评价科技园区成功因素的指标为：成为 R&D 和高技术活动的基地；有一个或几个从事科研的大学、工程学院和医学院；良好的环境；良好的基础设施和商业服务；有远见的企业领导者。② 意大利在评价其国家创新能力时采用专利、技术贸易、高技术产品进出口额 3 个指标。日本科学技术厅对其国家技术评价采用的指标为专利、技术贸易、技术密集产品输出、制造业总附加值 4 项指标。威尔士政府办公室评价其经济结构的最主要的 5 个指标是制造业就业率、机械业和电子业的职位变动情况、区域内人均 GDP、外国直接投资额及其带动劳动就业人数和公司数目的增加、威尔士制造业公司规模结构的变化。中国科技发展战略研究小组从 2000 年起，从知识创造、知识流动、企业创新能力、创新环境和创新绩效 5 个方面设计了 100 多个指标，连续 6 年对中国区域创新能力进行了评价。唐波提出的区域创新能力评价指标包括要素投入、创新产出和经济社会发展程度、潜力 3 个方面、9 个二级指标。魏彦莉提出的区域创新能力评价指标包

① Porter M, Stern S. The new challenge to America's prosperity, finding from innovation index. Council on Competitiveness, 1999.

② 薛凤平：《关于区域创新能力研究述评》，《技术经济与管理研究》，2006 年第 6 期。

括区域 R&D 能力、区域教育培训能力、区域创新服务支撑能力和区域宏观创新环境指数 4 个一级指标、10 个二级指标。吴林海提出的区域创新能力评价指标包括技术创新能力、制度创新能力和支撑创新能力 3 个一级指标、13 个二级指标。邵云飞、谭劲松提出的区域创新能力评价指标包括技术创新潜力、技术创新投入、技术创新产出和技术创新环境状况 4 个一级指标、10 个二级指标。魏江提出的区域创新能力评价指标包括核心层要素、辅助层要素和外围层要素 3 个一级指标、10 个二级指标。

在区域创新能力评价研究中,除评价指标外,最主要的研究内容就是评价方法。目前国内外对区域创新能力进行评价的方法多为层次分析法。现有评价主要是在已建立指标体系基础上对各指标得分进行线性加权求和,最后对求和结果进行简单排序,并按排序结果将区域创新能力分成若干类。这种评价方法计算过于简单,处理非线性能力显得不足,评价结果对区域创新进一步发展所能提供的信息不够。近来,虽有学者提出在区域创新能力研究中运用系统动力学等非线性方法,但还没有给出具体的操作方法,如谷国锋、张秀英就认为,为了能对区域创新系统结构进行深层次剖析,对其运行特征有一定程度的定量把握,应在区域创新系统和区域创新能力研究中引入系统动力学方法(System Dynamics)。[1]

从国内外学者对区域创新能力评价进行的研究来看,对区域创新能力评价指标的设计主要集中在以下方面:① 对区域创新能力核心层的评价,主要从企业的创新投入—产出能力进行评价,很少将企业创新能力再进一步分解,只有美国的卢戈和高德斯将企业领导能力作为区域创新能力评价的一项指标。区域创新能力在企业主要体现为创新战略决策能力、R&D 能力和新产品营销能力,只有将区域创新能力分解成这三种能力,才能对区域创新能力的企业层次进行客观的评价。② 对区域创新能力支撑层的评价,

---

① 谷国锋,张秀英:《系统动力学在区域创新系统研究中的应用》,《科学学与科学技术管理》,2003 年第 1 期。

虽然提出了知识创造、知识交流的指标,但许多学者将风险投资能力、公共服务能力、技术中介服务能力和人才支撑能力作为区域创新环境的评价指标,致使对区域创新能力支撑层的评价不够全面,弱化了上述要素在区域技术创新中的作用。③ 对区域创新环境的评价,主要强调基础设施等硬环境对区域创新能力的作用,不重视制度、文化软环境对区域创新能力的作用。只有吴林海将制度创新能力作为区域创新能力评价的一项指标,但没有将制度创新能力的评价指标落实到具体的区域创新主体身上。很少有学者将文化创新能力作为区域创新能力评价的一项指标。区域创新能力研究开始于市场经济比较成熟的发达国家,发达国家技术创新制度和技术创新文化的异质程度较低,技术创新制度和技术创新文化对区域创新能力的影响不明显。但对于后发国家和后发区域而言,对技术创新制度和技术创新文化的评价甚至比对其他创新要素的评价更为重要。因为这两种创新要素是后发国家、后发区域在区域创新能力上落后于先发国家、先发区域的根本原因,而且,区域技术创新制度和技术创新文化在短期内很难改变,是影响区域创新能力的长期决定因素。所以,对后发国家和后发区域而言,将技术创新制度和技术创新文化作为区域创新能力的评价指标非常必要。

1.3.1.3 器物层区域创新能力研究的总结

国内外学者经过近 20 年对区域创新能力的研究,已取得丰硕的研究成果,但与区域创新能力的现实需要相比,还存在明显不足,主要体现为:

(1)对区域创新主体的研究深度不够。区域创新能力主要体现为区域创新主体的创新能力,最终落实到从事创新的人身上,许多研究将研究内容停留在区域创新主体身上,缺少对区域创新主体进一步的剖析。

(2)对区域创新能力形成的路径研究不够。区域创新能力主要是通过区域创新主体之间的相互作用形成的,挖掘区域创新主体在创新过程中相互作用的规律,是提升区域创新能力的根本。

虽然有不少学者承认区域创新主体之间存在核心层与支撑层之间的关系,但很少有学者对这种支撑与被支撑的关系进行深入研究。

（3）在区域创新能力评价方法上,还局限于线性方法。区域创新是一项系统工程,可以借鉴系统工程中先进适用的方法对区域创新能力进行研究,以丰富区域创新能力的研究工具。

（4）对区域创新能力的研究深度需进一步挖掘。目前国内外对区域创新能力的研究集中在区域创新能力评价方面,区域创新能力评价只能解决区域创新能力"what"方面的问题。评价一个区域创新能力强弱的目的是为了找出该区域创新能力形成的原因,为进一步提升区域创新能力寻找切实可行的办法。因此,除完善现有区域创新能力评价方法外,还必须解决区域创新能力"why"和"how"方面的问题。

1.3.2 区域创新能力制度层研究的理论综述

由于区域创新能力是区域创新主体在技术创新过程中所具有的素质和本领,所以,研究区域创新能力制度层,必须首先搞清区域技术创新与制度创新的关系。

1.3.2.1 技术创新与制度创新的争论

关于技术创新与制度创新的关系,熊彼特以后的创新研究者曾进行过激烈的争论,争论主要集中在以下方面:

（1）技术决定论。技术决定论认为技术创新是促进、推动经济增长的决定因素。索罗 1957 年发表的《技术进步与总量生产函数》,首次给出了一个测量技术进步在经济增长中贡献的规范方法,即"索罗余值法"。技术创新学者认为,这个"余值"就是技术进步对经济增长贡献的度量。[①] 索罗之外,凡伯伦和他的追随者将技术视为经济发展与增长的动态因素,而制度是静态的因素。艾尔斯认为,技术创新的过程是由其自身的内生力量和历史的必然性所推动的,现代文明中的最重要的力量就是技术创新。加尔布雷

---

① Solow R. Technical change and the aggregate production function. Review of Economics and Satiation, 1957(39).

斯根据凡勃伦和"工艺学派"的理论提出了自己独特的"技术发展的必然性理论",认为科学和技术是决定经济发展性质的绝对力量,是社会进步的主要推动力,科学和技术影响社会演进是一个自发的过程,经济演进的整个过程和经济生活的一切方面,都是由技术发展决定的。

(2)制度决定论。制度决定论强调制度创新对经济增长的决定作用。诺斯·P·托马斯 1968 年发表的《1600—1850 年海洋运输生产率变化的根源》,认为在两个半世纪里海洋运输生产率的提高,其根源不是技术创新,而在于制度创新。① 对经济增长起决定性作用的是制度性因素而非技术性因素。

(3)技术创新与制度创新协同决定论。委内瑞拉学者 C. Perez 和英国技术创新学者 C. Freeman 认为技术创新与制度创新协同匹配才能实现经济增长。王建安在对技术创新决定论和制度创新决定论分析的基础上,认为经济增长必须通过技术创新与制度创新的匹配才能实现。许庆瑞等通过考察海尔集团 20 多年的创新与发展历程,从理论与实证角度分析了技术创新与制度创新的协同动态性,提出了企业生命周期的不同阶段,创新体现出技术创新主导、制度创新主导、技术创新与制度创新共同主导等 3 种模式及其动态演化过程。②

(4)技术创新与制度创新的相对成本收益决定论。李志强认为,从制度要消耗资源的事实出发,要解决技术和制度的关系问题,必须从二者都是与资源的稀缺性相联系这一事实来理解:从根本上讲,既不是技术决定制度,也不是制度决定技术,技术与制度的关系取决于特定条件下资源的稀缺性和进行技术创新、制度创

---

① Noth D. Sources of Productivity in Ocean Shipping, 1600~1850. Journal of Political Economy, 1968(76).

② 许庆瑞,谢章澍,杨志蓉:《企业技术与制度创新协同的动态分析》,《科研管理》,2006 年第 4 期。

新的相对成本收益。[①]

1.3.2.2 对技术创新与制度创新主要观点的评价

对于技术创新与制度创新的关系,不应静止、孤立地看,而应动态、辩证地看。技术决定论认为技术创新是促进、推动经济增长的决定因素,这否认技术存在条件对技术创新的作用。技术创新是推动经济发展的主要动力,但技术创新对经济发展的推动作用是有条件的,其中制度就是制约技术创新的重要条件。正如 Nathan Rosenberg 所说,任何时候任何技术的生产率都不可能脱离其制度环境而存在,因而必须在其制度环境中加以研究。[②] 实践证明,在一定历史条件下,技术创新能够对经济发展起决定作用,但并非任何时候技术创新都能对经济发展起决定作用。中国古代的科学技术曾经出现过光辉灿烂的发展时期,并在相当长的历史时期内居于世界领先地位。然而在明代末期,西方科学技术逐渐超越中国。何以如此?主要原因在于中国在一个地理上封闭的区域过早地建立了中央集权专制的一统天下[③],中国封建制度能够促进经验技术的发展,但阻碍了科学技术的发展。

制度决定论认为制度对经济增长起决定作用,否认了生产力对经济增长的作用。生产力和技术是不断发展和进步的,因为生产力的发展、技术的进步有其内在的动力,这种内在动力就是诸要素之间的内在矛盾,它是生产力发展和技术进步的内在根据。其中,劳动者和劳动资料(主要是生产工具)的相互作用,是生产力发展的最原始的动力。正是这二者的矛盾运动推动了生产力的发展。[④]

技术创新与制度创新对经济发展的协同作用,既承认技术创

---

① 柳御林,胡志坚:《中国区域创新能力的分布与成因》,《科学学研究》,2002 年第 5 期。

② Rosenberg N. Factors affecting the diffusion of technology. In Perspectives on Technology. New York: Cambridge University Press, 1976:210—213.

③ 韩青有:《中国科学技术在近代落后的原因》,《自然辩证法》,1995 年第 11 期。

④ 袁庆明:《技术创新的制度结构分析》,经济管理出版社,2003 年,第 247 页。

新对经济发展的作用,也肯定了制度创新对经济发展的作用,比较全面地总结了经济发展的动力。但这种观点也有不足之处,主要是没有分清制度创新过程中制度的层次性,没有分清技术创新过程中相应制度与技术创新的匹配作用。技术创新主体及相关因素在促进经济发展过程中所起的作用并不完全相同,它们在区域创新系统中所处的位置不同,所起的作用也不同。各种制度只有与区域创新主体协同创新才能有效促进区域经济的发展。

技术创新与制度创新的相对成本收益决定论,以资源稀缺性作为两者在经济发展中关系的判断标准,同"单线决定论"相比,有一定的进步意义,但没有分清技术创新过程中相应制度的层次性,没有对技术创新过程中的制度结构进行详细划分,因而对技术创新过程中相关制度的分析缺乏深度,不能全面揭示技术创新过程中制度创新的真实作用。

1.3.2.3 对区域创新能力制度层进行研究的必要性

中外学者通过多年来对技术创新和制度创新的研究,逐渐对技术创新与制度创新在经济发展过程中的协同作用达成共识,但对于技术创新与制度创新在经济发展过程中究竟怎样协同发挥作用,则研究甚少。其实,在知识经济迅猛发展的今天,技术创新与制度创新早已形成水乳交融的关系,而且已形成"你中有我,我中有你"的关系。站在技术创新角度考虑,制度创新应成为技术创新的组成部分;站在制度创新角度考虑,技术创新应成为制度创新的组成部分。但很少有人从这个角度对区域创新能力进行研究。就区域创新能力结构而言,区域技术创新制度是区域创新能力的内生变量,是区域创新能力的一个组成部分,它形成了区域创新能力制度层。因此,有必要对区域创新能力制度层进行深入研究,以全面揭示区域创新能力形成的路径。

1.3.3 区域创新能力文化层研究的理论综述

随着经济全球化程度的不断提高,区域之间创新能力的差距越来越大。研究表明,人与其他高级动物的生物基因差别不超过2%,人与最接近人的黑猩猩的生物基因差别不超过0.75%,人与老鼠的生物基因差别不超过 1‰，人与人的生物基因差别不超过 0.1‰。① 如此微小的生物基因差别，怎能充分说明区域之间人与人创新能力的重大差异？所以，只有从文化基因上寻找答案，才能做出合理的解释。

在人类社会进化过程中，生物只有一条进化机制，即生物进化机制。而人则有两条进化机制，一条是生物基因进化机制，另一条是基于劳动实践活动、社会交往活动、语言符号活动这三大主题活动形成的文化进化机制，它通过语言符号、人文科学、文化教育等途径推动文化基因系统进化。文化基因差异既是人区别于动物，也是区域之间人们创新能力差异的根本原因。

多年来，中外理论界和企业界的学者、企业家为揭示文化基因对区域创新能力的影响规律进行了大量研究。归纳起来，主要有以下方面：

1.3.3.1 通过中国传统文化基因与现代传承解释中国创新能力落后的原因

王东认为，中华文明经过五次辉煌，形成了中华文化基因中的五大核心理念：天人合一的宇宙观，仁者爱人的主体观，阴阳交合的发展观，兼容并包的文化观，义利统一、以和为贵的价值观。这种文化基因具有双重使命，即面对全球化与现代化的时代大潮，走现代化与民族化统一的大道，既保持中华文明的民族性与主体性，又增强中华文明的开放性与创新性。它旨在把中华文明母体中的活东西，西方近现代文明中的新东西，社会主义文明中的好东西，三者融为一路，创造出面向新世界的文化理念——全球化与民族化统一的新型文化基因——中国特色社会主义新型文明的文化基因。② 冯之浚认为，中国传统文化中的农业意识、保守倾向、科举制度、封建君主专制严重限制了中国的创新精神，造成了近代中国技

---

① 王东：《中华文明的五次辉煌与文化基因中的五大核心理念》，《河北学刊》，2003 年第 5 期。

② 同①。

术创新的落后。[①] 刘开云认为,中国近代科学技术落后的原因在于中国的传统文化、思维模式及其科学观、教育观,乃至科技、教育体制存在着某些明显的不足和缺陷。这些观点虽然提炼出中国传统文化的大部分基因,但没有对中国传统文化基因的区域亚文化基因进行总结,没有将中国传统文化基因落实到具体的区域创新主体身上,没有为促进中国区域创新能力提升提出塑造新文化基因的具体办法。

1.3.3.2 通过与西方古代科学文化基因对比,揭示中国近代创新能力落后的原因

英国著名中国科技史专家李约瑟认为,在上古和中古时代,中国的理论科学和应用科学有惊人的发展,而自 17 世纪初期伽利略时代以后,现代科学在中国却没有发展。所有这些问题的答案首先应从不同文明的社会、知识和经济结构中去寻找。[②] 陈红剑认为,中国传统科学具有"知行合一"、"天人合一"和经验主义等文化基因,与此相反,西方科学具有强烈的"爱知"、"主客二分"、逻辑和检验等文化基因,从而导致中西科学在近代走向不同的道路。[③] 鲁品越认为,宗教生活与世俗生活的二重化,折射为超越实用的对世界奥秘的理论旨趣,构成西方古代科学发展的主要动力。近现代西方追求资本积累的"扩张性实用主义文化",是把科学技术转化为生产力的巨大动力。二者的结合是西方的现代化浪潮产生的重要因素。而以儒家思想为主导的中国传统文化则是建立在封闭型自然经济基础上的生存型使用文化,它使理论创造与技术创新由于落后的农业实践既未能产生抽象科学,也缺乏将科学技术转化为生产力的动力,这是近代科学技术未在中国产生的根本原因。钱兆华认为,同西方文化相比,中国传统文化基因中存在偏重于对自然现象的描述、偏重于经验总结、偏重于实用、偏重于用直觉和

---

① 冯之浚:《技术创新与文化传统》,《科学学与科学技术管理》,2000 年第 1 期。
② [英]李约瑟:《四海之内》,劳陇译,上海三联书店,1987 年。
③ 陈红剑:《中西古代科学的文化基因比较》,《郑州航空工业学院学报(社会科学版)》,2005 年第 2 期。

意会的方式理解问题,不重视对知识的检验和论证的现象。这种传统文化基因与我们正在学习的西方科学之间存在不吻合、不协调,这是中国在科学技术方面落后于西方世界和土生土长的中国科学家至今未获一项诺贝尔自然科学奖的深层次原因。① 这些观点虽然总结出了中西方技术创新能力存在差异的主要心理层次或精神层次的原因,但对中西方文化基因创造主体的描述过于宽泛,没有落实到具体的区域创新主体身上,因而,很难从微观层次把握造成中西方文化基因差异的创新主体,并提出具体的治理措施。

1.3.3.3 从区域层面解释区域创新与区域文化之间的关系

迈克尔·波特认为,基于文化的优势是最基本的、最难替代和模仿的、最持久的和最核心的竞争优势。安娜利·萨克森宁认为,硅谷和128公路地区差异的根本原因在于它们存在的制度环境和文化背景完全不同。② 邱成利、魏际刚认为,硅谷、新竹、中关村、班加罗尔之所以能够成为高新技术发达的地区,均是由其先进的区域创新文化所致。③ 张昭华、郑忠良认为,区域优性文化具有优化资源的效应,建设有利于区域企业"快生"、"长大"、"做强"的优性文化环境,关键是实现文化观念方面的转变。由此可见,寻找区域之间技术创新文化方面的差异,是揭示区域创新能力形成的一条重要途径。

1.3.3.4 从企业层面解释企业文化与技术创新能力之间的关系

宋东林、李政认为,基于血亲关系和泛家族化的特殊主义信任模式是华人经济圈的本质和要害所在,只有进行信任模式的痛苦嬗变,才能克服家族企业国际化的管理"瓶颈",才能真正满足企业

---

① 钱兆华:《中国传统科学的特点及其文化基因初探》,《江苏大学学报(社会科学版)》,2005年第1期。

② [美]安娜利·萨克森宁:《地区优势:硅谷和128号公路地区的文化与竞争》,上海远东出版社,1999年,第131-133页。

③ 邱成利、魏际刚:《论构建区域创新文化环境与对策》,《科学管理研究》,2003年第5期。

成长的管理需求。[1] 储小平也认为,"家文化"及其泛化是中国传统文化的核心和本质,家文化形成的文化资本决定着不同阶层的人们之间的信任穿透和扩展的功效,由此在一定程度上决定着人们对经济资本和政治资本的获取能力或获取通道,决定着社会关系网络的构建过程与方式,决定着社会关系网络中嵌入资源的特征、嵌入量及其流量、流向。[2] 所以,要提升企业创新能力,必须克服"家文化"对技术创新的负面影响。

上述学者分别从国家、区域、企业 3 个层次提炼出了中国传统文化的主要基因,分析了中国传统文化基因对国家、区域、企业创新能力的影响,都有一定的道理。区域作为联系国家与企业的中间组织,其创新主体核心层和支撑层的形成都受到区域文化基因的严重制约。从深层次讲,区域创新能力是由区域文化基因决定的,区域文化基因的结构决定着区域文化基因的功能,决定着区域创新主体的创新行为,进而决定着区域创新能力。但很少有研究从文化层次对区域创新能力的形成机理进行深入分析,很少有研究将中国传统文化基因进行创新主体和区域亚文化层次的分解,并提出有效的治理措施。

区域之间存在的创新能力差异,从器物层上看,是技术创新能力的差异;从体制层上看,是区域制度创新能力的差异。但导致区域技术创新能力差异和制度创新能力差异的深层原因均是区域文化创新能力的差异。从文化层次分析区域创新主体核心层与支撑层有关构成要素形成区域创新能力的路径,既可以揭示区域之间创新能力存在差异的根本原因,也可以为后发区域提升创新能力找到根本性的治理措施。所以,无论从理论角度,还是从实践角度,都有必要对区域创新能力文化层进行深入研究。

1.3.4　区域创新能力研究的不足之处

区域创新能力是一个立体能力,忽视其中任何一层能力都可

---

①　宋东林、李政:《文化基因、信任模式与中国家族企业的管理专业化及国际化》,《北方论丛》,2007 年第 3 期。

②　储小平:《中国"家文化"泛化的机制与文化资本》,《学术研究》,2003 年第 11 期。

能造成区域创新能力提升的障碍。区域创新能力的核心是区域创新主体，区域创新能力是区域创新主体各层次创新能力的集成。目前国内外对区域创新能力的研究，重视对区域创新能力器物层的研究，轻视对区域创新能力制度层和文化层的研究；重视对区域创新能力实证的研究，轻视对区域创新能力理论的研究；重视对单个区域创新主体的研究，轻视对区域创新主体之间关系的研究；重视对区域创新能力结构模型构建的研究，轻视对区域创新能力形成路径的深层剖析。

1.4　研究的目的、意义、思路和框架体系

1.4.1　研究的目的和意义

区域创新能力的核心是区域创新主体的创新能力，区域创新能力形成路径是区域创新能力研究中的薄弱环节，从区域创新主体着手研究区域创新能力形成的路径，是提升区域创新能力的现实需要。在区域创新能力结构中，位置决定职能，如何认识区域创新主体在形成区域创新能力中的地位，是揭示区域创新能力形成路径的关键。区域创新能力是一个立体能力，区域创新能力器物层只是区域创新能力形成过程中诸多原因的结果，区域创新能力制度层和文化层才是区域创新能力形成的深层次原因。本研究因为采集数据的原因，仅以江苏省为例，但所揭示的区域创新能力形成路径具有普遍意义，对研究中国其他区域创新能力形成路径也具有参考价值。

本研究的目的就是运用现代管理学、系统科学、制度经济学、产业经济学、组织行为学、统计学等方法，剖析区域创新主体，从微观基础揭示区域创新主体核心层与支撑层双层互动的规律，从器物层、制度层和文化层同时揭示区域创新能力形成的路径。通过探索性因子分析，设计出区域创新能力制度层和文化层的具体评价指标，并建立相应的结构方程仿真模型，以弥补后发国家的区域创新能力评价中存在的不足，为提升后发国家的区域创新能力，在器物层、制度层和文化层同时提出治理措施。

本研究力图通过对区域创新能力形成路径的深层挖掘,填补区域创新能力形成路径研究的不足。在研究方法方面,力争对传统线性研究方法有所突破,通过引入系统动力学、结构方程等非线性研究方法,丰富区域创新能力研究方法。通过对区域创新能力制度层和文化层的深入挖掘,揭示形成区域创新能力的深层原因,为后发国家提升区域创新能力从根本上找到解决办法。综上所述,本研究对后发国家提升区域创新能力具有深刻的理论和现实意义。

1.4.2　研究的思路和框架体系

1.4.2.1　研究的思路

1. 从立体角度研究区域创新能力形成路径的必要性

通过对区域创新能力结构研究的理论分析可知,就区域创新能力形成路径而言,单独从时间维度、空间维度和创新主体的功能维度研究区域创新能力都有一定的局限性。区域创新能力是在区域整个社会背景下产生的,区域社会是一个立体结构,致使区域创新能力也形成一个立体结构。区域创新主体的创新行为只是区域创新能力形成过程中深层原因的结果,驱使区域创新能力形成的深层原因是区域的技术创新制度和技术创新文化。根据表现形式不同,区域创新能力可分为器物层、制度层和文化层3个层次。区域创新能力器物层是人们能够直接感觉到的区域创新能力,区域创新能力制度层和文化层是更深层次的区域创新能力。只有从器物层、制度层和文化层同时揭示区域创新能力形成的路径,才能全面揭示区域创新能力形成的立体路径。

2. 区域创新能力的立体结构

在区域创新能力的3个层次中,区域创新能力器物层是区域创新能力的表层能力,区域创新能力制度层是区域创新能力的中层能力,区域创新能力文化层是最深层的区域创新能力(见图1.1)。在区域创新能力的立体结构中,区域创新能力器物层、制度层和文化层是区域创新主体在3个层次上的具体创新表现,区域创新主体可分为核心层和支撑层,区域创新主体在区域创新能力

3个层次的表现也分别可分为核心层和支撑层。在区域创新能力的立体结构中,区域创新主体支撑层通过为核心层提供创新资源参与区域技术创新,区域创新能力文化层和制度层通过向区域创新能力器物层提供技术创新文化和技术创新制度形成区域创新能力。

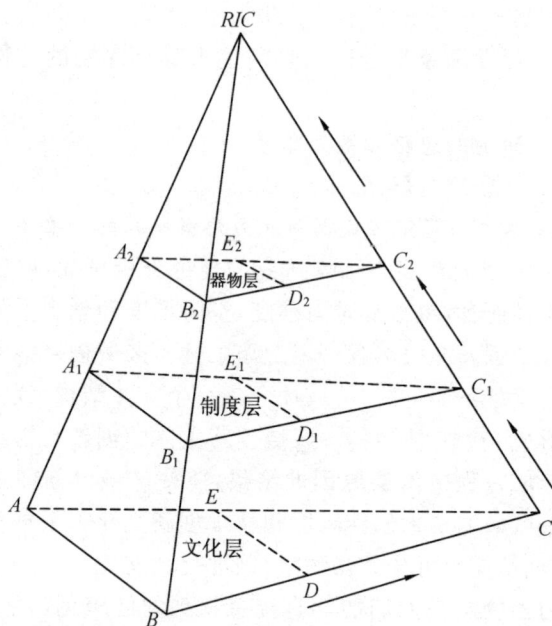

注:1. RIC:区域创新能力。

2. 三角形 ABC、$A_1B_1C_1$、$A_2B_2C_2$:分别代表区域创新能力文化层、制度层、器物层。

3. 箭头:区域创新主体参与区域技术创新的方向。

4. 三角形 CDE、$C_1D_1E_1$、$C_2D_2E_2$:分别代表区域创新主体核心层在区域创新能力文化层、制度层、器物层中的创新表现。

5. 梯形 $ABDE$、$A_1B_1D_1E_1$、$A_2B_2D_2E_2$:分别代表区域创新主体支撑层在区域创新能力文化层、制度层、器物层中的创新表现。

图 1.1　区域创新能力立体结构图

1.4.2.2 本研究的框架体系

根据区域创新能力的立体结构,本研究的框架见图1.2。

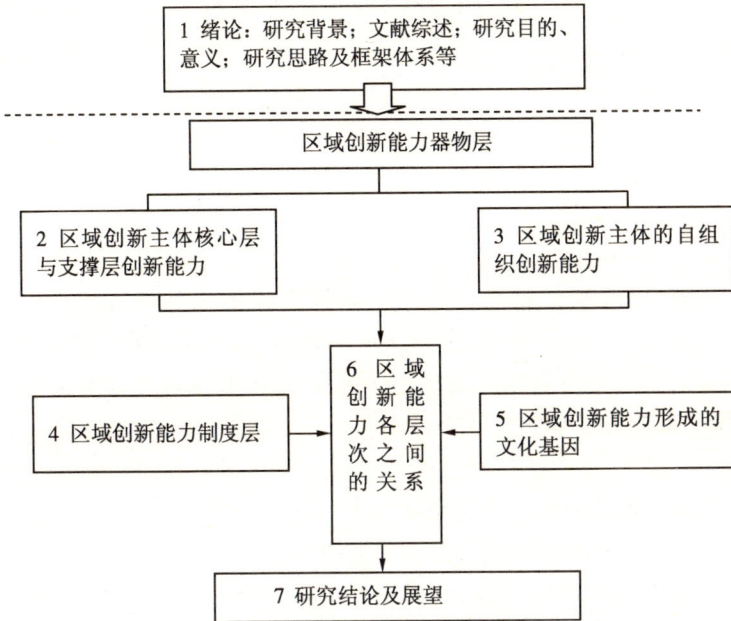

图 1.2 区域创新能力形成路径研究框架

2 区域创新主体核心层与
支撑层创新能力

　　器物层区域创新能力是人们能够直接感觉到的区域创新能力。本书第二章和第三章分别从区域创新主体核心层与支撑层创新能力、区域创新主体的自组织创新能力两个视角从器物层寻求区域创新能力形成的立体路径。

2.1　区域创新能力的现状
2.1.1　区域创新能力的总体状况

　　为了准确把握区域创新能力形成的立体路径,首先以江苏省为例,介绍江苏区域创新能力的现状,从表层对区域创新能力有一个全面认识。

　　江苏省的创新能力总体较强。根据《中国区域创新能力报告》,江苏省创新能力的综合排名从 2001 年至 2005 年一直在全国位居第 4。从 2005 年的情况来看,江苏省在知识获取能力、企业创新能力上较强,而知识创造能力、创新绩效相对较弱,知识创造能力、知识获取能力、企业创新能力、创新环境及创新绩效 5 个指标在全国的排名分别居第 6,2,2,4,6 位(见图 2.1)。

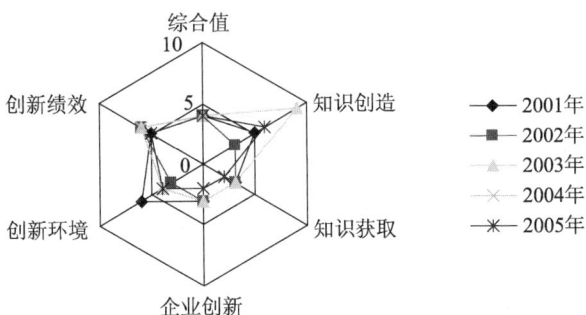

图 2.1   2001—2005 年江苏省创新能力在全国排名情况图

2.1.2   区域创新主体核心层创新能力的现状

企业是江苏区域创新主体的核心,企业创新能力是江苏区域创新能力的核心。江苏省的企业创新能力总体较强,2001—2005年该指标评分均高于其综合指标的排名。2005 年江苏省大中型企业 R&D 人员 168 493 人,每万人大中型工业企业 R&D 人员数22.75 人,比 2004 年增长 6.6%;大中型工业企业中有科技机构的企业占企业总数的 26.9%;实用新型专利申请数 8 228 件,比 2004年增长 17.51%,外观设计专利申请数 6 886 件,比 2004 年增长66.61%;大中型工业企业新产品产值 17 720 431 万元,占销售总收入的 15.05%,大中型工业企业新产品产值增长率 19.54%。

江苏省 2001 年企业创新能力的评分为 54.03 分,该指标比全国最高分的广东省低 12.44 分。江苏省 2002 年企业创新能力的评分为 61.62 分,该指标比全国最高分的上海市低 6.13 分。江苏省2004 年企业创新能力的评分为 62.98 分,该指标比全国最高分的上海市低 5.67 分。江苏省 2005 年企业创新能力的评分为 45.9分,该指标比全国最高分的北京市低 13.81 分(见图 2.2)。所以,江苏省企业创新能力在全国的地位每年虽有一定变化,但总体是比较强的。

江苏省 2005 年的大型企业中,能源企业和电子企业占主要地位,其中能源企业有 3 家,计算机等电子企业有 4 家,占较大比重。而且,产值前 10 名的大企业中,有 9 家企业排在全国前 100 位,企业实力较强。从企业性质看,江苏省外资企业占主导地位,外商和港澳台商投资企业占全省工业总产值的近 35%,而国有及国有控股企业比重较小,私营企业比重较大;另外,私营企业和外商投资企业在全国所占的比重较大,具有相对比较优势。私营企业增长很快,2001—2003 年工业产值增长率达到 57.7%。

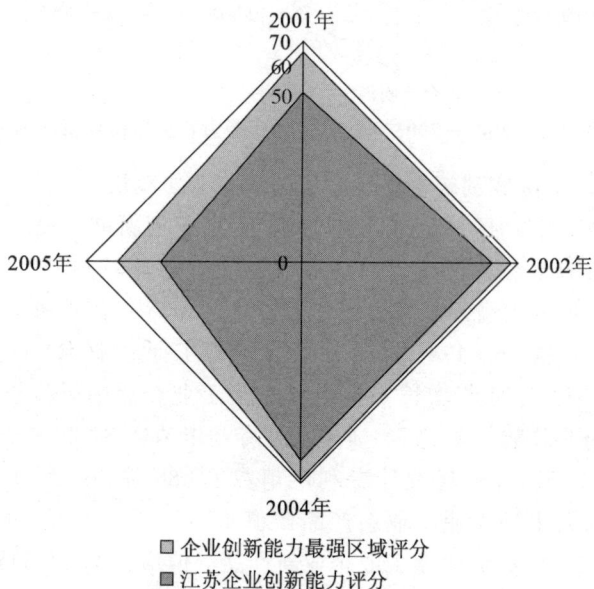

图 2.2　2001—2005 年江苏省的
企业创新能力与全国最强省(市)的对比图

2.1.3　区域创新主体支撑层创新能力的现状

江苏区域创新主体支撑层包括风险投资机构、区域政府、技术中介机构、大学和科研机构等。江苏区域创新主体支撑层的创新能力包括风险投资能力、技术创新公共服务能力、技术中介服务能力和知识与人才支撑能力等。

区域创新资金主要通过股权融资和债务融资两种形式获得。由于江苏省的风险投资市场尚未形成,所以,江苏省创新资金的外部来源以债务融资为主,江苏省的创新融资能力主要体现为区域金融环境的质量。同中国其他省(市)相比,江苏省金融环境质量较好,创新企业的债务融资能力较强。2001—2005年,江苏省金融环境的评分分别在全国排名第1,2,1,1,3位。2005年江苏省获得国家创新基金4 116.5万元,获得地方创新基金2 904.5万元,大中型工业企业科技活动获得金融机构贷款243 485万元,大中型工业企业科技活动平均获得金融机构贷款额92.44万元/个,大中型工业企业获得金融机构贷款增长率为34.01%。江苏省金融环境的评分虽然在全国名列前茅,但技术创新融资以金融贷款为主,风险投资基金所占比例很低,与国外创新企业相比,还存在很大差距。

区域政府为技术创新所提供的公共服务主要体现在创新基础设施方面。2001—2005年,江苏省创新基础设施综合指标的评分在全国分别排名第5,3,2,4,2位,属于中国创新基础设施较好的区域。2005年江苏省每百人平均固定电话用户22.6户,每百人平均移动电话用户26.01户,每百户城镇居民家庭平均拥有家用计算机27.91台,每百人平均国际互联网用户8.25户,每万人平均拥有公路量8.85公里,四种交通方式的旅客吞吐量123 661.99万人,四种交通方式的货邮吞吐量92 853.47万吨。江苏省的创新公共服务对区域技术创新的支撑能力较强。

江苏省的技术中介已形成一个产业,对江苏省的技术交易起到了明显的促进作用。2005年江苏省技术市场交易额达到765 163万元,技术市场平均交易额32.07万元/个,比2004年增长28.63%。其中大中型工业企业国内技术成交金额103 492万元,大中型工业企业平均国内技术成交金额32.29万元/个,比2004年增长100.16%。大中型工业企业国外技术引进金额626 985万元,大中型工业企业平均引进金额238.04万元/个,比2004年增长23.95%。

江苏省是中国的教育大省,区域人才对技术创新的支撑能力较强。江苏省2001—2005年劳动者素质综合指标在全国的排名分别居第4,3,8,11,11位。江苏省2005年对教育的投资占GDP的3.25%,比2004年增长19.99%,六岁及以上人口中大专以上学历所占的比例为4.96%,人均受教育年限7.37年,人均消费图书量 54.24 元。

综上所述,江苏区域创新主体支撑层对企业技术创新的支撑能力总体较强,这是江苏区域创新能力在全国名列前茅的支撑层原因。江苏区域创新主体的支撑层与核心层是配套的,而且正在发生着良性的创新互动。

2.1.4 区域创新绩效的现状

江苏省技术创新的经济效益明显,该指标的综合得分 2001—2005 年分别在全国排名第 5,6,6,6,6 位,在全国的排名相对比较稳定。2005 年该指标中的宏观经济综合指标评价得分 47.9 分,产业结构综合指标评价得分 54.99 分,产业国际竞争力综合指标评价得分 42.31 分,居民收入水平综合指标评价得分 50.07 分,就业综合指标评价得分 47.5 分。江苏省 2005 年人均 GDP 16 809 元,比 2004 年增长 16.8%;劳动生产率 3.45 万元/人,比 2004 年增长 16.81%;电子信息产业制造工业增加值占 GDP 的 5.24%,高技术产业产值占 GDP 的 47.25%;出口额占 GDP 的 39.27%,出口额占全国份额的 13.49%;人均居民收入 0.991 万元,比 2004 年增长 13.43%;高技术产业就业人数占总就业人数的 2.58%。

通过对江苏区域创新能力各指标的分析可以知道,江苏区域创新能力在中国各省(市)中属于较强的省份,不但企业创新能力综合指标的评分在全国名列前茅,而且区域创新主体支撑层对企业技术创新的支撑能力各指标的评分在全国也名列前茅。同时,同发达国家相比,江苏区域创新能力还存在很大差距。

江苏区域创新能力在中国各省(市)中的强势地位是怎样形成的?江苏省怎样发展才能进一步提升在各省级区域中的地位,并缩小同发达国家在区域创新能力方面的差距? 只有通过对江苏区域创新能力形成的路径进行深入研究,才能揭示江苏区域创新能力在国内强势地位形成的原因,才能揭示江苏区域创新能力同发达国家相比弱势地位形成的原因。本研究将基于层次性,以江苏省为例,对区域创新能力形成的立体路径进行剖析,为进一步提升区域创新能力寻找治理措施。

2.2　区域创新能力器物层的结构

区域创新能力器物层是指区域创新主体对器物层创新资源（技术、知识、劳动、资本、自然资源等）进行创造性的集成后，将创新投入转化为新的产品、新的工艺，并实现市场化的能力。区域创新能力器物层是区域创新能力中的重要物质表现，是人们能够直接感觉到的最表层的区域创新能力。自从 Joseph Alois Schumpeter 提出创新概念以来，国内外许多学者都在积极探索技术创新促进区域经济发展的机理，都在积极探索提升区域创新能力的途径。国外学者 Autio、Kuhlmann、Asheim，Isaksen、Andersson 和 Karlsson、Porter、Lundvall 等以及国内学者张志富、周亚庆、翁军奕、谭清美、顾新、丁焕峰等都对区域创新能力进行过深入研究，并建立了多种区域创新能力模型。这些研究有力地促进了世界各地区域创新能力理论和实践的发展，但由于研究重点不同，国内外学者所建立的许多区域创新能力模型停留在逻辑模型上，缺乏相应的量化支撑，这在很大程度上限制了区域创新能力研究的发展。本研究为揭示区域创新能力形成的路径，特以江苏省历史数据为例，建立了江苏区域创新能力器物层的系统动力学模型，通过分析各种仿真结果以揭示江苏区域创新能力器物层形成的路径。

区域创新能力结构是具有动态行为的高阶次非线性复杂系统，其边界模糊，具有多重反馈环，系统的各个要素之间具有难以度量的相互依赖关系。由于时滞作用，区域创新能力结构中各要素之间的原因和结果、原因和现象在时空上往往是分离的，所以，单凭直观认识、经验判断和人脑推理来分析区域创新能力形成的路径，很难做出符合规律的判断。系统动力学（System Dynamics）作为社会经济系统的"战略与政策实验室"，强调结构的描述，专门分析研究复杂系统问题，处理非线性和时变现象，并能对其进行长期的、动态的、战略性的定量仿真分析与研究。应用系统动力学研究区域创新能力形成路径符合区域创新能力的特点，能够提高研究的科学性。

2.2.1 系统动力学模型的建立

2.2.1.1 系统分析

江苏区域创新是一个系统,江苏区域创新主体各方面的历史数据不但记载了江苏区域创新能力形成、发展的历史,反映了江苏区域创新主体之间有机的联系,体现了江苏区域创新能力形成的路径,而且预示着江苏区域创新能力未来的发展方向。本研究以江苏省 1998—2006 年的历史数据为依据,建立的江苏区域创新能力系统动力学模型,可以描述江苏省 1998—2006 年的复杂创新行为,为进一步提升江苏区域创新能力找到切实可行的治理措施。

江苏区域创新主体将 R&D 资金等创新资源投入创新系统,经过区域创新主体之间的相互作用,形成专利、著作等创新产出,并实现市场化。在这个过程中,同一区域创新主体在区域经济发展的不同历史阶段和区域创新能力的不同层次所产生的作用不同。在区域创新能力较弱的工业经济阶段,区域技术市场还没有最终形成,区域创新主体之间的关系主要靠行政手段去调节,区域政府是区域创新能力提升的核心主体。在区域创新能力较强的后工业经济和知识经济阶段,区域技术市场已经形成,区域创新主体之间的创新关系主要靠市场去调节,区域政府在区域创新能力形成中的作用蜕化为创新政策的供给者。在区域创新能力器物层形成过程中,区域创新主体之间的创新关系呈现显性化特征,区域创新的投入、产出呈现器物性特征,区域创新主体的创新行为容易被研究者直接观察到。而在区域创新能力制度层和文化层形成过程中,区域创新主体之间的关系呈现隐性化特征,区域创新的投入、产出呈现制度性和文化性特征,区域创新主体的创新行为不容易被研究者直接观察到。研究者只有首先对区域创新能力器物层的结构进行深入研究,才能揭示区域创新能力器物层形成的路径,并进一步揭示区域创新能力制度层和文化层形成的路径。本章先介绍区域创新能力器物层形成的路径,区域创新能力制度层和文化层形成的路径将在第 5 章和第 6 章中介绍。

2.2.1.2　结构分析

对江苏省企业家、企业授权专利、新产品销售收入、理工农医专业大学毕业生、创新环境评分、风险投资、技术中介机构从业人员 7 个变量 1998—2006 年历史数据的分析表明,7 个变量与江苏省授权专利的相关系数分别为 0.891,0.997,0.972,0.949,0.574,0.901,0.889,7 个变量与江苏省 R&D 投入的相关系数分别为 0.961,0.970,0.994,0.974,0.651,0.909,0.870,相关程度都很高,因此,企业家、企业授权专利、新产品销售收入、理工农医专业大学毕业生、创新环境评分、风险投资、技术中介机构从业人员是江苏区域创新能力形成的主要控制变量。本研究将这 7 个变量作为江苏区域创新能力形成的主要控制变量,研究江苏区域创新能力器物层形成的路径。

江苏区域创新能力器物层由核心层和支撑层构成。江苏区域创新能力核心层是指江苏区域创新主体核心层所具备的创新能力,主要指企业创新能力;江苏区域创新能力支撑层是指江苏区域创新主体支撑层所具备的创新能力。在江苏区域创新能力器物层中,核心层创新能力包括企业创新战略决策能力、企业 R&D 能力和企业新产品营销能力,这三种能力的载体分别是企业家、企业 R&D 人员和企业营销人员。区域企业家制定企业创新战略,是区域技术创新的开端,企业家对企业 R&D 工作和 R&D 人员的支持主要是通过向 R&D 部门和 R&D 人员提供创新战略进入区域创新系统,进而形成区域创新能力的。企业 R&D 人员在创新战略的指导下开展 R&D 工作,形成企业 R&D 产出,是构成区域整个 R&D 产出的一个重要组成部分。除企业形成区域 R&D 产出外,区域科研机构和大学、机关团体等非企业机构也是区域 R&D 产出的重要提供者。目前江苏省的 R&D 产出中,非企业机构所提供的 R&D 产出远远超出企业所产生的 R&D 产出。由于企业家数量的统计难度较大,为统计数据方便,根据 Joseph Alois Schumpeter 对企业家的定义,本研究用江苏省"有科技机构的企业数"作为江苏省企业家数量的替代变量。在 R&D 产出的支撑下,区域新产品销售收入形成区域 R&D 资金的重要来源,同时对改善区域创新环境具有重要的作用。

　　在江苏区域创新能力器物层中,支撑层创新能力包括风险投资能力、技术创新公共服务能力、技术中介服务能力和知识、人才支撑能力等。江苏区域创新主体支撑层通过向区域企业提供风险资金、技术公共服务、技术中介服务、知识和人才等形成江苏区域创新能力。上述江苏区域创新能力支撑层的载体分别是风险投资机构、区域政府、技术中介机构、科研机构和大学等,它们靠向江苏省创新企业提供创新资源参与区域技术创新,进而形成江苏省的区域创新能力。江苏省的理工农医专业大学毕业生是江苏省 R&D 队伍的主要人才来源,是影响江苏省企业 R&D 产出和非企业 R&D 产出的主要变量。但江苏省理工农医大学毕业生数量和质量又受到江苏省大学理工农医专任教师数量和质量的制约。江苏省的技术创新公共服务直接决定着江苏区域创新环境的质量,进一步影响到 R&D 人才和风险资本向本区域的流入。技术中介服务对江苏省的技术交易和新产品销售收入具有重要影响,是江苏省科研机构、大学与企业进行合作的桥梁。技术中介机构通过影响江苏省的新产品销售收入,能够对江苏省的 R&D 投入产生重大影响,进一步制约江苏省 R&D 产出的形成。

　　在江苏区域创新能力器物层中,区域创新主体核心层和支撑层各要素相互联系、相互作用、相互影响,共同构成江苏区域创新能力器物层创新系统(见图 2.3)。

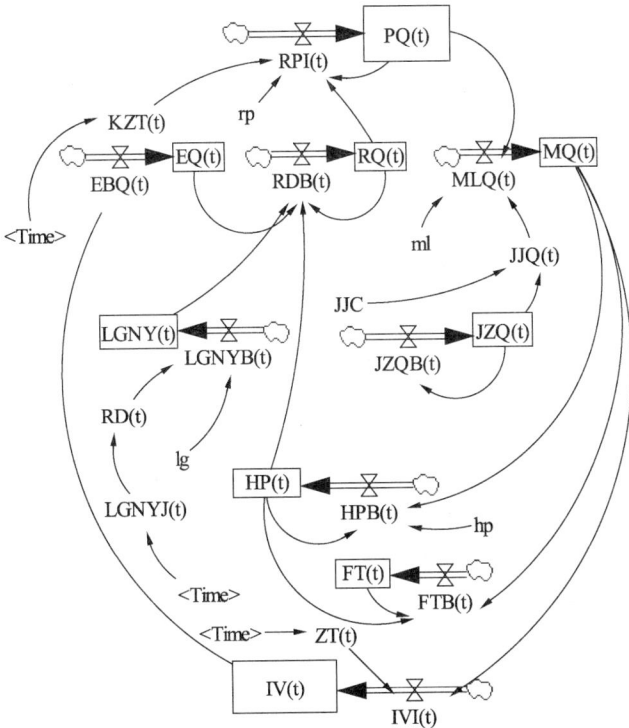

图 2.3　江苏区域创新能力器物层的系统动力学模型

2.2.1.3　模型涉及的主要方程和变量

1. 主要方程

$"EBQ(t)" = 0.049 * "IV(t)"$

$"EQ(t)" = INTEG ("EBQ(t)", 938)$

FINAL TIME = 2006

$"FT(t)" = INTEG ("FTB(t)", 10.51)$

$"FTB(t)" = 0.294 * "FT(t)" + 0.24 * "HP(t)" - 0.003 * "MQ(t)"$

$hp = 0.008\ 1$

$"HP(t)" = INTEG ("HP(t)" + "HPB(t)", 0.628\ 4)$

$"HPB(t)" = hp * (-0.15 * "HP(t)" + 0.04 * "MQ(t)")$

INITIAL TIME = 1998

"IV(t)"= INTEG ("IVI(t)",50.83)

"IVI(t)"=0.011 * "MQ(t)"+2.3 * "ZT(t)"

JJC=0.01

"JJQ(t)"=JJC * "JZQ(t)"

"JZQ(t)"= INTEG ("JZQB(t)",15 970)

"JZQB(t)"=0.032 * "JZQ(t)"

"KZT(t)" = WITH LOOKUP (Time,([(1998,0)−(2007, 15 000)],(1998,2 233),(1999,3 545),(2000,3 410),(2001, 3 409),(2002,4 354),(2003,5 582),(2004,6 494),(2005,8 144), (2006,11 517)))

lg=0.08

"LGNY(t)"= INTEG ("LGNYB(t)",37 665)

"LGNYB(t)"=lg * "RD(t)"

"LGNYJ(t)" = WITH LOOKUP (Time,([(1998,0)− (2007,45 000)],(1998,7 150),(1999,13 374),(2000,19 660), (2001,21 990),(2002,25 190),(2003,28 260),(2004,35 470), (2005,39 280),(2006,41 780)))

ml=0.032

"MLQ(t)"=ml * (−0.016 * "PQ(t)"+19.24 * "JJQ(t)")

"MQ(t)"= INTEG ("MLQ(t)",652.65)

"PQ(t)"= INTEG ("RPI(t)",3 787)

"RD(t)" = WITH LOOKUP ("LGNYJ(t)",([(0,−50 000) −(45 000,80 000)],(7 150,3 520),(13 374,6 072),(19 657, 2 590),(21 986,141),(25 187,13 840),(28 260,−11 651), (35 471,60 860),(39 281,−39 693),(41 783,73 046)))

"RDB(t)"=0.012 * "EQ(t)"^1/2+2.81 * "HP(t)"+0.02 * " LGNY(t)"+0.117 * "RQ(t)"

rp=0.8

"RPI(t)"=rp * (1.51 * "KZT(t)"+0.107 * "PQ(t)"+0.013 * " RQ(t)")

"RQ(t)"= INTEG ("RDB(t)",1 554)

SAVEPER= TIME STEP

TIME STEP= 1

"ZT(t)" = WITH LOOKUP（Time,（[（1998,0）－（2007, 40）],（1998,14.26）,（1999,17.86）,（2000,24.88）,（2001, 28.04）,（2002,31.88）,（2002.4,12.4561）,（2003,20.66）,（2004, 11.99）,（2005,13.67）,（2006,16.48）））

2. 主要变量

RPI——江苏省授权专利流率

PQ——江苏省授权专利流位

KZT——非企业机构授权专利

EBQ——企业家流率

EQ——企业家流位

RDB——企业授权专利流率

RQ——企业授权专利流位

MLQ——新产品销售收入流率

MQ——新产品销售收入流位

LGNYB——理工农医专业大学毕业生流率

LGNY——理工农医专业大学毕业生流位

JZQB——技术中介机构从业人员流率

JZQ——技术中介机构从业人员流位

HPB——创新环境评分流率

HP——创新环境评分流位

FTB——风险投资流率

FT——风险投资流位

IVI——R&D 投入流率

IV——R&D 投入流位

LGNYJ——大学理工农医专业专任教师数量

ZT——政府对 R&D 的投资

JJQ——技术市场成交合同金额

2.2.2 模型的检验与评估

将前面主要方程所建立的江苏区域创新能力器物层系统动力学模型用计算机语言表达后上机运行,应用 Vensim 软件所提供的编译检错和跟踪功能检验了模型表达式的正确性,结果表明模型的建立是合理的。另外,通过对江苏省 1998—2006 年区域创新能力器物层系统状态变量的仿真值与历史数据的比较,得到二者拟合程度比较好,证明所建立的江苏区域创新能力器物层系统动力学模型是有效的。

对模型方程和参数值的变化检验表明,这些变化对江苏区域创新能力器物层系统动力学模型行为的影响很小,而且在特定干扰和随机干扰下,系统都能实现特定的目标。这说明所建立的江苏区域创新能力器物层系统是稳定的。如将 $EBQ(t)$、$RDB(t)$、$MLQ(t)$ 的参数改变后,对 $IVI(t)$、$FTB(t)$、$MLQ(t)$ 等变量的影响不大,系统都能实现预定的目标,证明系统是有效的。

2.2.3 对模型仿真结果的分析

江苏区域创新能力器物层创新系统的仿真结果主要体现在江苏省企业家数量、企业专利产出、新产品销售收入、风险投资、创新环境、技术中介机构从业人数、理工农医专业大学毕业生等 7 个变量与江苏省 R&D 投入、专利产出的创新互动,下面分别对上述仿真结果进行分析。

2.2.3.1 对江苏省 R&D 投入、专利产出仿真结果的分析

江苏省 1998—2006 年 R&D 投入流率的变化呈“之”字形走势,1998—2002 年 R&D 投入各年的变化是逐年增加的,其中 1999—2000 年增加速度较快,1998—1999 年和 2000—2002 年增加速度相对比较缓慢。2002—2004 年,江苏省 R&D 投入一直呈下降趋势,从 2004 年开始,江苏省 R&D 投入又呈现上升趋势(见图 2.4)。这主要是受科技活动经费收入来源影响的结果。江苏省科技活动经费主要有上级拨款、自筹资金、银行贷款和其他收入 4 种来源,其中自筹资金占比重最大,其次是上级拨款,这两项资金直接决定着江苏省 R&D 投入的变化。江苏省 1998—2006 年每年

自筹资金与上年相比的变化量分别为－5.55 亿元、8.7 亿元、16.03 亿元、58.66 亿元、48.68 亿元、39 亿元、140.22 亿元、51.52 亿元、87.8 亿元,其变化趋势与江苏省 R&D 投入流率的变化趋势基本相同。

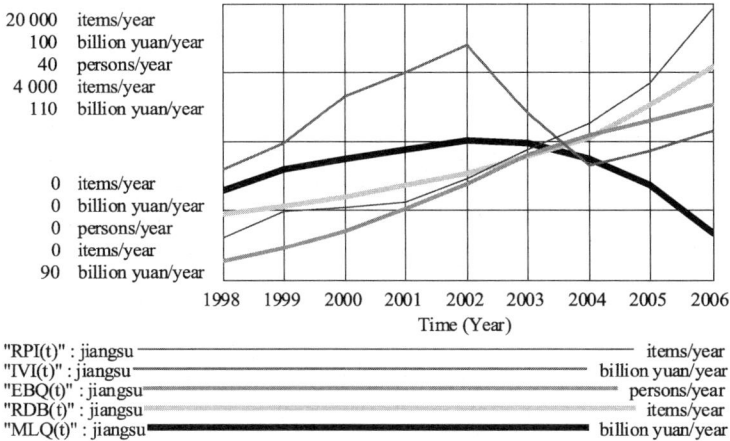

图 2.4 1998—2006 年江苏区域创新能力核心层、R&D 投入、专利产出仿真曲线

江苏省 1998—2006 年授权专利流率与流位的变化表明,江苏省发明、实用新型和外观设计三种授权专利的变化呈增长趋势,授权专利变动曲线从 1999 年开始变缓,从 2001 年和 2005 又开始变陡,说明江苏省授权专利从 1999 年开始有所减少,从 2001 年和 2005 年开始增长,速度又有所加快(见图 2.4)。与授权专利流率的变化对应,江苏省授权专利流位的增加速度也明显加快,但在时间上比授权专利流率的变化时间稍微滞后一点,而且授权专利流位的增长相对比较平稳。

通过比较江苏省 1998—2006 年 R&D 投入和授权专利流率的变化可知,虽然 R&D 投入在 2002—2004 年出现了下降趋势,但江苏省专利产出整体上是呈增长趋势的。这是由于 R&D 投入后新产品销售收入从 2002 年开始呈现下降趋势,江苏省 R&D 投资主体受新产品销售收入下降影响,及时对 R&D 投资决策进行调整的结果。

2.2.3.2　对江苏区域创新能力核心层仿真结果的分析

江苏省 1998—2006 年企业家流率的变动分为 3 个阶段。1998—2000 年为第一阶段,企业家流率在这一阶段的变化比较平稳;从 2000 年开始,企业家流率增长速度比以前加快,2000—2003 年一直处于快速增长阶段。从 2005 年开始,企业家流率增长速度比以前有所减少(见图 2.4)。江苏省企业家流位的变化总体呈增长趋势,各年的变化没有企业家流率的变化明显,1998—2001 年企业家流位的增长比较平缓,从 2001 年开始江苏省企业家流位的增长速度加快,而且在以后几年一直呈快速增长趋势。

企业专利产出是江苏省企业 R&D 能力的集中表现。江苏省企业授权专利流率的变化分为 2 个阶段,2005 年以前为第一阶段,企业授权专利在这一阶段的增长比较平稳。从 2005 年开始,江苏省企业授权专利的增长速度比以前有所加快。江苏省的企业专利产出是江苏省职务专利产出的主体,江苏省 1998—2006 年的企业专利产出与大专院校、科研机构、机关团体的专利产出相比,一直处于绝对主导地位,是江苏省专利发展方向的支撑。因此,江苏省企业专利的变动趋势与江苏省整个专利的发展方向是一致的。但江苏省 1998—2006 年的企业授权专利始终没有超过非职务专利的数量,说明江苏省的企业创新能力虽然比中国大多数省(市)强,但还具有很大的发展空间。江苏省的技术创新能力要赶超发达国家,企业创新能力还需要进一步加强。

江苏省新产品销售收入既是江苏省企业 R&D 能力的驱动因素,同时也是企业营销能力的重要标志。区域 R&D 成果能否实现市场化,关键取决于企业的营销能力。从江苏省 1998—2006 年新产品销售收入的仿真曲线看,江苏省新产品销售收入流率的变化分为 2 个阶段,1998—2002 年新产品销售收入缓慢增长;从 2002 年开始,新产品销售收入呈现下降趋势,一直到 2006 年这一趋势还在持续(见图 2.4)。江苏省新产品销售收入流位的变化虽然在逐年平稳上升,但由于新产品销售收入的增长率在逐年下降,所以,江苏省新产品销售收入流位的增长是有限度的。这说明江苏省R&D成果的市场化程度还比较低,技术交易的壁垒还存在。如果不改变这种局面,很可能会在未来的一段时期限制江苏区域创新能力的进一步提升。

在江苏区域创新能力器物层中,核心层创新能力包括企业创新战略决策能力、R&D能力和新产品营销能力,这些对江苏区域创新能力起着直接的支柱作用。从创新产出而言,江苏省企业家、企业专利流率的变化与江苏省授权专利流率的变化方向是基本一致的,而江苏省新产品销售收入流率从2002年开始出现下降趋势。江苏省1998—2006年的专利产出能够保持持续稳定的增长趋势,正是江苏省企业家数量、企业专利产出不断增长的结果。江苏省新产品销售收入出现下降趋势,延缓了江苏省整个专利产出的增长。从R&D投入而言,江苏省1998—2006年企业家和企业专利的持续增长保证了江苏省的R&D投入流位能够保持持续增长趋势,但江苏省新产品销售收入2002—2006年的持续下降趋势导致江苏省的R&D投入在2002—2004年也出现下降趋势(见图2.4)。

2.2.3.3 对江苏区域创新能力支撑层仿真结果的分析

江苏省1998—2006年风险投资流率、流位的变化方向基本是一致的。江苏省风险投资的来源比较单一,主要为专项贷款,真正的民间风险投资极其有限,即便技术创新专项贷款在整个R&D投资中所占的比例也很低。这说明江苏省的创新能力比中国其他许多省(市)强的主要原因并不在于发达国家长期以来所形成的那种风险投资机制,而是风险投资之外的原因。所以,如何在江苏省形成风险投资机制,是江苏省赶超发达国家技术创新能力的关键。

江苏省1998—2006年创新环境评分流率的变化分为2个阶段,1998—2004年创新环境评分流率的变化始终呈上升趋势,2004—2006年各年创新环境评分流率的变化始终呈下降趋势。江苏省创新环境评分流率的变化符合区域创新环境发展的规律。区域创新环境在早期各年变化比较大,但当该项评分值跻身全国前几名后,各年评分值便始终处于相对稳定的状态(见图2.5)。江苏省的创新环境评分已跻身国内前几名,技术创新硬环境已经达到一定的水平。江苏省要进一步缩小同发达国家创新能力方面的差距,就创新环境而言,关键是缩小技术创新软环境同发达国家的差距。

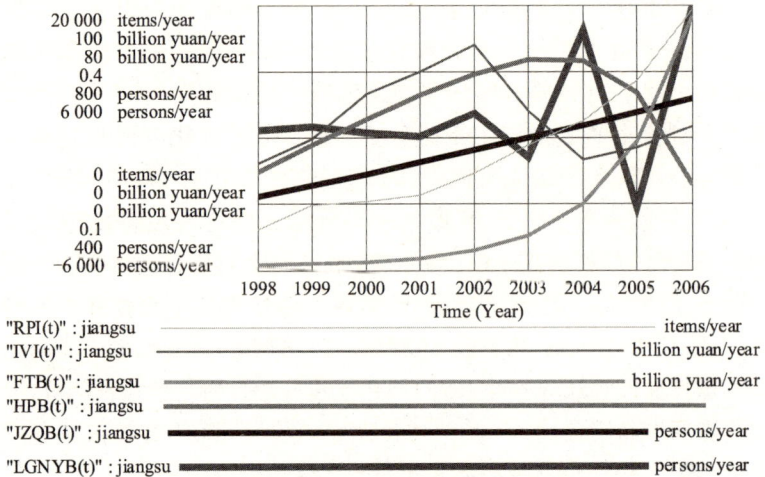

图 2.5 1998—2006 年江苏区域创新能力支撑层、
R&D 投入、专利产出仿真曲线

江苏省 1998—2006 年技术中介机构从业人员流率、流位的变化都呈缓慢增长趋势,其增长速度远远慢于江苏区域创新能力核心层要素的增长,这一方面是由于江苏区域创新能力核心层发展太慢,对技术中介机构形成的拉力太小;另一方面,江苏省技术中介机构缓慢的发展速度也在很大程度上限制着核心层创新能力的发展。提升江苏区域创新能力,对技术中介机构的发展是一项不容忽视的重要措施。

江苏省理工农医专业大学毕业生是江苏区域创新能力提升的重要人才瓶颈。江苏省 1998—2006 年理工农医专业大学毕业生流率的变化呈均匀的起伏形状,第一年比上年增加值高,则下一年比上年增加值低。与理工农医专业大学毕业生流率的变化相对应,江苏省 1998—2006 年理工农医专业大学毕业生流位的变化也呈现波动起伏的形状。

在江苏区域创新能力器物层，通过区域创新能力支撑层与R&D投入、专利产出的仿真曲线可以看出，江苏省风险投资1998—2006年流率的变化呈明显的上升趋势；江苏省创新环境评分1998—2006年流率的变化在2004年以前呈上升趋势，在2004—2006年呈明显的下降趋势；江苏省技术中介机构从业人数1998—2006年流率的变化呈平稳的上升趋势；江苏省理工农医专业大学毕业生1998—2006年流率的变化呈波动起伏状态。而江苏省R&D投入1998—2006年流率的变化分为3个阶段：1998—2002年为第一阶段，R&D投入流率的变化呈上升趋势；2002—2004年为第二阶段，R&D投入流率的变化呈下降趋势；2004—2006年为第三阶段，R&D投入流率的变化又呈现上升趋势。江苏省授权专利1998—2006年流率的变化一直呈上升趋势。所以，江苏区域创新能力支撑层各要素流率的变化与R&D投入、专利产出没有明显的相关关系，这些要素是通过对江苏区域创新能力核心层的支撑间接形成江苏区域创新能力的。

2.2.3.4 江苏区域创新主体支撑层对核心层的支撑

在江苏区域创新能力器物层上，区域创新主体支撑层对核心层的支撑是通过对企业创新战略决策能力、企业R&D能力和企业新产品营销能力的支撑实现的。

通过江苏区域创新主体支撑层与企业家数量的仿真曲线可以发现，江苏区域创新主体支撑层对企业创新战略决策能力的支撑主要是通过风险投资、创新环境、技术中介机构从业人员、理工农医专业大学毕业生对企业家数量的影响实现的。江苏省1998—2006年各年风险投资流率、技术中介机构从业人员流率的变化与企业家流率的变化趋势是基本一致的。创新环境评分流率的变化虽然从2002年开始出现下降趋势，理工农医专业大学毕业生流率变化虽然有波动现象，但以上两个变量流位的变动趋势与企业家流率的变动趋势是基本一致的。这说明江苏区域创新主体支撑层对企业家的支撑是在曲折中不断发展的。

江苏区域创新主体支撑层对企业 R&D 能力的支撑是通过支撑层要素对企业专利产出的影响实现的,对企业营销能力的支撑是通过支撑层要素对新产品销售收入的影响实现的,其影响趋势与江苏区域创新主体支撑层对企业家的影响趋势基本一致。

总之,通过江苏区域创新能力器物层的仿真结果可以看出,江苏区域创新能力器物层可分为核心层和支撑层两个层次。江苏区域创新主体核心层直接参与区域技术创新,对专利等创新产出起着直接的决定作用;江苏区域创新主体支撑层间接参与区域技术创新,通过向区域创新主体核心层提供创新资源形成区域创新能力。提升江苏区域创新能力,既应从区域创新主体核心层采取措施,直接促进江苏区域创新能力的提升,也应同时从区域创新主体支撑层采取措施,通过改变区域创新主体支撑层,进而改变江苏区域创新主体核心层赖以存在的基础,从而促进江苏区域创新能力的提升。

2.3 区域创新主体核心层的创新能力

在形成区域创新能力的驱动因素中,企业创新战略决策能力决定区域企业技术创新的方向。在企业创新中,没有战略的创新活动犹如一场没有军事战略的战争,这样的活动没有方向、没有指导,结果也往往不尽如人意。[①] 企业 R&D 能力是企业技术创新的执行能力,只有通过 R&D 人员的 R&D 活动,企业创新战略才能变成创新行动,企业 R&D 能力是企业创新构思与创新生产之间的桥梁。企业新产品营销能力,是实现企业新产品市场化、商业化的能力,是企业 R&D 与市场之间的桥梁。企业创新战略决策能力、企业 R&D 能力、企业新产品营销能力直接决定企业新产品从构思到市场化、商业化的实现,所以,这三种能力在区域技术创新过程中起着核心作用,构成区域创新能力器物层的核心层。企业新产

---

① Cooper R G. Product innovation for strategy. Research Technology Management,2000(1).

品营销能力主要是由企业创新战略决策能力和企业 R&D 能力决定的,通过研究企业创新战略决策能力、企业 R&D 能力形成路径,可以揭示区域创新能力器物层的核心层形成的路径。

2.3.1 企业创新战略决策能力

在企业创新能力结构中,企业创新战略决策能力是企业其他创新能力的基础,决定着企业其他创新能力的方向,进而决定着区域技术创新的方向。企业新产品从构思到市场化、商业化的实现,都离不开企业创新战略决策能力。在企业技术创新链中,国内外学者对新产品 R&D 能力、新产品营销能力已进行过大量研究,但对企业技术创新链的源头——企业创新战略决策能力则研究较少。对企业创新战略决策能力进行深入研究,能够从源头把握企业所在区域创新能力形成的路径。

企业创新战略决策能力实质上是企业家对企业创新战略的决策能力。技术创新是无序的和无法预测的过程,它依赖于创造、灵感和运气[①],所以,许多企业陷入创新消耗战和创新两难困境[②]。虽然企业经过多年技术创新,积累了很多创新经验,但至今仍无法预测技术创新成功的可能性。因此,企业必须在实施最好的、最大胆的创新方面进行综合权衡[③],通过制定科学的创新战略应对创新的不确定性。

2.3.1.1 企业创新战略决策能力的源泉

企业创新战略决策是企业家通过权衡利弊对企业技术创新可能性做出的建构。技术创新实质上是企业家以新技术或技术的新应用为背景,"寻找"一种新的生产要素组合的可能性,并把它变为现实的过程。新技术或技术的新应用内化于生产要素之中,便必

---

① Ducker P E. The discipline of innovation. Harvard Business Review,1985,63 (3).

② Christensen C M. The innovator's dilemma. Boston:Harvard Business School Press,1997:270.

③ Foster R N. Managing technological innovation for the next 25 years. Research Technology Management,2000(1).

然改变生产要素的原有组合方式,其中某种生产要素的最优组合方式,便是企业家所理解的、所追求的技术创新。[①]

1. 企业家的含义

关于企业家,国内外学者给出过许多定义。Schumpeter 认为,新组合的实现称为企业,实现这些组合的人称为企业家,企业家的风格或企业家的职能就是创新。[②] 日本学者 Hiroshi Mannari 认为,企业家是指占有、获取企业资产并承担经营风险、从事市场交易的主体。郭毅认为,判断一个经营者是否是企业家的依据,并不是个体特征,而是其实现的职能,企业家是一个职能的概念,而不是实体概念。由此可见,企业家是将新的生产要素或其组合引入企业生产系统,并承担创新风险的企业经营管理者,是企业技术创新的主体。

2. 企业家精神的含义

企业家精神是企业家创新行为的指导思想,研究企业家创新行为,首先得搞清楚企业家精神的内涵。Schumpeter 认为企业家精神是一种重要的生产要素,经济发展是一个"创造性破坏"(creative destruction)的内生动态过程,即不断地通过开发新产品、引入新的生产方式、开辟新市场、获取新原料和建立新的组织结构来推动创新的过程。"创造性破坏"的灵魂是具备了企业家精神的企业家。[③] 庄子银在 Schumpeter 的观点基础上,认为是企业家精神,而不是资本主义精神才是长期经济增长的真正源泉,企业家精神的核心是持续技术创新和模仿,企业家是风险的承担者,是长期经济增长的微观组织机制。[④] 李新春、鲁兴启、叶勤认为,企业家精神的

---

① 高勇,关士续,米加宁:《企业家技术创新可能性建构及阶梯模型》,《科研管理》,2000 年第 6 期。

② [奥] 约瑟夫·熊彼特:《经济发展理论》,何畏,等译,张培刚,等校,商务印书馆,1990 年,第 216-219 页。

③ 同②。

④ 庄子银:《企业家精神、持续技术创新和长期经济增长的微观机制》,《世界经济》,2005 年第 12 期。

实质是一种变革和创新精神,对个人利益的追求是激发企业家精神的内在动力,市场竞争压力是激发企业家精神的外在压力;企业家精神的发挥应理解为一个企业家创新过程,只有在这一过程中才能较为准确地理解企业家生成机制;创业是企业家精神的基础,而创新则是企业家精神的核心。①

本研究认为,企业家精神是在个人利益、竞争压力和成功欲望驱动下,进行技术创新的心理趋向。企业家精神实现的程度取决于驱动因素与阻滞因素综合博弈的结果。

3. 企业家精神是企业创新战略决策能力的源泉

关于企业家精神的驱动因素,国内外学者提出过许多观点,但综合起来可分为两类,一种把企业家精神等同于资本主义精神。如 Weber 认为,在资本主义经济中,资本积累的动力不仅来源于长期消费的最大化,而且来源于财富积累本身产生的愉悦(效用),人们不断积累财富不是为了消费目的,而是为了追逐财富诱致的社会地位。即个人之所以不断积累财富,是因为财富意味着或决定着人们的社会地位,个人积累的财富越多,他的社会地位越高;而更高的社会地位会给他带来更大的愉悦和满足,进而实现他的效用。也就是说,对财富及财富诱致社会地位的追求是企业家精神产生的原动力。另一种认为企业家精神有别于资本主义精神。如庄子银认为,资本主义精神是企业家精神的一个组成部分,除追逐财富、追逐社会地位与消费能驱动企业家精神的形成外,征服的意志、战斗的冲动、证明自己比别人强的冲动也是驱动企业家精神形成的因素。②

实际上,促使企业家精神形成的根本因素是企业家利益,包括企业家从创新中可能获取的物质利益和精神利益,其根本原因在于企业家的物质需求和精神需求。企业家精神形成的直接驱动因

---

① 李新春,王珺,邱海雄,等:《企业家精神、企业家能力与企业成长——"企业家理论与企业成长国际研讨会"综述》,《经济研究》,2002 年第 1 期。

② 庄子银:《企业家精神、持续技术创新和长期经济增长的微观机制》,《世界经济》,2005 年第 12 期。

素是企业家从创新中可能获取的物质利益,因为企业家同其他人一样,存在生存和发展所需要的物质需求。但随着企业家创新事业的发展,物质利益的边际收益会逐渐递减,物质利益对企业家精神的驱动力逐渐减小,而企业家的精神需求是无止境的。所以,从长远看,对精神利益的追求是驱动企业家精神形成和发展的主要因素。

李垣、汪应洛认为,企业家利益包括薪水、便利和事业成功3个方面。即

$$B = f(S, C, R)$$

式中,S 和 C 是资产所有者根据资产增值情况给企业家的回报,R 一方面是企业资产所有者根据资产增值对企业家的精神奖励,另一方面也是其他所有者根据企业家的个人素质及为他所在企业做出的业绩而对他事业的敬意等。[①]

同时,企业家精神的形成还会受到阻滞,其中阻滞企业家精神形成的最大因素是企业家寻租机会。由于创新是一项充满风险的事业,不但成功率低,而且创新失败对企业家可能造成的物质损失和精神损失巨大。所以,一旦社会上存在寻租机会,而且企业家比较容易从中获取租金,则企业家将会放弃创新和模仿等生产性活动,而将创新资源注入可以寻租的非创新性活动,这样,必然造成社会资源的浪费,使本来可以用于生产性活动的资源转移到非生产性活动中,降低了技术创新和模仿等生产性活动的相对报酬,减弱经济持续增长的动力和源泉。根据埃森哲公司对中国企业家的调查,在政府对创业精神影响的3个因素中,政府没有采取足够措施鼓励创业精神发挥、税务负担和政府法规对中国企业家精神的形成影响最大(见图2.6)。

---

① 李垣,汪应洛:《企业家利益诱导下的技术创新行为探讨》,《科学学研究》,1995年第1期。

影响程度

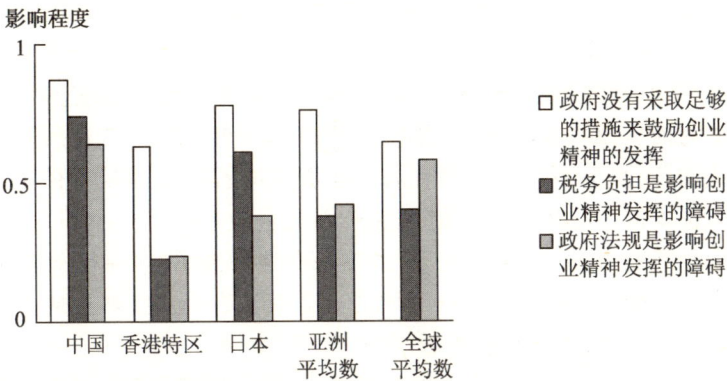

图例:
- □ 政府没有采取足够的措施来鼓励创业精神的发挥
- ■ 税务负担是影响创业精神发挥的障碍
- ▨ 政府法规是影响创业精神发挥的障碍

横轴标签:中国　香港特区　日本　亚洲平均数　全球平均数

资料来源:埃森哲公司对中国企业家的调查。

图 2.6　政府对创业精神发挥所产生的影响情况图

除此之外,信息不对称也是阻滞企业家精神形成的一个因素。技术创新的本质是技术资源与企业家资源的结合,而由于信息不对称,中国企业和科研机构长期分离并独立发展,彼此社会分工领域交集过小造成的严重的信息不对称,使技术资源和企业家资源很难结合,所以技术转化不成现实的生产力。[①]

企业创新战略决策能力来源于企业家精神,而企业家精神来源于驱动因素与阻滞因素综合博弈的结果。如果企业家精神形成的驱动因素的综合力量超过阻滞因素的综合力量,则企业家精神就能形成,企业创新战略决策能力就强。反之,企业创新战略决策能力则弱(见表 2.1)。所以,区域企业家精神是企业创新战略决策能力的源泉。

表 2.1　区域企业家精神与企业创新战略决策能力关系表

驱动因素	阻滞因素	企业家精神	企业家创新行为	企业创新战略决策能力
物质利益 精神利益	寻租机会 企业家政策 市场政策 信息不对称	驱动因素— 阻滞因素	正影响或 负影响	正影响或 负影响

---

① 方世建,郑南磊:《信息不对称下技术创新途径与企业家选择》,《科研管理》,2002 年第 6 期。

2.3.1.2 企业创新战略决策能力的形成过程

1. 企业家的创新决策能力

企业家作为企业的最高管理者,并不以是否有个人资产加入企业为前提,而是以其管理技术为"资本",与资产所有者达成不同形式的劳动"契约",从而拥有对企业资源的调配使用权。企业家人力资本的核心是以决策能力为核心的企业家人力资本,包括企业家创新能力、远见卓识、认识新市场机遇的能力、识别和聚集满足市场集聚的资源的能力。异质的企业家智力资产能够形成企业家精神的制度、方法和流程。[①]

在企业中,企业家的创新决策能力是企业最稀缺的创新战略管理能力,这种能力虽然在企业其他成员中也可能存在,但企业家所具有的创新决策能力是企业中最优秀的。企业家的创新决策能力既是企业家赖以生存和发展的基础,也是企业赖以生存和发展的基础。企业家依靠其创新决策能力为企业技术创新指明方向,企业 R&D 部门的创新执行和营销部门的新产品营销,都是在企业家的创新决策指导下进行的。可以说,企业家的创新决策能力决定着企业所有创新行为的方向,整个企业的创新结果从某种程度上说,主要取决于创新战略的正确与否,或者说创新战略的科学性。企业家的创新决策能力决定着企业技术创新的方向。

2. 企业创新战略决策能力的形成过程

企业家在企业中占据至高无上的地位,工作性质使他(她)必须拥有相当的权力,企业家以权力为工具有责任对企业创新战略做出决策。企业家作为企业最主要的创新主体,其人力资本是企业人力资本中最核心的部分。企业家促进创新观念的产生,它能在企业内部营造创新气氛,使全体员工共同捕捉创新机会;企业家重视 R&D 活动,把它作为技术创新日常管理的一项工作来抓,从而为技术创新创造前提;企业家对技术创新过程中出现的不确定

[①] 李兴旺:《企业家战略——培育创新能力的企业内部战略》,《南开管理评论》,2004 年第 4 期。

因素做出正确的决策,从而使技术创新顺利进行。[①] 所以,企业家通过对企业创新战略的直接决策,决定企业的创新战略决策能力。

企业家除直接决定企业创新战略决策能力外,还可以通过协调 R&D 部门与营销部门的界面关系,促成其创新合作决定企业创新战略。同时,企业家控制着企业资源,通过知识、人才、服务等对企业 R&D 能力提供支撑,影响企业的创新战略决策。企业家对企业创新战略的决策能力来源于企业家精神及其衍生的对企业资源配置的权力(见图 2.7)。

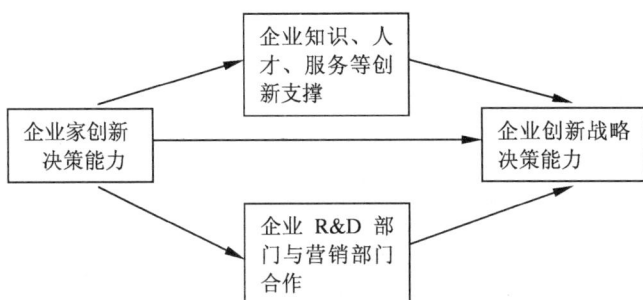

图 2.7　企业创新战略决策能力形成过程

2.3.2　区域 R&D 能力

企业 R&D 能力是区域 R&D 能力的主体,研究区域 R&D 能力形成路径既可揭示区域企业 R&D 能力形成的路径,也可揭示其他区域创新主体 R&D 能力形成的路径。所以,为从整体上把握区域 R&D 能力,本研究将企业 R&D 能力形成路径与其他创新主体的 R&D 能力形成路径放在一起介绍(第 4 章、第 5 章同)。区域 R&D 能力是指一个区域的 R&D 机构(部门)根据市场需求,通过合作将区域 R&D 投入转换为 R&D 产出的能力。在区域技术创新链中,区域 R&D 能力是区域企业创新战略的执行能力,是连接

　　① 　Massa S, Testa S. Innovation and SMEs: misaligned perspectives and goals among entrepreneurs, academics, and policy makers. Technovation, 2008, 28(7).

区域企业创新战略决策能力和市场营销能力的桥梁,处于中间和核心地位。区域 R&D 能力将企业家创新设想引入 R&D 环节,实现区域企业创新战略与区域技术、R&D 资本、R&D 工作人员的结合。同时,区域 R&D 能力为营销能力的发挥准备了条件,为 R&D 产出实现市场化奠定了基础。国内外虽然出现过不少关于区域 R&D 能力的研究,如付丹、王胜强等关于区域 R&D 能力内化方式的研究,Bourne、王雄军等关于区域 R&D 能力评价的研究,黄怡、刘震伟、孙艳等关于区域 R&D 能力提升途径的研究,赵兰香等关于区域 R&D 能力与基础研究绩效关系的研究,但这些研究很少对区域 R&D 能力形成的路径进行深入分析。区域 R&D 能力结构决定区域 R&D 行为,区域 R&D 行为决定区域 R&D 绩效。所以,研究区域 R&D 能力形成的路径,对提升区域创新能力具有重要意义。

2.3.2.1　区域 R&D 能力结构

区域 R&D 能力受多方面因素的影响。[①] 以区域创新主体的 R&D 组织构成为维度,区域 R&D 能力包括个人 R&D 能力、团队 R&D 能力、部门 R&D 能力等;以技术创新流程为维度,区域 R&D 能力包括 R&D 投入能力和 R&D 产出能力等。个人 R&D 能力是区域创新主体中的 R&D 人员个人根据市场需求将 R&D 投入转变为 R&D 产出的能力。团队、部门 R&D 能力分别是区域创新主体中的 R&D 团队、R&D 部门根据市场需求将本层次的 R&D 投入转变为 R&D 产出的能力。大量研究表明,区域 R&D 产出与 R&D 投入存在很强的正相关关系。则有

$$y = \sum_{i=1}^{n} f_i(x_1, x_2, x_3)(i = 1, 2, \cdots, n)$$

式中,y 为区域 R&D 能力,x_1 为区域创新主体中的个人 R&D 能力,x_2 为区域创新主体中的团队 R&D 能力,x_3 为区域创新主体

---

①　Bourne M, Mills J, Wilcox M, et al. Designing implanting and updating performance measurement systems. International Journal of Operation & Production Management,2000,20(7).

中的部门 R&D 能力，i 为区域创新主体数。而且，$x_2 = f(x_1)$，$x_3 = f(x_2)$。下面从区域创新主体和创新流程两个维度对区域 R&D 能力进行具体分析，以揭示区域 R&D 能力形成的路径。

2.3.2.2 区域个人 R&D 能力

1. 区域个人 R&D 能力的构成

在区域技术创新过程中，R&D 人员是区域最活跃的核心资源，是创新的不竭的动力源泉。R&D 人员的数量、素质和组织效能反映了区域创新的综合能力，反映了区域 R&D 的力量和规律，高素质的 R&D 人员是区域创新主体进行技术创新的决定因素。[①]区域 R&D 人员的 R&D 能力受区域创新主体和 R&D 人员个人等许多因素的影响，其中，知识增长能力和个人创造能力是影响区域R&D 人员 R&D 能力的决定因素。知识增长能力保证 R&D 人员在 R&D 工作中的知识能量供给，决定 R&D 人员的知识存量和 R&D 后劲，决定 R&D 人员能干什么；R&D 人员个人创造能力决定 R&D 人员创新主动性的发挥程度，决定 R&D 人员愿意干什么。这两个因素构成了区域 R&D 人员 R&D 能力的核心。

2. 区域个人 R&D 能力形成过程

区域 R&D 人员的知识增长能力取决于其学习力。区域 R&D 人员是区域创新主体人力资源中的精英，具有很好的知识基础。正因为如此，容易使 R&D 人员忽视继续学习的重要性，导致个人 R&D 缺乏后劲。现在是一个超竞争时代，即一种竞争优势很快形成又很快失去的时代。R&D 人员的学习力取决于学习的压力和动力。促使 R&D 人员学习的压力有两种，一种来源于 R&D 人员自己，取决于对技术创新的追求和对成功的渴望；另一种来源于R&D 人员所在组织对其下达的 R&D 目标（见表 2.2）。不少R&D 人员职业生命周期中出现的"35 岁现象"，就是指因缺乏知识增长能力，在职业中期（一般从 35 岁左右开始），偏向行政管理阶

① Chester A N. Management and incentive for control research. Industrial Research Institute, 1995(4).

梯寻求发展。这种现象造成 R&D 人员拥有的"专用资产"——知识与技能被挪作他用时价值大幅度贬值以至泯灭,进而影响区域创新主体 R&D 绩效水平的提高。

表 2.2　区域个人 R&D 能力形成过程

项目 ＼ 因素		驱动因素	关键衡量指标
对个人 R&D 投入 (x)	物质投入	现金补偿	个人拥有股权比例 $=\dfrac{\text{R\&D 人员拥有股权}}{\text{区域创新主体全部股权}}$
		产权激励	利润分成比例 $=\dfrac{\text{R\&D 人员分成利润}}{\text{区域创新主体利润总额}}$
	精神投入	创造自由	R&D 自由度 $=\dfrac{\text{R\&D 人员自由支配时间}}{\text{R\&D 总时间}}$
		提升发展	R&D 人员提升概率 $=\dfrac{\text{R\&D 人员提升人数}}{\text{企业提升总人数}}$
个人 R&D 能力 $X_1 = f(x)$	知识增长能力	个人对技术创新的追求和对成功的渴望	R&D 期望值 $=\dfrac{\text{R\&D 工作目标}}{\text{R\&D 人员全部工作目标}}$ R&D 目标新知识贡献率 $=$ $\dfrac{\text{新知识对 R\&D 的贡献}}{\text{个人完成 R\&D 目标所需要的全部知识}}$
		竞争压力	
	个人创造能力	个人职业道德	个人自主 R&D 率 $=$ $\dfrac{\text{个人自主完成 R\&D 任务}}{\text{个人完成 R\&D 总任务}}$
		创新氛围	
个人 R&D 产出 $Z_1 = f(X_1)$			X_1

　　R&D 人员的个人创造力也来源于 R&D 人员自己及其所在的组织。R&D 是一种非常复杂,而且产出很难确定的活动,R&D 人员的 R&D 工作经常是在自觉状态下进行的,R&D 人员与其所在的组织在 R&D 过程中存在信息不对称现象。所以,对 R&D 人员创造力产生影响的因素,除 R&D 人员的职业道德外,主要是区域创新主体在组织文化和目标层面对 R&D 人员的软约束。制度硬

约束很难对 R&D 人员的 R&D 活动产生作用。

3. 阻碍区域个人 R&D 能力形成的因素

高绩效的 R&D 人员不期望以组织监控来换取工作的稳定性和可预见性,他们也不希望区域创新主体为他们提供稳定和可预见性的工作环境。[①] 所以,阻碍区域 R&D 人员 R&D 能力形成的主要因素,在于影响 R&D 人员职业发展的因素,包括 R&D 人员是否拥有对区域创新主体的控制权和剩余索取权,区域创新主体是否能够及时对 R&D 人员进行培训,R&D 人员是否能够参与区域创新主体的创新决策,R&D 人员的技术等级能否按时晋升等。其中 R&D 人员持股比例和对区域创新主体剩余价值的分成比例是阻碍区域 R&D 人员 R&D 能力形成的关键因素。提升 R&D 人员的 R&D 能力,关键应从影响 R&D 人员事业发展的这几个因素着手。

2.3.2.3 区域团队 R&D 能力

1. 区域团队 R&D 能力的构成

团队 R&D 能力是指区域创新主体中一定的 R&D 人员基于 R&D 项目结合在一起,将 R&D 投入转变为 R&D 产出的能力。M. Jensen 认为,企业等组织可以被看做是个人之间的一组契约关系的连接点。[②] 在 R&D 组织中,R&D 成果属于整个 R&D 团队,根据 R&D 项目结成的团队,是最常见的 R&D 组织形式。所以,建立有效的 R&D 团队是提高区域创新主体 R&D 能力的关键。R&D 团队作为区域创新主体的非正式组织,其主要职能体现为团队内部 R&D 成员之间的信息沟通及相互激励。团队 R&D 能力包括 R&D 成员之间的信息沟通能力、团队成员的资源依赖能力和 R&D 项目提供竞争优势的能力。其中,R&D 项目的竞争力包括项目的技术先进性和实用性,R&D 项目的技术先进性主要体现为技术的国内先进性或国际先进性,R&D 项目的实用性主要体现为新产品的市场化比例。R&D 成员之间的信息沟通能力既表现为会议、工作合作等正式交流

---

① Roger E W. A theoretical look at firm performance in high-tech organizations. Journal of High Technology Management Research,2001(12).

② 张春霖:《企业组织与市场机制》,上海人民出版社,1991 年,第 68 页。

和激励,也表现为用电话、邮件、会餐和其他方式进行的非正式交流和激励。R&D 团队成员的资源依赖能力包括知识、技术依赖能力和信息依赖能力,知识、技术依赖能力常用团队其他成员对自己 R&D 工作的知识、技术贡献率表示,信息依赖能力常用团队其他成员对自己 R&D 工作的信息贡献率表示(见表 2.3)。

2. 区域团队 R&D 能力形成过程

区域团队 R&D 能力是通过 R&D 项目中的合作自发形成的,在团队 R&D 能力中,非正式关系起着重要的纽带作用。项目经理虽然对团队成员有一定的奖惩权,但这种权力极其有限。团队 R&D 能力是经过许多 R&D 项目形成的,在这个过程中,团队成员控制的资源相互依赖性维系着团队成员之间的关系。R&D 成员在自己掌握的知识、技术不足以完成 R&D 项目时,将会为了必要的资源(如信息、知识、技术、资金等)而相互依赖于其他成员,团队成员之间稳定可靠的资源能够确保团队 R&D 的产出(见表 2.3)。尤其在运作复杂的 R&D 项目时,团队成员之间的资源依赖就显得尤为重要。[1]

表 2.3　区域团队 R&D 能力形成过程

项目 \ 因素		驱动因素	关键衡量指标
对团队 R&D 投入 (x)	物质投入	信息沟通平台	信息平台投入比 $=\dfrac{\text{信息沟通平台投入金额}}{\text{R\&D 投入金额}}$
		项目奖励	项目提成比例 $=\dfrac{\text{项目提成金额}}{\text{项目期望收益}}\times\dfrac{\text{本项目技术先进水平}}{\text{国内或国际该技术水平}}$
	精神投入	非正式交流机会	区域创新主体文化投入比 $=\dfrac{\text{组织文化投入金额}}{\text{组织管理费总金额}}$
		区域创新主体的组织文化	

---

① Adler P S. Interdepartmental interdependence and coordination: the case of the design/manufacturing interface. Organization Science,1995,6(2).

因素 项目		驱动因素	关键衡量指标
团队 R&D能 力 $X_2=$ $f(X_1,x)$	项目竞 争力	技术先进 性、实 用性	R&D项目市场比率＝ $\dfrac{\text{R\&D项目市场化数目}}{\text{R\&D项目总数}}$
	信息沟通 能力	交流机 会、交流 氛围	信息平台投入比、区域创新主体组织文化投入比
	团队成员 资源依赖 能力	知识、技 术依赖 能力	团队成员知识技术贡献率＝ $\dfrac{\text{团队成员对其他R\&D成员知识、技术贡献}}{\text{R\&D人员完成工作目标所需知识、技术}}$
		信息依赖 能力	团队成员信息贡献率＝ $\dfrac{\text{团队成员对其他R\&D成员提供信息}}{\text{R\&D人员完成工作目标所需信息}}$
团队R&D产出 $Z_2=f(X_2)$			X_2

3. 阻碍区域团队 R&D 能力形成的因素

由于团队 R&D 能力基本属自发形成的 R&D 能力,所以,团队成员拥有的资源对团队失效是阻碍团队 R&D 能力形成的根本因素。同时,团队成员之间的信息沟通质量欠佳也是阻碍区域团队 R&D 能力形成的主要因素。从团队 R&D 产出方面考虑,R&D 竞争力强,影响力大,则能够形成一种团队声誉。从这方面考虑,团队劣质的产出也会阻碍以后 R&D 能力的形成。

2.3.2.4　区域部门 R&D 能力

1. 区域部门 R&D 能力构成

区域部门 R&D 能力是由部门内所有项目团队的 R&D 能力组成的,团队 R&D 能力的目标是一个 R&D 项目,部门 R&D 能力的目标是区域创新主体的所有 R&D 项目。所以,部门 R&D 能力面对的是整个市场,它的绩效体现为获取顾客的贡献程度。新顾客贡献率高,则区域部门 R&D 能力强;反之亦然,即 $X_3=f(X_2,x)$,

$Z_3 = f(X_3)$。区域 R&D 部门与其他职能部门,如企业生产部门、营销部门等的协作程度也是区域部门 R&D 能力的重要体现。区域 R&D 部门在单位时间内与企业生产部门、营销部门冲突的次数,是衡量区域 R&D 部门与企业生产部门、营销部门协作程度的重要指标。

2. 区域部门 R&D 能力形成过程

区域部门 R&D 能力的形成是通过对部门内所有 R&D 项目进行管理和整合形成的,在这个过程中,R&D 部门对 R&D 团队所起的主要作用体现为服务;R&D 部门对区域技术创新所起的主要作用是与企业生产部门、营销部门在创新战略上保持协同。Miller 和 Wager 对科学家和工程师在组织中的社会化与个性化领域所作的研究表明,技术人员、生产人员、营销人员的职业、职务定位的不同是影响连接问题的重要因素。① 由此形成 R&D 部门与企业生产部门、营销部门的界面。能否消除界面隔阂,实现相关部门协同,是区域 R&D 产出实现市场化的关键。为了消除区域 R&D 部门与企业生产部门、营销部门的界面障碍,必须对这 3 个部门进行有效整合,即在保持 R&D 部门、生产部门和营销部门各自功能的同时,R&D 部门与这两个部门实现战略上的联合。Souder 和 Chakrabarti 的调查发现,企业 R&D 与市场营销之间的整合存在着严重的管理问题时,68% 的 R&D 项目将在商业化上失败,21% 的项目将部分失败。他们提出成功的新产品开发将要求企业把技术能力与用户的产品或服务需求结合起来,将 R&D 与市场营销整合成为新产品开发成功的关键。②

3. 阻碍区域部门 R&D 能力形成的因素

由于区域 R&D 处于区域技术创新链的上游,区域技术创新链

---

① Miller G A,Wager W. Adult socialization, organizational structure, and role orientations. Administrative Science Quaterly,1971(16).

② Souder W E,Chakrabarti A K. The R&D/marketing interface:results from an empirical study of innovation projects. IEEE Transaction on Engineering Management,1978,3(25).

各环节的反馈都会对 R&D 部门 R&D 能力的实现产生影响。R&D 部门 R&D 技术的先进性和实用性是决定 R&D 部门 R&D 能力的首要因素。R&D 项目必须同时具备技术先进性与实用性。只有技术先进,才会有竞争力;同时,用先进技术制造的产品,还必须有现实的市场需求,缺乏市场需求的技术,再先进也不能实现市场化,也不能实现技术创新的成功。美国铱星电话的"陨落",就是由于高技术缺乏市场化的条件所致。同时,区域 R&D 部门与企业生产部门、营销部门的界面障碍也会影响 R&D 部门 R&D 能力的实现。

2.3.2.5 区域 R&D 能力

1. 区域 R&D 能力构成

区域 R&D 能力是区域创新主体中个人 R&D 能力、团队 R&D 能力和部门 R&D 能力的集成,即 $y = \sum_{i=1}^{n} f_i(x_1, x_2, x_3)(i = 1, 2, \cdots, n)$,但又不是上述 R&D 能力的简单相加。区域 R&D 能力体现为区域创新战略和新产品的市场竞争力。以上个人 R&D 能力、团队 R&D 能力和部门 R&D 能力都是区域技术创新链某一个或几个环节的 R&D 能力,是形成产品前的 R&D 能力,而区域 R&D 能力是区域整个技术创新链上的 R&D 能力,是产品 R&D 能力。

2. 区域 R&D 能力的形成过程

由于企业是区域创新主体的核心,所以,区域 R&D 能力是通过区域企业对技术创新链各环节进行整合形成的。关于对 R&D 整合的模式,国内外学者已进行过很多研究。Macintosh 和 Whittington 把 R&D 整合模式分为如下三类:一是专业控制,R&D 部门是集中的,是企业的随机费用中心,R&D 成本不直接分摊到生产和营销部门,但是征收一般管理费用,费用额度不一定反映生产部门和营销部门的 R&D 使用情况。由于组织活动的专业性和隐蔽性,主要对投入资源的使用情况进行控制和管理,决定 R&D 项目是否开展研究以及如何展开等控制 R&D 活动的大部分权力留给 R&D 部门内部的专家。二是分层控制,R&D 活动分散到生产部门和营销部门,R&D 部门只对生产部门或营销部门负责,属于生产部门和营销部门的费用中心。三是市场控制,R&D 部门与生产部门、营销部门相互独立,利用客户—供应商机制,从生产或营销部门获取 R&D 项目,通过市场机制实现管理控制,对产品和服务的市场价值进行控制和管理。[①] 区域企业究竟采用哪种整合模式形成自己的 R&D 能力,既与企业的规模有关,也与企业所处生命周期的阶段有关。一般而言,大规模企业多采用专业控制的 R&D 整合模式,中小企业多采用分层控制或市场控制的 R&D 整合模式;企业在成长期和成熟期多采用专业控制的 R&D 整合模式,在衰退期多采用分层控制或市场控制的 R&D 整合模式。除区域企业内部的 R&D 整合外,区域企业与大学、科研机构之间的 R&D 整合也是区域 R&D 能力形成的关键。

3. 阻碍区域 R&D 能力形成的因素

区域 R&D 能力是从个人 R&D 能力开始,通过团队 R&D 能力、部门 R&D 能力逐级集成形成的,R&D 人员、R&D 团队、R&D 部门的 R&D 绩效都会影响到区域 R&D 能力的形成。所以,阻碍区域 R&D 能力形成的因素比较多,区域 R&D 能力治理是一项系统工程,既涉及区域创新主体文化层面的组织学习,也涉及区域创新主体制度层面的薪酬制度和激励机制。这要求区域 R&D 治理必须与区域创新主体的组织治理相结合,从区域创新系统的角度克服阻碍区域 R&D 能力形成的因素。

2.3.3 区域创新主体核心层的创新能力

为了更准确地把握区域创新主体核心层创新能力的现实基础,现以江苏省为例,具体介绍江苏区域创新主体核心层的创新能力。

2.3.3.1 江苏区域创新能力器物层评价指标

江苏省是中国区域创新能力较强的省份,通过比较江苏省与

---

① Whittington R C. Control strategies in industrial R&D. R&D Management, 1991(9).

更强省(市)创新能力的差距,可以揭示江苏区域创新能力器物层形成的路径。根据江苏区域创新主体在技术创新中的地位,可以将江苏区域创新能力器物层分为核心层和支撑层。本研究经过多次分析甄别,选出15项能比较准确地反映和衡量江苏区域创新能力器物层的指标,分别反映江苏区域创新主体的核心层创新能力和支撑层创新能力(见表2.4)。

表 2.4　江苏等五省(市)2005 年创新能力主要指标

指标及含义		能力变量	区域名称				
			上海市	北京市	广东省	江苏省	山东省
核心层能力指标	大中型企业每万人 R&D 人员数(人/万人)(大中型企业 R&D 人员数/大中型企业职工总数)	X_1	40.21	22.43	13.25	21.41	15.39
	企业技术人员素质(%)(企业科学家工程师人数/企业技术人员数)	X_2	69.00	75.00	71.13	56.98	58.00
	每十万人口授权专利数(件/10 万人)	X_3	75.29	73.08	42.69	18.26	11.83
	大中型工业企业新产品产值比重(%)(大中型企业新产品产值/大中型企业总产值)	X_4	34.22	30.06	14.08	19.68	16.51
	企业科技支持力(%)(大中型企业 R&D 经费/大中型企业销售收入)	X_5	1.99	1.88	1.79	1.88	2.05
支撑层能力指标	金融机构科技支持力(%)(科技与技改贷款/银行贷款余额)	X_6	1.48	4.79	3.83	11.55	8.66
	政府科技支持力(%)(政府科技拨款/政府财政支出)	X_7	4.78	3.55	3.66	2.13	1.81

指标及含义	能力变量	区域名称				
		上海市	北京市	广东省	江苏省	山东省
支撑层能力指标 R&D经费占GDP比重（%）（R&D经费/区域GDP）	X_8	2.28	5.55	1.09	1.47	1.05
百户家庭电脑拥有量（台/百户）（电脑拥有量/家庭户数）	X_9	47.25	55.54	44.7	19.72	20.55
每万人平均拥有公路量（公里/万人）（公路里程/区域人口数）	X_{10}	3.87	10.09	13.81	8.15	8.15
技术市场成交合同金额（亿元）	X_{11}	231.73	489.59	112.47	100.83	98.36
区域技术人员素质（%）（科学家工程师人数/区域专业技术人员数）	X_{12}	74.06	80.26	69.94	60.79	64.59
每万人口科技人员数（人/万人）（专业技术人员数/区域人口数）	X_{13}	104.00	229.00	35.00	50.00	30.00
每一专任教师负担学生数（人）（在校学生人数/专任教师人数）	X_{14}	15.00	13.00	23.00	19.00	28.00

在表 2.4 中，X_1、X_2、X_3、X_5 是企业 R&D 能力的替代变量，X_4 是企业新产品营销能力的替代变量，X_6 是区域风险投资能力的替代变量，X_7、X_8、X_9、X_{10} 是区域技术公共服务能力的替代变量，X_{11} 是区域技术中介服务能力的替代变量，X_{12}、X_{13}、X_{14} 是区域人才支撑能力的替代变量。

2.3.3.2 江苏区域创新主体核心层创新能力与发达省（市）的比较

为了通过对比揭示江苏区域创新主体核心层创新能力的形成路径，下面对上海市、北京市、广东省、江苏省和山东省 2005 年核心层创新能力的主要指标进行因子分析。整个过程借助 SPSS13.0 软件完成。首先对原始数据进行标准化（从略），求 R 的特征值以及贡献率,并按特征值大于 1 的原则提取公因子。每个公因子的特征值、贡献率、累积贡献率见表 2.5。

表 2.5　江苏等五省(市)核心层创新能力指标旋转因子载荷阵、特征值、贡献率及累积贡献率

公因子	X_1	X_2	X_3	X_4	X_5	特征值	贡献率(%)	累计贡献率(%)
F_1	0.930	0.456	0.823	0.977	0.350	2.827	56.538	56.538
F_2	-0.167	0.843	0.562	0.059	-0.855	1.788	35.757	92.295

由表 2.5 可知,前两个公因子 F_1、F_2 包含了原始数据信息量的 92.295%。由方差最大正交旋转因子载荷阵可知,F_1 在 X_1、X_3、X_4 上载荷较大,它们分别从大中型企业每万人 R&D 人员数、每十万人口授权专利数、大中型工业企业新产品产值比重方面反映抽样区域核心层创新能力,称 F_1 为抽样区域企业 R&D 能力和营销能力因子;F_2 在 X_2 上的载荷较大,它从企业技术人员素质方面反映抽样区域核心层创新能力,称 F_2 为抽样区域企业技术人员素质因子。

以 F_1、F_2 的信息贡献率作为权数,计算上海市、北京市、广东省、江苏省和山东省 2005 年核心层创新能力的综合得分,公式为 $Z_i = 0.613F_1 + 0.387F_2$,其中 $Z_i(i=1,2,\cdots,5)$ 为江苏省等五省(市)核心层创新能力的综合得分,F_i 的系数为各因子的信息贡献率权数。据此计算的上海市、北京市、广东省、江苏省和山东省核心层创新能力的综合得分及排序见表 2.6。

表 2.6　江苏等五省(市)核心层创新能力因子得分、总评价得分及排序表

省市名称	企业 R&D 能力和营销能力因子(F_1)		企业技术人员素质因子(F_2)		综合得分	
	得分	排序	得分	排序	得分	排序
上海市	1.154	1	0.213	3	0.790	3
北京市	0.555	2	4.181	1	1.958	1
广东省	-0.671	5	3.161	2	0.812	2
江苏省	-0.514	3	-2.536	4	-1.297	4
山东省	-0.633	4	-5.616	5	-2.560	5

在表 2.6 中,上海市、北京市和广东省 2005 年企业创新能力在全国的排名之所以能超过江苏省,就企业 R&D 能力和营销能力因子而言,主要是由于上海市和北京市的大中型企业每万人 R&D 人员数和大中型企业新产品产值超过江苏省,由此使这两个市的专利产出和大中型企业新产品销售收入在全国的排名也超过江苏省。就企业技术人员素质而言,主要是因为北京市、广东省和上海市的企业技术人员素质比江苏省高,山东省的企业技术人员素质比江苏省低。

由上面分析可知,中国 2005 年区域创新能力比江苏省强的省份,其区域创新主体核心层创新能力,即企业创新能力一般比江苏省强,但这是由企业技术人员数量和企业技术人员素质共同作用的结果。江苏省要赶超上海市、北京市、广东省,就区域创新主体核心层而言,必须同时从企业技术人员数量和企业技术人员素质两方面采取措施。

2.3.3.3 江苏区域创新主体核心层创新能力的省内分析

1. 江苏省 13 市创新能力器物层评价指标

为分析江苏区域创新能力在地区上形成的路径,经过多次分析,选出 12 项能够比较准确地反映江苏区域创新能力的指标,作为江苏省 13 市创新能力的评价指标。本研究所用数据来自《江苏统计年鉴 2005》和《江苏科技年鉴 2005》,其中 X_1——大中型企业数(个)、X_2——企业 R&D 人员占企业职工比重(%)、X_3——每十万人口授权专利数(件/10 万人)、X_4——企业科技支持力(%)(企业 R&D 经费/企业销售收入)、X_5——金融机构科技支持力(%)(科技与技改贷款/银行贷款余额)、X_6——政府科技支持力(%)(政府科技拨款/政府财政支出)、X_7——人均计费邮电业务总量(元/人)、X_8——百户家庭电脑拥有量(台/百户)、X_9——技术中介机构从业人员素质(%)(技术中介机构科学家工程师人数/技术中介机构从业人数)、X_{10}——技术市场成交合同金额(千元)、X_{11}——区域技术人员素质(%)(科学家工程师人数/区域专业技术人员数)、X_{12}——每万人口科技人员数(人/万人)。用上述指标建成的江苏省 13 市 2005 年创新能力评价指标体系见表 2.7。

表 2.7　江苏省 13 市创新能力评价指标体系

城市	X_1	X_2	X_3	X_4	X_5	X_6	X_7	X_8	X_9	X_{10}	X_{11}	X_{12}
南京市	247	2.39	36.35	0.80	0.85	2.26	1 083.83	53.82	86	10 533	72.30	579.69
无锡市	328	1.28	46.26	0.76	1.11	1.73	1 378.98	47.85	92	4 100	60.76	798.27
徐州市	62	1.29	8.42	0.74	8.48	1.44	391.67	19.93	98	1 320	52.49	240.95
常州市	215	1.38	35.26	0.76	1.63	2.24	991.80	33.86	94	0	40.19	642.88
苏州市	414	0.84	54.58	0.52	0.72	1.80	1 635.10	48.80	89	0	71.77	677.98
南通市	82	1.14	10.27	0.56	1.96	2.05	1 117.94	21.08	86	0	72.56	354.70
连云港市	34	1.15	5.68	0.76	3.32	1.40	337.46	14.59	88	0	58.95	254.63
淮安市	28	0.63	5.31	0.34	3.26	1.25	264.18	13.51	91	300	71.15	204.09
盐城市	48	0.72	4.66	0.36	2.00	1.78	319.19	15.99	78	1 500	57.26	207.59
扬州市	82	1.41	19.61	0.81	2.66	1.80	543.29	26.98	91	4 330	58.72	355.05
镇江市	60	0.96	25.19	0.81	3.96	1.88	800.35	29.10	96	1 731	70.45	427.70
泰州市	40	1.28	12.63	0.84	2.45	1.52	963.29	17.19	83	0	0	271.37
宿迁市	15	0.01	1.09	0.01	1.92	0.72	205.65	8.69	0	0	66.67	143.42

2. 对江苏省 13 市核心层创新能力的评价

对表 2.7 数据标准化以后,以江苏省 13 市核心层创新能力指标标准化数据为依据,用德尔菲法确定各指标权重,计算出江苏省 13 市核心层创新能力的综合评分(见表 2.8)。

表 2.8　江苏省 13 市核心层创新能力指标综合评分

城市	大中型企业数 ($X_1 * 0.3$)		企业 R&D 人员占企业职工比重($X_2 * 0.3$)		每十万人口授权专利数($X_3 * 0.2$)	
	得分	排序	得分	排序	得分	排序
南京市	0.276	3	0.701	1	0.181	3
无锡市	0.464	2	0.091	5	0.294	2
徐州市	−0.151	7	0.097	4	−0.136	9
常州市	0.203	4	0.146	3	0.169	4
苏州市	0.662	1	−0.150	9	0.389	1
南通市	−0.103	5	0.014	7	−0.115	8
连云港市	−0.215	11	0.020	6	−0.168	10
淮安市	−0.229	12	−0.266	11	−0.172	11
盐城市	−0.183	9	−0.216	10	−0.179	12

城市	大中型企业数 $(X_1 * 0.3)$		企业 R&D 人员占企业职工比重$(X_2 * 0.3)$		每十万人口授权专利数$(X_3 * 0.2)$	
	得分	排序	得分	排序	得分	排序
扬州市	−0.105	6	0.163	2	−0.009	6
镇江市	−0.155	8	−0.084	8	0.054	5
泰州市	−0.202	10	0.091	5	−0.089	7
宿迁市	−0.259	13	−0.606	12	−0.220	13

3. 对江苏省 13 市核心层创新能力的聚类分析

为了更清楚地分析江苏省 13 市创新能力形成的路径,根据江苏省 13 市核心层创新能力主要指标,对江苏省 13 市的核心层创新能力进行聚类分析。经过聚类分析,将江苏省 13 市的核心层创新能力分为 4 类(见表 2.9)。

表 2.9 江苏省 13 市核心层创新能力分类表

因子	核心层创新能力强度			
	第 1 类（强）	第 2 类（较强）	第 3 类（一般）	第 4 类（较弱）
企业创新战略决策能力因子	苏州	无锡、南京、常州	扬州、南通、徐州、镇江、盐城	泰州、连云港、淮安、宿迁
企业 R&D 人员因子	南京、扬州、常州	徐州、无锡、泰州、连云港	南通、镇江、苏州、盐城	淮安、宿迁
专利产出因子	苏州、无锡、南京	常州、镇江、扬州	泰州、南通、徐州、连云港	淮安、盐城、宿迁
企业科技支持力因子	泰州、扬州、镇江、南京	无锡、常州、连云港、徐州	南通、苏州、盐城	淮安、宿迁
综合因子	南京、无锡、苏州	常州、扬州、镇江	泰州、徐州、连云港	南通、盐城、淮安、宿迁

4. 江苏省 13 市核心层创新能力的区域差异

通过对江苏省 13 市的核心层创新能力进行聚类分析可以发现,江苏省各区域的核心层创新能力具有一定的形成规律。

由表 2.9 可知,南京市、无锡市、苏州市的核心层创新能力分别在江苏省排名第 1,2,3 名,是江苏省 13 市中核心层创新能力最强的市。南京市作为江苏省省会,在企业创新战略决策能力、企业R&D人员和创新资金方面均具有很强的优势。无锡市在R&D人员和创新资金方面排名靠前,拥有雄厚的创新资源,具备技术创新的基本条件。苏州市大中型企业较多,企业家较多,企业创新战略决策能力较强。

常州市、扬州市、镇江市的核心层创新能力分别在江苏省排名第4,5,6名,属于江苏省核心层创新能力较强的市。泰州市、徐州市、连云港市属于江苏省核心层创新能力一般的市。

南通市、盐城市、淮安市、宿迁市是江苏省核心层创新能力较弱的市,这些城市之所以创新产出较少,核心层创新能力较弱,关键在于企业创新战略决策能力弱,不能对企业的技术创新产生创新导向作用。同时,企业R&D人员和创新资金也相对短缺,限制着这些区域企业创新能力的提升。

通过以上对江苏省13市核心层创新能力的分析可知,江苏省各市的企业创新战略决策能力与区域R&D人员、创新资金在地域分布上具有一致性。凡核心层创新能力强的区域,均是大中型企业数量多,且R&D人员和企业创新资金充足的区域。所以,区域核心层创新能力的形成并非纯粹是R&D人才和资金问题,造就大量的适应现代创新需要的企业家是提升江苏省13市核心层创新能力需要做的首要工作。

2.4 区域创新主体支撑层的创新能力

2.4.1 风险投资能力

2.4.1.1 风险投资的重要性

风险投资是提升区域创新能力的重要条件之一,区域之间创新能力的差异,风险投资的差异是其中一个主要原因。美国128公路地区曾经是美国首屈一指的电子工业区,马塞诸塞州素以工业革新和无可匹敌的资金、技能、技术集中著称。早在威廉·沙科利在帕洛阿尔托成立他的晶体管公司之前,这个地区就已经是全美国几家领头的半导体厂商的发源地。然而,随着硅谷地区电子工业的崛起,128 公路地区慢慢地落在硅谷地区后面。128 公路地区落后的原因当然很多,风险投资是其中主要原因之一。

　　硅谷地区的风险投资产业是在原有的技术企业基础上发展起来的,风险投资家们能够为注资的企业带来技术技能、操作经验和行业杰出的网络以及现金资本。硅谷地区的风险投资家们卷入企业的程度是不同寻常的,他们在经营计划和战略方面为企业家出谋划策,帮助其寻求共同的投资者,招募重要的经营管理人员,并在董事会中供职。而 128 公路地区的风险投资业由传统的东海岸银行家们组成,管理者是传统的创业银行家而非企业家。他们没有科技产业的经营经验,而这些经验能在他们遇到麻烦时帮忙。

2.4.1.2　江苏省风险投资业的现状

　　江苏省的风险投资市场至今还没有形成,1998—2006 年的科技活动经费中,不但风险投资寥寥无几,技术改造贷款占贷款余额的比例也在逐年下降(见表 2.10)。江苏省 1999—2006 年技术改造贷款占贷款余额的比例分别为 4.46%,4.06%,4.03%,1.39%,1.15%,1.07%,0.88%,0.60%,与技改贷款投入产出的比例变化很不相称。江苏省 1999—2006 年技改贷款投入产出比分别为 4.21%,5.68%,5.56%,12.71%,11.92%,13.27%,15.27%,27.13%,在逐年上升。而且,江苏省 1999—2006 年技术改造贷款中国有独资银行所占的比例分别为 96.1%,97.2%,95.18%,86.96%,81.26%,80.23%,75.41%,78.68%,虽逐年在下降,但仍占绝对重要的比重。

表 2.10　1998—2006 年江苏省科技活动经费收入汇总表

单位:亿元

来　源	1998 年	1999 年	2000 年	2001 年	2002 年	2003 年	2004 年	2005 年	2006 年
上级拨款	22.03	25.47	19.05	45.90	50.18	54.77	62.14	89.97	93.90
自筹资金	62.02	80.72	96.75	155.41	204.09	243.78	384.00	435.52	522.90
银行贷款	15.80	13.35	12.00	21.84	30.16	37.73	43.70	57.05	74.30
其他收入	6.85	3.55	6.77	20.83	21.22	36.52	25.63	31.01	22.69
收入总额	106.70	123.09	134.57	243.99	301.95	372.81	515.47	613.55	713.79

通过分析发现,江苏省风险投资具有以下特点:一方面,江苏省技术改造贷款投入产出比在逐年上升;另一方面,技术改造和创新资金又严重不足(见图 2.8),这就是江苏省风险投资业的严峻现实。

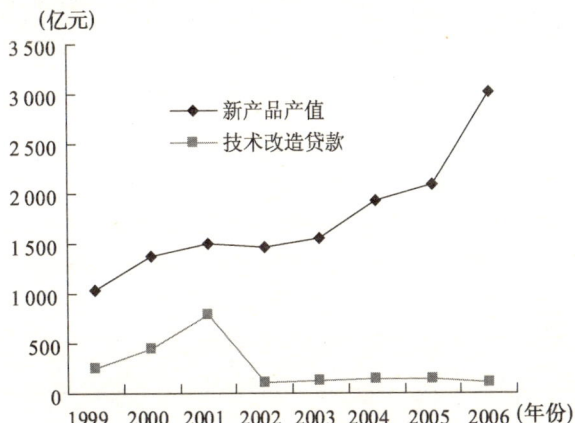

图 2.8   1999—2006 年江苏省技术改造贷款与新产品产值变动趋势

2.4.1.3   江苏省创新资金的地区分布

江苏省风险投资缺乏的同时,仅有的科技活动经费的分布也极为不均。相比之下,在全社会 R&D 支出占 GDP 的比例方面,南京、泰州、无锡、常州为较强地市;在政府科技拨款占财政支出的比例方面,南京、常州、南通、镇江为较强地市;在企业 R&D 经费占销售收入的比例方面,泰州、镇江、扬州、南京为较强地市;在科技与技改贷款占银行贷款余额方面,徐州、镇江、连云港、淮安为较强地市(见表 2.11)。

表 2.11   江苏省 13 市 2005 年技术创新财力投入情况

地区	全社会 R&D 支出占 GDP 的比例(%)			政府科技拨款占财政支出的比例(%)			企业 R&D 经费占销售收入的比例(%)			科技与技改贷款占银行贷款余额的比例(%)		
	统计值	得分	排序	统计值	得分	排序	统计值	得分	排序	统计值	得分	排序
南京市	2.21	4.95	1	2.26	7.92	1	0.80	4.84	4	0.85	1.10	12
无锡市	1.65	4.38	3	1.73	6.68	8	0.76	4.47	5	1.11	1.13	11
徐州市	0.86	3.58	8	1.44	5.99	10	0.74	4.68	8	8.48	1.98	1

地区	全社会 R&D 支出占 GDP 的比例(%)			政府科技拨款占财政支出的比例(%)			企业 R&D 经费占销售收入的比例(%)			科技与技改贷款占银行贷款余额的比例(%)		
	统计值	得分	排序	统计值	得分	排序	统计值	得分	排序	统计值	得分	排序
常州市	1.52	4.25	4	2.24	7.88	2	0.76	4.47	6	1.63	1.19	10
苏州市	1.30	4.02	6	1.80	6.85	5	0.52	4.07	10	0.72	1.08	13
南通市	0.82	3.53	9	2.05	7.42	3	0.56	4.19	9	1.96	1.22	8
连云港市	0.74	3.45	10	1.40	5.90	11	0.76	4.73	7	3.32	1.38	3
淮安市	0.37	3.08	12	1.25	5.55	12	0.34	3.60	12	3.26	1.37	4
盐城市	0.38	3.09	11	1.78	6.80	7	0.36	3.65	11	2.00	1.23	7
扬州市	1.34	4.06	5	1.80	6.85	6	0.81	4.85	3	2.66	1.31	5
镇江市	1.24	3.96	7	1.88	7.03	4	0.81	4.87	2	3.96	1.46	2
泰州市	1.87	4.61	2	1.52	6.19	9	0.84	4.95	1	2.45	1.28	6
宿迁市	0.00	2.70	13	0.72	4.32	13	0.01	2.70	13	1.92	1.22	9

资料来源:江苏省统计局《江苏科技年鉴(2006)》。

　　江苏省风险投资业欠发达,表面上看是风险投资主体的缺乏,其实,更深层的原因在于江苏区域文化方面。关于江苏省风险投资能力形成的文化基因,将在第 5 章进行介绍。另外,国外风险投资没能进入江苏技术创新市场也是一个重要原因。

2.4.2　技术创新服务能力

2.4.2.1　研究区域技术创新服务能力的意义

　　富克斯最早对战后美国服务经济进行了系统研究,他对服务的定义为:服务就在生产的一刹那间消失,它是消费者在场参与的情况下提供的,它是不能运输、积累和储存的,它缺少实质性。[1] 佩恩对服务的定义是:服务是一种涉及某些无形性的活动,它包括与顾客或他们拥有财产的相互活动,它不会造成所有权的更换。[2] 本研究的服务是指区域内部为支持企业技术创新而持续提供技术公共服务和技术中介服务等的活动。

---

[1]　庄丽娟:《服务定义的研究线索和理论界定》,《中国流通经济》,2004 年第 9 期。

[2]　DeLong J B, Shleifer A, Summers L, et al. Positive feedback investment strategies and destabilizing rational speculation. Journal of Finance,1990 (45).

随着知识经济的进一步发展,服务在区域技术创新中的贡献率在不断提高。20世纪70年代,北欧诺丁服务学派对如何管理服务组织提出全新方法(被称为"服务管理的开端")①以来,西方发达国家的管理学界已经将服务作为一个新的学科分支进行研究,取得了许多丰硕的研究成果。国内学者在引进西方服务理论的同时,也从各自的研究角度做了大量的研究,但许多理论缺乏操作性,对区域技术创新服务能力形成路径的研究很少。

企业技术创新活动所需要的技术创新公共服务、技术中介服务等,是通过区域政府、技术中介机构等提供的。企业进行技术创新,不但需要企业创新战略决策、R&D、营销等核心活动,也离不开技术创新公共服务、技术中介服务等创新服务的支持。所以,研究区域创新能力赖以存在的服务支持,揭示其形成路径,对提升区域创新能力具有深刻的理论意义和实践意义。

2.4.2.2 区域技术创新服务对区域创新能力核心层具有支撑作用

1. 区域技术创新服务与企业创新能力关系的理论分析

在区域创新能力器物层中,企业创新能力主要由企业创新战略决策能力、R&D能力和营销能力组成,这三种能力构成区域创新能力的核心层。企业创新能力的3个主要组成部分都离不开区域技术创新服务的支持。区域技术创新公共服务、技术中介服务的服务对象主要是区域企业的技术创新活动。离开区域企业的技术创新活动,区域技术创新服务就失去了存在的价值和必要。所以,区域创新能力核心层与服务支撑层是一种服务供求关系,企业及其技术创新活动是区域技术创新服务的需求者,区域政府、技术中介机构等是区域技术创新服务的供给者,区域创新能力核心层与技术创新服务支撑层互为依存,兴衰与共(见表2.12)。

---

① Nomann R. Service management wiley. Chichester,1984:17.

表 2.12　区域创新服务与企业创新能力的关系

能　力	技术创新公共服务		技术中介服务
	创新人才	创新资金	
企业创新战略决策能力	R&D 人员投入	R&D 资本投入	技术合作 技术转移 技术创新模式选择
R&D 能力	R&D 人员学历构成 R&D 人员知识背景	R&D 经费分配（产品创新 R&D/工艺创新 R&D）	R&D 频率 申请专利 发表论文
营销能力	营销人员投入	营销经费	市场调研和预测 分析市场机会 市场营销组合决策 营销控制

2. 区域技术创新服务与企业创新能力关系的实证分析

区域创新能力核心层离不开技术创新公共服务、技术中介服务等的支撑，以此为依据，可建立如下区域创新能力服务支撑模型：

$$Y = f(X_1, X_2, X_3)$$

式中，Y 为区域企业创新能力，X_1 为区域技术创新公共服务机构为区域企业提供的创新人才支撑，X_2 为区域技术创新公共服务机构为区域企业提供的创新资金支撑，X_3 为区域技术中介机构为区域企业提供的技术中介服务支撑。

现以江苏省 1999—2005 年的历史数据为例，对江苏省企业创新能力与技术创新服务的关系进行分析。在样本选取方面，以规模以上企业为样本。在变量选取方面，根据国内外惯例，选取新产品销售收入作为企业创新能力的代表变量，选取科技劳务费支出作为江苏省创新人才服务能力的代表变量，选取资金利税率作为江苏省创新资金服务能力的代表变量，选取技术合同成交金额作为江苏省技术中介服务能力的代表变量。根据历史数据，可得到江苏省 1999—2005 年区域创新能力核心层与技术创新服务的关系(见表2.13)。

表2.13　1999—2005年江苏省核心层创新能力与技术创新服务的关系

项　目	1999年	2000年	2001年	2002年	2003年	2004年	2005年
新产品销售收入(亿元)	788.13	973.30	1 063.04	1 442.72	1 730.35	2 414.03	2 679.69
科技劳务费支出(亿元)	22.79	29.44	52.89	66.35	93.20	149.65	199.74
资金利税率(%)	7.47	7.98	8.02	8.14	8.17	10.62	11.19
技术合同成交金额(亿元)	41.67	45.00	52.90	59.49	76.52	89.79	100.83

资料来源：根据《中国科技统计年鉴》《江苏省统计年鉴》计算整理。

用 Eviews 软件对上表数据进行回归，可以得到江苏省1999—2005年规模以上企业新产品销售收入与科技劳务费支出、资金利税率、技术合同成交金额的相关系数分别为0.986 895，0.947 284，0.991 003。这说明江苏省1999—2005年规模以上企业创新能力与技术创新公共服务、技术中介服务存在很强的相关关系，即江苏省的技术创新公共服务、技术中介服务对江苏区域创新能力核心层具有很强的支撑作用。

第一，技术创新公共服务对江苏省企业创新能力的资金支撑。

区域技术创新公共服务对企业创新能力的资金支撑主要体现为区域创新主体对科学研究和综合技术服务业的基本建设投资，以及各产业基本建设投资的新产品产出情况。江苏省1999—2006年新产品产值贡献率排在前十名的产业分别为电子及通讯设备制造业、电气机械及器材制造业、交通运输设备制造业、普通机械制造业、黑色金属冶炼及压延加工业、纺织业、化学原料及制造业、专用设备制造业、医药制造业、金属制品业，这些产业1999—2006年对江苏省新产品产值的平均贡献率分别为26.6%，12.84%，12.14%，10%，8.28%，5.58%，4.61%，3.27%，2.85%，2.04%。江苏省技术创新公共服务对企业创新能力的支撑主要体现在对上述产业的支撑方面。

江苏省 1999—2006 年科学研究和综合技术服务业基本建设的投资分别为 4.53 亿元、4.03 亿元、4.93 亿元、7.65 亿元、21.93 亿元、13.19 亿元、16.01 亿元、20.65 亿元。通过对比发现,除 2003 年江苏省科学研究和综合服务业基本建设投资变化较大外,江苏省 1999—2006 年科学研究和综合技术服务业基本建设投资的变化趋势与新产品产值的变化趋势是基本一致的(见图 2.9)。这说明江苏省技术创新公共服务对企业创新能力的发展起着一定的驱动作用。

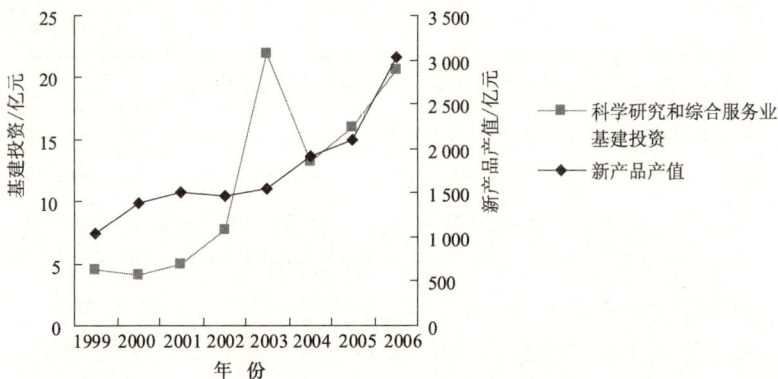

图 2.9　1999—2006 年江苏省科研与综合服务业基建投资变化趋势

　　在新产品产值平均贡献率排名前十位的产业中,化学原料及制造业、交通运输设备制造业、专用设备制造业、电气机械及器材制造业、电子及通讯设备制造业近年的发展尤其迅速,这些产业基本建设投资在江苏省制造业中所占的比重近年来一直呈增长趋势(见表 2.14)。正是基本建设等技术创新公共服务的支撑,才使江苏省主导产业产品创新能够保持旺盛的发展势头,才使江苏省创新能力的发展不断增强。

表 2.14　1999—2006 年江苏省主要产业基本建设投资在制造业中所占比例

项　目	1999 年	2000 年	2001 年	2002 年	2003 年	2004 年	2005 年	2006 年
纺织业	1.47	1.34	2.75	1.86	5.11	7.08	7.63	7.58
化学原料及制造业	18.14	18.49	36.40	41.49	33.02	19.43	12.45	10.08
医药制造业	2.33	1.28	2.28	2.11	1.04	1.96	2.13	1.99
黑色金属冶炼及压延加工业	0.00	0.00	0.00	0.00	3.90	5.51	7.22	4.74
金属制品业	1.59	0.04	0.88	3.60	2.20	5.02	4.64	4.82
普通机械制造业	0.00	0.00	0.00	0.00	3.19	5.64	7.32	8.54
专用设备制造业	0.56	0.80	1.07	1.48	3.86	5.19	4.58	5.00
交通运输设备制造业	2.74	7.71	5.70	3.03	4.31	6.30	6.47	6.70
电气机械及器材制造业	0.00	0.00	0.00	0.00	1.97	4.46	5.68	6.12
电子及通讯设备制造业	4.39	12.61	13.36	10.56	7.84	11.13	14.45	16.22

资料来源：根据《江苏统计年鉴 2000—2007》计算。

第二,技术创新公共服务对江苏省企业创新能力的人才支撑。

江苏省 2004 年每万名科技活动人员产生的新产品产值为 451 126 万元,而上海市、北京市、广东省、浙江省、山东省 2004 年每万名科技活动人员产生的新产品产值分别为 1 106 702 万元、248 632 万元、476 560 万元、360 778 万元、492 016 万元。所以,江苏省科技人员对企业技术创新的支撑能力总体是比较强的,但同上海市、广东省、山东省相比,还存在一定差距。

就主要产业而言,江苏省 2005 年化学原料及化学制品制造业共有科研机构 1 个,在职科技活动人员 155 人,每万名科技活动人员产生的新产品产值为 5 636 774 万元;医药制造业共有科研机构 6 个,在职科技活动人员 549 人,每万名科技活动人员产生的新产品产值为 1 281 602 万元;通用设备制造业共有科研机构 4 个,在职科技活动人员 168 人,每万名科技活动人员产生的新产品产值为 10 651 785 万元;专用设备制造业共有科研机构 4 个,在职科技活动人员247人,每万名科技活动人员产生的新产品产值为2 913 765万元;电气机械及器材制造业共有科研机构1个,在职科技活动人员9人,每万名科技活动人员产生的新产品产值为357 977 777万元;通信设备、计算机及其他电子设备制造业共有科研机构2个,在职科技活动人员86人,每万名科技活动人员产生的新产品产值为511 453 348万元;仪器仪表及文化、办公用机械制造业共有科研机构2个,在职科技活动人员2个,每万名科技活动人员产生的新产品产值为255 589万元。在江苏省上述主要产业中,除仪器仪表及文化、办公用机械制造业每万名科技活动人员产生的新产品产值低于江苏省每万名科技活动人员产生的新产品产值外,其余产业每万名科技活动人员产生的新产品产值都远远高于江苏省的平均数。这说明江苏省的技术创新公共服务对江苏省的企业创新能力具有很强的人才支撑作用。

第三,技术中介服务对江苏省企业创新能力的支撑。

江苏省2005年拥有研究与实验发展机构21个,从业人员1 571人,其中在职科技活动人员1 266人,科学家、工程师992人;拥有专业技术服务业机构12个,从业人员1 174人,其中在职科技活动人员982人,科学家、工程师684人;拥有科技交流和推广服务业机构3个,从业人员182人,其中在职科技活动人员169人,科学家、工程师36人。这些机构和人员对江苏省企业创新能力的形成和发展起着间接的支撑作用。

2.4.2.3 区域技术创新服务对企业创新能力支撑的路径

区域技术创新服务对企业创新能力的支撑是通过企业创新能力与区域技术创新服务机构的服务供求互动实现的。研究区域技术创新服务对企业创新能力支撑的路径,首先必须明确服务供求的思想,即明确区域技术创新服务与企业创新能力之间的服务需求拉力与服务供给推力作用的路径。区域技术创新服务支撑体系只有不断进行创新,才能适应企业创新能力的发展需要,所以,服务创新是研究区域技术创新服务对企业创新能力支撑的另一指导思想。区域技术创新服务支撑层是在与企业创新能力的动态互动中,通过服务创新实现对企业创新能力进行支撑的(见图2.10)。

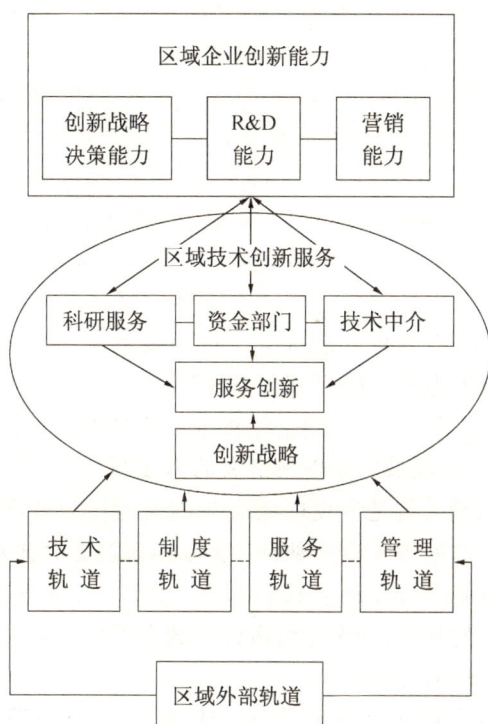

图 2.10   区域创新服务对企业创新能力支撑的路径

企业创新能力随着区域创新资源和外部环境的变化,始终处于动态变化之中,区域技术创新服务要跟上企业创新能力的变化,就必须不断进行服务创新。只有企业创新能力与区域技术创新服务同步发展,或者形成创新互动,区域创新能力才能得到不断提升。

1. 区域技术创新服务机构进行服务创新的动力

要实现区域技术创新服务的服务创新,必须首先搞清楚区域技术创新服务进行服务创新的驱动力。只有从驱动因素着手,才能从根本上建立区域创新能力的服务支撑体系。Sundbo 和 Gallou 在对欧洲国家的服务企业进行调查、研究、分析的基础上,总结出服务企业进行创新的基本驱动力模型。他们将服务创新活动的驱动力分为内部驱动力和外部驱动力,内部驱动力包括企业的战略和管理、员工、创新部门和 R&D 部门,外部驱动力包括轨道和行为者。[①]

　　虽然 Sundbo 和 Gallou 建立的服务创新驱动力模型是针对服务企业的,但区域服务创新驱动力的原理与该模型有很多相似的地方。所以,本研究根据区域实际情况,结合 Sundbo 和 Gallou 的服务企业创新驱动力模型,认为区域服务创新的驱动力也包括内部驱动力和外部驱动力,区域内部驱动力对区域服务创新起主要作用。区域服务创新的内部驱动力主要包括区域创新战略、技术创新公共服务和技术中介服务等。对区域而言,战略是一种最为根本同时也是最为有效的内部创新驱动力。[②] 区域服务机构紧紧围绕区域创新战略,根据区域企业技术创新过程中对服务的需求,进行服务创新,是区域服务创新最大的内部驱动力。区域企业家、R&D 人员、营销人员是诱发区域服务创新的行为者,区域创新战略是通过他们的创新活动实现的。企业创新能力对技术创新服务的需求是区域服务创新的直接驱动力。另外,区域服务创新活动还受 4 种轨道的制约,这 4 种轨道以区域内部轨道为主,但也受到区域外部相同轨道的影响。

　　轨道本身是指社会系统(如一个国家、一个国际产业网络、一个地区性的专业网络等)中传播的概念和逻辑,常常通过很多难以识别的行为者进行传播和扩散,并与周围的动态环境相对应。由于历史、文化等原因,区域内部也存在轨道。区域的内部轨道包括技术轨道、制度轨道、服务轨道、管理轨道等。区域技术创新服务机构进行服务创新时必须以轨道为基础,在轨道约束范围内进行。技术轨道是指区域创新主体基于技术范式的"常规"问题的解决模式;制度轨道本身指一个国家管理服务业的基本经济、政治、法律规则,这里指区域各种技术创新服务需要遵守的服务规范;服务轨

　　①　Sundbo J, Gallon F. Innovation as a loosely coupled system in services, the result of SI4S project. SI4S Topical Paper, 1998(4).

　　②　胡松,蔺雷,吴贵生:《服务创新的驱动力和模式》,《研究与发展管理》,2006 年第 1 期。

道是指区域技术创新服务机构需要遵守的同行服务业的一般性知识、基本方法和行为准则；管理轨道是指针对区域创新主体组织形式的一般性管理概念和方法，如激励机制、服务管理系统等。

2. 区域技术创新服务机构进行服务创新的方法

区域政府、技术中介机构等进行服务创新，是为了更好地向区域创新企业提供优质的创新服务。所以，区域技术创新服务机构进行服务创新的唯一依据是区域创新企业，即区域企业创新战略决策、R&D、营销等对技术创新服务的需求。因此，结合区域创新企业的创新特点，对区域创新企业进行全过程分析，是区域技术创新服务机构进行服务创新的根本方法。所谓全过程分析，是指对区域企业创新战略决策者、R&D 人员、营销人员的创新过程从头到尾进行分析，找出他们对技术创新服务的需求性质、特点、数量等，进行重新设计。区域技术创新服务机构将区域创新企业作为自己的顾客，树立全顾客经历的服务产品观，即把全顾客经历视为服务系统生产和向顾客提供的服务产品。①

3. 区域技术创新服务机构服务创新的内容

区域技术创新服务机构进行服务创新，需经过"服务概念开发"、"服务系统开发"和"服务过程开发"几个阶段。服务概念是指服务的原型，即区域技术创新服务机构能够为区域创新企业创造和传递效用及利益的服务以及各种自服务，包括对它们需求的描述、通过相应形式的服务内容或"服务包"的设计满足区域创新企业需求的方式。服务系统是实现服务概念开发的所有必需资源，即资源结构。区域技术创新服务系统的资源包括政府、技术中介机构等的员工、区域创新企业的有关人员和部门、物质、技术环境等。服务开发和创新活动包括：在服务概念基础上对区域创新企业的服务需求进行说明；对现有服务系统进行详细地评估，识别需要改进、补充或增加的资源；对新服务系统的设计进行全面、详细

---

① 马钦海，关志民：《基于全顾客经历的服务产品结构化概念》，《管理评论》，2004年第 1 期。

地描述。服务过程是指平等或顺序的活动,通过这些活动链新服务被生产出来。①

2.4.2.4 区域技术创新服务机构与区域创新企业的创新互动机制

区域技术创新服务机构与区域创新企业的创新互动机制是通过技术创新服务供求实现的。区域创新企业对技术创新服务需求变化的信息既是技术创新服务机构服务创新的信号,也是技术创新服务机构进行服务创新的动力。区域技术创新服务机构只有研究区域创新企业对服务的需求,充分掌握它们对服务需求的动态变化,才能与区域创新企业产生创新互动。

区域技术创新服务机构与区域创新企业形成创新互动机制,必须由区域技术创新服务机构被动服务,逐步向以区域创新企业需求为主导转变。现在正在进行技术创新的许多企业是高新技术企业,高新技术企业对技术创新服务机构提供的知识、技术、人才、信息等要求标准很高,所以,区域技术创新服务机构的发展水平直接制约着区域创新企业乃至整个区域创新能力的提升。江苏省作为中国的先发区域,要赶超发达国家,关键是发展高新技术产业,而制约高新技术产业发展的关键因素正是江苏省的技术创新服务机构。高度发达的技术创新服务不但可以支撑高新技术企业的创新活动,而且还能通过知识、技术、信息等方面的服务创新对区域创新企业的创新活动产生推动作用。

区域创新企业中的企业家、R&D人员和营销人员需要技术创新服务支撑,是区域技术创新服务的需求者;区域技术创新服务支撑层中的政府和技术中介机构等对区域创新企业具有支撑作用,是区域技术创新服务的供给者。区域技术创新服务机构与区域创新企业的创新互动机制是通过技术创新服务的供求实现的。通过服务创新形成与区域创新企业的创新互动,是提升区域技术创新服务支撑能力的根本。

---

① 蔺雷,吴贵生:《新服务开发的内容和过程》,《研究与发展管理》,2005 年第 2 期。

2.4.3 人才支撑能力

人才是指人口总体中具有特殊人力资本的群体。关于人才的定义有多种,本研究中的人才指企业家、R&D人才和新产品营销人才。区域企业家、R&D人才和营销人才在区域人才中所占的比重虽然不大,但他们为区域创造的价值却十分巨大。这三种人才所拥有的人力资本是区域的异质性资本,其数量和质量决定了一个区域区别于其他区域的本质,是区域竞争优势和创新能力的源泉。① 区域企业家、R&D人才、营销人才是区域创新的核心人才。这里的R&D人才是指整个区域的R&D人才,既包括企业R&D人才,也包括其他区域创新主体的R&D人才。本研究通过对区域企业家、R&D人才、营销人才,尤其是R&D人才与企业家、营销人才关系的分析,揭示区域人才对企业创新能力进行支撑的路径。

2.4.3.1 区域人才对企业创新能力的支撑作用

按照职能,区域技术创新人才可分为企业家、R&D人才和营销人才,这三种人才构成了区域技术创新人才结构的主体。区域企业家负责企业创新战略决策,R&D人才负责R&D,营销人才负责新产品的市场营销。这三种人才决定着区域技术创新过程中的三个关键环节,制约着区域技术创新的三种关键职能。可以引起区域人才结构变化的因素分为两类,一是区域内部人才变化,包括三种人才内部数量和质量的变化,三种人才之间的转化;二是区域内外人才的流动。第一类引起区域人才结构变动的因素包括人才自然退出率、内部提拔率、内部转移率等,第二类引起区域人才结构变动的因素包括区域人才流失率、人才招聘率等。

根据SCP理论,区域企业的人才结构决定区域企业的创新行为,区域企业的创新行为决定区域企业的创新绩效。而区域企业人才结构的质量主要取决于区域人才供给机构。在现代市场竞争条件下,环境不确定因素非常大,区域企业无法有效控制和准确稳

---

① Lewis R E, Heckman R J. Talent management: a critical review. Human Resource Management Review, 2006, 16(2).

定人才的参数,许多参数的不确定范围很大,使得区域企业很难通过调整内部参数达到稳定,必须加强稳定人才的管理决策力度。[①]

区域人才是其企业创新能力的主要载体,对创新企业的创新能力起着直接的支撑作用。区域企业家支撑着区域企业的创新战略决策能力,R&D人才支撑着区域企业的R&D能力,营销人才支撑着区域企业的新产品营销能力。总之,区域人才支撑着区域企业创新能力(见图2.11)。所以,要提升区域企业的创新能力,必须首先培育出区域企业赖以支撑的创新人才。

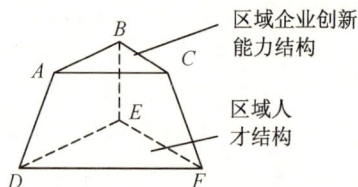

A: R&D能力 *B*: 营销能力 *C*: 企业创新战略决策能力
D: R&D人才 *E*: 营销人才 *F*: 企业家

图2.11 区域人才结构与企业创新能力结构图

2.4.3.2 区域人才创新素质的提高机制

区域人才对其企业创新能力的支撑表现在两方面,一是构建人才创新素质提高机制,通过提高人才创新素质加强对区域企业创新能力的支撑;二是营造人才创新协同机制,通过促进人才之间的创新合作加强对区域企业创新能力的支撑。揭示区域人才支撑能力形成的路径,就是揭示以上两种机制形成的路径。

1. 区域人才创新素质的类型

区域人才创新素质是区域人才完成一定创新活动或任务应具备的基本条件,是创新行为的基础和根本。构建区域人才创新素质提高机制就是构建能够提高区域人才创新素质的条件。根据形成人才素质的成因,区域人才素质可分为专业知识素质、创新心理

---

① 张生太、段兴民:《企业高级人才队伍动态稳定模型及决策研究》,《管理科学学报》,2004年第2期。

素质和创新品质素质等。专业知识素质依靠区域人才长期积累。知识积累具有不可逆转性,扎实的专业知识和技能是区域人才最根本的创新素质。创新心理素质包括气质和性格两个方面。心理学认为,胆汁质的人胆大勇敢,自信果断,较适宜成为创新的开拓者;而多血质的人兴趣广泛,活泼好动,尤其擅长人际交往,可成为创新的沟通联络者;粘液质的人严谨周密,做事认真,宜成为创新的实干家;抑郁质的人思维独特,体验深刻,可为创新出点子,当参谋。① 创新品质素质是区域人才创新应该具备的道德素养。技术创新是一项充满风险的技术探索事业,没有良好的创新品质很难胜任这项工作。

2. 制约区域人才创新素质形成的因素

区域人才创新素质的形成受很多因素的制约。其中专业知识素质的形成,主要靠学习和交流,掌握显性知识主要靠学习,掌握隐性知识主要靠实践和交流。促使区域人才学习的动因有很多,但根本原因在于满足自己的物质利益和精神利益。所以,要提升区域人才的专业知识素质,还得从物质和精神两方面激励区域人才。但区域企业家、R&D人才和营销人才属于区域的异质人才,采取的激励措施不同于区域一般人员。著名知识管理专家玛汉·坦姆仆在市政调研的基础上提出了专门针对知识工作者的4个主要激励因素,即个体成长、工作自主、业务成就、金钱财富。个体成长占33.74%,工作自主占30.51%,业务成就占28.69%,金钱财富占7.06%。玛汉·坦姆仆的理论认为,金钱财富对员工激励的重要性虽然不可忽视,但是如果能尽量满足员工的个体成长、工作自主和业务成就的需要,则对他们的激励将更为有效。在此基础上,他归纳出知识工作者的激励模型,并提出以下激励机制:培养员工的工作成就感,培养员工的工作能力和创造性,创造有利的工作环境,建立明确的目标观念,提供知识与信息的充分交换。② 玛

---

① 胡铁鹰:《企业技术人员技术创新能力的要素分析》,《研究与发展管理》,2000年第4期。

② 文魁,吴冬梅:《异质人才的异常激励》,《管理世界》,2003年第10期。

汉·坦姆仆也是主张从物质和精神两方面对区域人才同时进行激励。

区域人才的创新心理素质与遗传有深刻的关系,但受区域文化影响很大。区域人才创新心理素质虽然属于区域人才创新的非智力因素,但对创新产生影响巨大。区域企业家、R&D人才和营销人才是区域的异质人才,他们是"文化人",而不再是"经济人"或"社会人",这是科学技术发展和社会变迁的结果。时至今日,区域人才的全面创造性内涵于"人性",外显于"人力",是"人性"与"人力"的统一,本质上是人奋发向上的内在品质。所以,区域人才的管理不同于一般员工的管理,主要应体现为内化管理,即区域创新主体对人才的管理是以人的尊严为本,以人文关怀为引导,使组织制度和管理思想达到人的内在精神层面的理解和共识,不是外在权力层面的接受,即人才对组织制度由顺应权利和迫于外在压力而机械地服从转变为人们依内心理解认为是合理的行为准则和服从之"理"来自觉遵循,进而内化为以此来指导自己的意志。内化管理是基于共同合作与合乎情理而产生出的新的权力模式,从而代替了自上而下的专制权力模式,是基于人的尊严与人文关怀而产生出的人性化的有机的价值系统,从而代替了非人性化的机械的价值系统,组织制度是制度内化与内化制度的结合与统一,管理思想适应性的强制让位于软性的内化。①

区域人才创新品质形成于个人修养和向榜样的学习。在区域人才创新品质形成方面,区域文化的作用大于区域制度。区域人才的创新品质是人才个人创新目标与区域创新主体创新目标一致的保证,虽然属于区域人才创新中的非智力因素,但直接决定着区域人才技术创新的方向,决定着区域人才是否能将自己个人的创新纳入区域创新轨道。因此,构建区域人才创新素质提高机制,不能忽视这个因素。

---

① 李树业,刘金兰:《高新技术企业人才资源内化开发与管理》,《科学管理研究》,2004年第4期。

以上三种区域人才创新素质的形成，实质上是区域人才利用现有知识资产，通过知识场内的 SECI 过程实现新知识的过程，是区域知识转化为个人知识，个人知识又转化为区域知识的过程。正是通过这种循环往复，形成了区域人才的创新素质，实现了区域的知识创造（见图 2.12）。

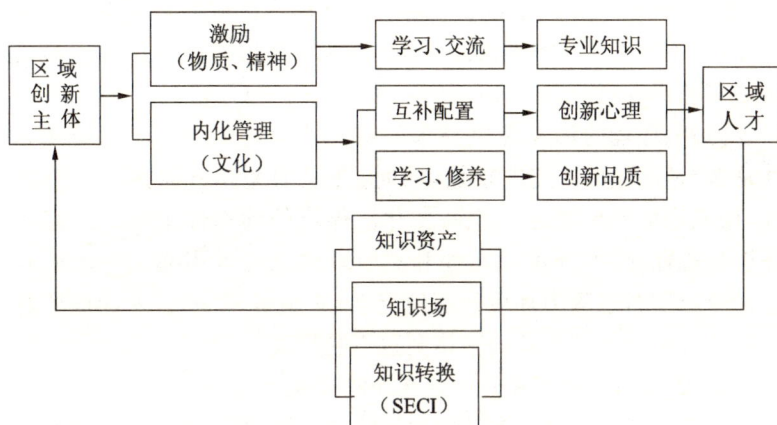

图 2.12　区域人才素质提高机制

3. 区域人才的协同创新机制

区域人才不能协同创新的根本原因在于人才之间的界面障碍。营造区域人才的协同创新机制，实质上就是分清区域人才界面及其形成的原因，并找到消除界面障碍的措施。

就创新目标而言，区域人才总的创新目标是一致的。虽然区域技术创新可以分为几个阶段，但这种划分是人们为了研究方便而人为地划分，在区域创新过程中，是不存在各个阶段的，所谓的各个阶段更多地掺合在一起，很难分清彼此。所以，就创新目标而言，是统一的，区域所有人才都是为了这个创新目标在工作。

由于个人拥有资源（包括知识）的不同，区域人才被分配在不同的工作岗位上，但区域人才拥有的信息、知识等资源是相互依赖的，任何人也不可能拥有所有资源，也不可能成为全才。所以，区域人才之间稳定可靠的资源流动能够确保各方之间创新的最大产出,尤其在运作一个复杂的新产品项目时,区域企业家、R&D 人员、营销人员之间的资源依赖就显得尤为重要。Olson 等认为,将一个新产品思想转化为一个实际产品,然后在合适的时间与地点以合适的价格将其推广至消费者,继而获得一个合理的利润,这一系列过程需要各种智能共同效力,职能的细分导致了相互依赖与协同的必要性。各职能若想达到自身目标或区域创新主体的总体目标,必须依赖于其他职能。职能之间的相互依赖主要表现为交换必要的资源,如信息、专业知识、资金等。[①]

另外,环境的动态性也要求区域人才协同创新。环境的动态性是指环境的变化速度很快,同时,环境的变化方向具有不可测性,构成环境的要素也在不断变化。环境的动态性主要是由需求环境动态性、技术环境动态性和竞争环境动态性引起的。区域人才为应对创新过程中环境的不确定性,必须协同一致,才能保证各自利益及区域创新主体的整体利益不受损失。

4. 区域创新过程中的人才界面障碍及原因

导致区域技术创新失败的原因很多,但研究表明,创新过程中的人才界面障碍是主要原因之一。[②] 根据区域创新过程中人才界面障碍的成因,区域人才界面障碍可分为信息界面障碍和组织界面障碍。区域人才信息界面障碍是指区域企业家、R&D 人才和营销人才之间由于信息不对称而形成的障碍,造成这种界面障碍的根本原因在于区域企业家、R&D 人才和营销人才之间的知识壁垒。区域人才之间的组织界面障碍是指区域人才由于所在具体部门不同而形成的障碍。区域人才之间的组织障碍是由于各种人才因所处组织不同导致工作目标不同,以及评价工作绩效的标准也不同造成的。

---

① Olson E M, Walker O, Ruekert R. Organizing for effective new product development: the moderating role of product innovativeness. Journal of Marketing,1995(1).

② Souder W. Managing new product innovations. Lexington Book, D. C. Heath and Company, 1998:179.

5. 消除区域创新过程中人才界面障碍的措施

区域企业家与 R&D 人才之间存在界面障碍,是由于 R&D 知识与创新战略知识之间的壁垒造成的,要消除它们之间的界面障碍,企业家应主动学习 R&D 知识,至少能够对 R&D 技术在战略上做到清醒认识和把握。R&D 人才也应树立 R&D 战略观念,明确 R&D 项目的战略意义,将自己从事的 R&D 项目纳入区域创新战略规划。区域企业家与 R&D 人才需要进行经常性的交流,经常交流是消除界面障碍的最有效的办法。

区域 R&D 人才与营销人才之间存在界面障碍,是由于 R&D 知识与营销知识,以及 R&D 人才与营销人才组织目标、工作绩效、评价标准之间的壁垒造成的,要消除他们之间的界面障碍,可在安排 R&D 人才与营销人才的工作时,尽量缩短他们工作地点之间的距离,增加 R&D 人才与营销人才交流的地理方便性。Griffin 和 Hauser 认为,减少 R&D 人员与营销人员在地理上的距离可以增加信息在职能部门之间的转换。[①] 另外,为加强 R&D 人才与营销人才之间的交流,可以让 R&D 人才与营销人才在适当的时候进行工作轮换,工作轮换能够增加对新工作的认识。Moenaert 等人发现,工作轮换制增加了互动和导致了伴生的信息流从而达到整合。[②] 除以上措施外,通过非正式交流加强 R&D 人才与营销人才之间的沟通对消除双方之间的界面障碍也很有效。R&D 人才与营销人才从事的工作性质虽然不同,但两种岗位对区域技术创新的实现都具有重大意义。区域创新主体在制定 R&D 人员与营销人员的工作目标时,应将 R&D 工作目标和营销工作目标统一于区域创新主体的总目标之下,增加其统一性,减少其冲突性;在制定 R&D 人才和营销人才绩效考核标准时,应将与有关部门合作作为

[①]　Griffin A, Hauser J R. Integration R&D and marketing: a review and analysis of the literature. The Journal of Product Innovation Management, 1996(13).

[②]　Moenaert R K, Souder W E, De Meyer A, et al. R&D——marketing integration mechanisms, communication flow, and innovation success. The Journal of Product Innovation Management, 1994, 11(1).

一项评价指标进行考核。

区域营销人才与企业家之间的界面障碍一般较少,他们之间存在界面障碍的主要原因在于企业家对营销细节了解较少,而营销人员则对企业创新战略了解较少。消除他们之间的界面障碍,主要靠双方之间经常性的交流。

在区域创新过程中,人才之间存在界面障碍是一种客观现象,正确认识这些界面障碍,认清产生界面障碍的原因,并采取消障措施,区域创新主体才能顺利实现技术创新;否则,区域创新主体在技术创新过程中存在许多界面障碍,就会使区域企业家、R&D人才和营销人才之间的技术创新形成一个个孤岛,整个区域的技术创新也会变成"孤岛创新"(见图2.13)。

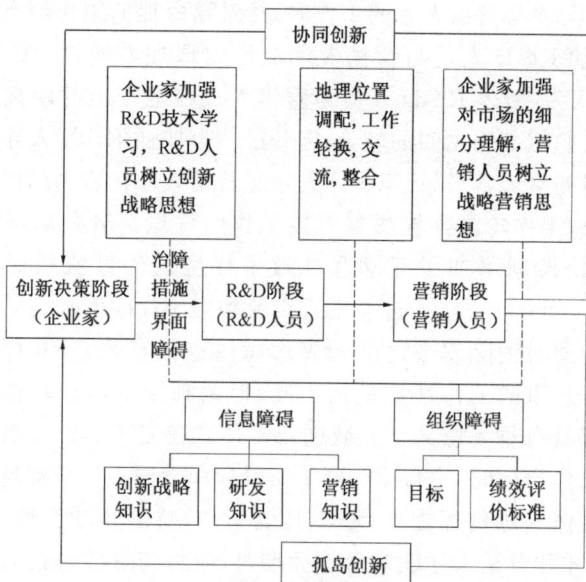

图 2.13 区域人才协同创新机制

区域创新企业需要相应人才体系的支撑。区域人才结构决定区域企业的创新能力结构。构建区域创新能力的人才支撑体系,就人才创新素质而言,关键是塑造区域人才的专业知识素质、创新心理素质和创新品质素质;就人才协同创新而言,关键是实现区域人才与需求环境、技术环境和竞争环境的动态适配,消除人才之间的界面障碍。

2.4.4 区域创新主体支撑层的创新能力

为了更准确地把握区域创新主体支撑层创新能力的现实基础,现以江苏省为例,具体介绍江苏区域创新主体支撑层的创新能力。

2.4.4.1 江苏区域创新主体支撑层创新能力与发达省市的比较

为了通过比较揭示江苏区域创新主体支撑层创新能力形成的路径,下面对上海市、北京市、广东省、江苏省和山东省2005年区域创新主体支撑层创新能力的主要指标进行因子分析。采用与核心层主要指标同样的方法,可求得每个公因子的特征值、贡献率、累积贡献率(见表2.15)。

表 2.15 江苏等五省(市)支撑层创新能力旋转因子载荷阵、
特征值、贡献率及累积贡献率

公因子	X_7	X_8	X_9	X_{10}	X_{11}	X_{12}	X_{13}	X_{14}	X_{15}	特征值	贡献率(%)	累积贡献率(%)
F_1	−0.151	0.222	0.987	0.578	−0.026	0.958	0.722	0.973	−0.759	4.344	48.272	48.272
F_2	−0.976	0.942	0.149	0.796	−0.028	0.264	0.659	0.220	−0.365	3.183	35.367	83.639
F_3	0.018	−0.197	0.025	0.178	0.981	0.016	0.096	−0.044	0.352	1.170	12.996	96.635

由表2.15可知,前3个主因子包含了原始数据信息量的96.635%,由方差最大正交旋转因子载荷阵可知,F_1在X_9、X_{12}、X_{13}、X_{14}上的载荷比较大,它们分别从R&D经费占GDP比重、技术市场成交合同金额、区域技术人员素质、每万人口科技人员数方面反映抽样区域支撑层创新能力的情况;F_2在X_8和X_{10}上的载荷较大,它们分别从政府科技支持力、百户家庭电脑拥有量方面反映抽样区域支撑层创新能力的情况;F_3在X_{11}上的载荷较大,它从每万人平均拥有公路量方面反映抽样区域支撑层创新能力的情况。

以F_1、F_2、F_3的信息贡献率作为权数,计算上海市、北京市、广东省、江苏省和山东省2005年支撑层创新能力的综合得分及排序

（见表 2.16）。

表 2.16　江苏等五省(市)支撑层创新能力因子得分、
总评价得分及排序表

省市	F_1		F_2		F_3		综合得分	
	得分	排序	得分	排序	得分	排序	得分	排序
上海市	0.191 1	2	0.849 6	1	−1.372 3	4	0.218 8	2
北京市	1.626 7	1	0.705 3	2	0.354 1	2	1.117 2	1
广东省	−0.494 8	3	0.413 3	3	1.386 8	1	0.092 5	3
江苏省	−0.646 1	4	−0.980 0	4	−0.184 3	3	−0.705 1	4
山东省	−0.676 5	5	−1.083 6	5	−0.184 3	3	−0.758 0	5

由表 2.16 可知,江苏省 2005 年支撑层创新能力的综合排名在全国名列第 4,与其核心层创新能力在全国的排名一致。上海市、北京市和广东省在技术中介服务能力、技术人员支撑能力、技术创新公共服务能力方面均超过江苏省,体现出支撑层创新能力与核心层创新能力的一致性和匹配性。

江苏区域创新主体支撑层创新能力之所以形成今天这种局面,既是江苏区域创新主体核心层创新能力形成的原因,也是江苏区域创新主体核心层创新能力对支撑层创新能力反作用的结果。江苏省要提升区域创新能力在全国的排名次序,不但要在区域创新主体核心层创新能力上下工夫,还应同时从区域创新主体支撑层创新能力方面采取措施,要在改善技术创新公共服务能力、技术中介服务能力上,尤其是提升区域技术人员素质上下工夫。江苏省虽然是中国的教育大省,但同上海市和北京市相比,技术人员素质还是存在差距的,这是江苏区域创新能力不能超过上海市和北京市的根本原因,也是江苏省提升区域创新能力的根本途径。

2.4.4.2　江苏区域创新主体支撑层创新能力的省内分析

1. 江苏省 13 市区域创新主体支撑层创新能力的因子分析

为了比较江苏省 13 市支撑层创新能力形成的路径,先对江苏

省 13 市支撑层创新能力指标进行因子分析。采用与核心层同样的方法,可求得公因子的特征值、贡献率、累积贡献率(见表 2.17)。

表 2.17　江苏省 13 市支撑层创新能力旋转因子载荷阵、特征值、
贡献率及累积贡献率

公因子	X_5	X_6	X_7	X_8	X_9	X_{10}	X_{11}	X_{12}	特征值	贡献率 (%)	累积贡献 率(%)
F_1	−0.827	0.523	0.878	0.769	0.065	0.261	−0.016	0.839	3.097	38.707	38.707
F_2	0.366	0.687	0.327	0.415	0.945	0.272	−0.152	0.384	2.021	25.267	63.974
F_3	−0.091	0.178	−0.039	0.410	−0.035	0.715	0.840	0.181	1.461	18.263	82.237

由表 2.17 可知,公因子 F_1 在 X_7、X_8、X_{12} 上的载荷比较大,它们分别从人均计费邮电业务总量、百户家庭电脑拥有量、区域专业技术人员比重方面反映江苏省 13 市支撑层创新能力的情况,属于区域技术创新公共服务能力因子;公因子 F_2 在 X_6、X_9 上的载荷比较大,它们分别从区域政府的科技支持力和技术中介服务能力方面反映江苏省 13 市支撑层创新能力的情况,属于区域政府科技支持力和技术中介服务能力因子;公因子 F_3 在 X_{10} 和 X_{11} 上的载荷较大,它们分别从技术获取能力和区域专业技术人员素质方面反映江苏省 13 市支撑层创新能力的创新情况,属于区域技术人才素质和技术获取能力因子。F_1、F_2、F_3 集中了江苏省 13 市支撑层创新能力主要指标信息的 82.237%,反映出江苏省 13 市支撑层创新能力的主要情况。结果显示,区域技术创新公共服务能力、技术中介服务能力和专业技术人才支撑能力对江苏省 13市的创新能力起着重要的支撑作用,而风险投资能力对江苏省13 市创新能力的支撑均显不足,这是制约江苏省各市创新能力提升的普遍问题。

　　2. 江苏省 13 市区域创新主体支撑层创新能力的排序

　　以 F_1、F_2、F_3 的信息贡献率为权数,可以计算出江苏省 13 市支撑层创新能力的综合排名(见表 2.18)。

表 2.18　江苏省 13 市支撑层创新能力排序表

城市	区域技术创新公共服务能力因子(F_1)		区域政府科技支持力和技术中介服务能力因子(F_2)		区域技术人才素质和技术获取能力因子(F_3)		综合得分	
	得分	排序	得分	排序	得分	排序	得分	排序
南京市	1.134 8	3	0.655 9	2	1.710 2	1	1.115 9	1
无锡市	1.290 7	2	0.265 6	7	0.420 6	2	0.781 8	2
徐州市	−0.666 2	10	0.114 2	8	−0.226 2	10	−0.328 5	8
常州市	0.810 7	4	0.819 0	1	−0.761 4	12	0.462 7	4
苏州市	1.336 4	1	0.266 6	6	0.099 0	7	0.731 9	3
南通市	0.209 7	5	0.446 9	4	0.120 5	6	0.262 4	6
连云港市	−0.576 9	9	−0.154 3	11	−0.250 3	11	−0.373 3	10
淮安市	−0.983 3	12	−0.235 0	12	0.127 6	5	−0.505 8	11
盐城市	−0.684 4	11	−0.004 8	9	−0.068 9	9	−0.338 3	9
扬州市	−0.151 2	7	0.312 4	5	0.399 8	3	0.114 0	7
镇江市	0.174 3	6	0.506 4	3	0.325 6	4	0.309 9	5
泰州市	−0.281 9	8	−0.149 2	10	−1.856 5	13	−0.592 1	12
宿迁市	−1.400 6	13	−2.844 3	13	−0.040 0	8	−1.540 3	13

　　将江苏省 13 市核心层创新能力与支撑层创新能力的排名绘成雷达图(见图 2.14)。通过对比可以发现,江苏省 13 市核心层创新能力与支撑层创新能力在全省的排序基本一致,图中各区域核心层创新能力与支撑层创新能力排序差值的面积很小。这充分说明,区域创新主体核心层创新能力是区域创新主体支撑层创新能力作用的结果,对区域创新能力真正起根本作用的是区域创新主体支撑层有关要素。要从根本上提升江苏省各区域的创新能力,必须从区域创新主体支撑层要素抓起。

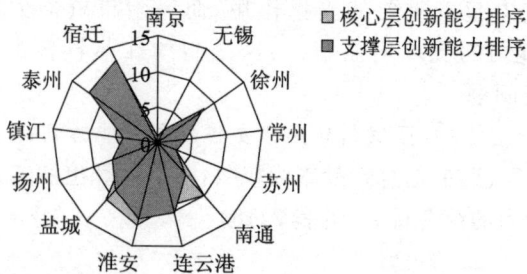

图 2.14　江苏省 13 市核心层创新能力与支撑层创新能力的对比

2.5 小结

在区域创新能力器物层中,区域创新能力可分为核心层和支撑层。区域创新主体核心层创新能力包括企业创新战略决策能力、R&D能力和新产品营销能力,是区域创新能力的核心和根本。区域创新主体支撑层创新能力包括风险投资能力、技术创新公共服务能力、技术中介服务能力和人才支撑能力等,是区域创新主体核心层创新能力存在和发展的条件,是区域创新能力的支撑因素。提升区域创新能力既应从区域创新主体的核心层要素着手,通过增加企业家数量、提高企业家创新素质提升区域企业创新战略决策能力,通过提升R&D人员素质、营销人员素质,提高区域R&D能力、新产品营销能力,达到这一目的。同时,更应从区域创新主体的支撑层抓起,区域创新主体支撑层是区域创新能力长期发展的决定因素。

3 区域创新主体的自组织创新能力

    科斯认为,人类社会的组织分为三类,即市场组织、层级组织和中间组织。区域创新主体的自组织创新能力包括区域创新主体的集群创新能力、接链创新能力和结网创新能力。区域创新主体的上述三种创新能力都属于中间组织创新能力。第 2 章对区域创新主体核心层与支撑层创新能力形成路径的分析是站在单个企业角度进行的分析,企业在技术创新过程中很少以单独形式存在,经常通过竞争合作形成各种创新组织。本章在第 2 章的基础上,对区域创新主体的集群创新能力、接链创新能力和结网创新能力等自组织创新能力进行分析,并揭示其形成路径。

3.1 区域创新主体的集群创新能力

    在经济全球化的今天,区域之间的经济竞争,就竞争主体而言,主要体现为不同区域的企业之间的经济竞争;而企业之间的经济竞争,主要体现为企业所在产业集群及其创新能力之间的竞争。近年来,国内外出现过大量关于产业集群创新研究的文献,这些文献的研究视角主要有以下几种:① 从技术创新体系建设视角研究产业集群创新;② 从绩效评价指标视角研究产业集群创新;③ 从自主创新能力培育途径视角研究产业集群创新;④ 从技术创新的动因、优势与环境视角研究产业集群创新;⑤ 从高新技术或中小企业实证视角研究产业集群创新等。这些研究虽然视角不同,但都对产业集群创新研究,对区域经济发展具有重要价值。上述文献在进行研究时都把产业集群中的创新主体作为一个整体。其实,产业集群中的创新主体是有层次的,产业集群创新主体的层次结构不同,其创新能力实现的方式也就不同。但很少学者从产业集群创新主体的层次性视角对产业集群创新进行研究,因此,有必要从这个视角对产业集群创新进行研究,以揭示区域创新主体的集群创新能力形成路径。

3.1.1 区域产业集群的双层互动创新机制

区域产业集群是由同一产业的企业以及该产业的相关产业和支持性产业的企业、知识生产机构、中介机构等在特定地域集中所组成的产业群落,是基于集群优势的产业组织创新。

区域产业集群创新是指区域产业集群依据集群优势创造出新的技术、新的产品、新的工艺的活动等。区域创新主体的集群创新能力即区域产业集群的创新能力,是区域产业集群对区域创新资源进行创造性的集成后,将创新投入转化为新的产品、新的工艺等并实现市场化的能力,主要表现为集群内知识创造和知识流动的能力、公司间本地结网的能力及参与者持续学习的能力等。

区域产业集群创新系统由创新主体、创新功能和创新环境构成。其中,创新主体又由两部分组成:一是核心层部分,主要包括供应商、竞争企业、用户和相关企业等 4 个因素,这 4 个因素构成了产业集群创新的内核主体,它们之间通过产业价值链、竞争合作或其他内部连接方式交流互动实现创新。二是支撑层部分,主要包括科研及教育机构、金融机构、中介机构、政府等。支撑层为核心层提供知识、技术、人才、信息等,通过与核心层的交互作用实现创新。

3.1.2 区域产业集群的现状

江苏省的产业集群在我国独具特色,其创新能力在全国具有很强的代表性。进入 20 世纪 90 年代后,江苏省一些地区就开始集中办起产业。2002 年江苏省产业集群初具规模,现已形成的产业集群有 110 个,集群企业数 4.66 万个,实现销售收入 5 320 亿元。①产业集群不仅有纺织、服装、金属制品、建材、电器、轻工等传统产业,也有 IT、环保、花木园艺等新兴产业。产业集群几乎在江苏各个县都有分布,带动了地区经济的发展,而且还形成了一批集群名牌。到 2006 年,江苏已形成中国名牌产品 100 个,驰名商标 56 个,省级名牌产品 918 个,著名商标 1 092 个。

吴江依托经济开发区,以 IT 品牌为龙头,形成了配套合作的产业集群,目前有生产企业近 200 家,销售收入 300 多亿元。宜兴环保产业有企业近千家,销售收入超过 50 亿元,产品占国内市场 15% 以上份额,其中水处理设备占 30% 以上。扬中低压电器产业有生产企业 500 多家,销售收入近 50 亿元,是国内同行业首家通过国家评审验收的电力电器企业基地。地处苏北的邳州板材加工产业已成为全国"四大板材加工基地之一",现有各类板材加工企业 2 850 家,年加工各类板材 300 万立方米,约占全国总量的 1/5,销售收入超过 60 亿元。

江苏省的产业集群近年来虽有一定发展,但无论在规模上还是在数量上与浙、闽、粤差距还很大,产业集群创新能力上的差距更大。

3.1.3 区域产业集群核心层的创新能力

区域产业集群的创新能力如何,直接取决于其核心层的创新能力和水平。因此,研究区域创新主体的集群创新能力首先应从区域产业集群的核心层开始。区域产业集群中的供应商是产业集群中生产要素的内部提供者,同行竞争企业是产品竞争或互补企业,用户是产品(中间产品)需求者,相关企业是提供资源、生产要素、基础设施等的关联企业。

3.1.3.1 区域产业集群核心层

具有近代工业意义的产业集群现象首先是在欧洲出现的。无论是在欧洲工业革命前的荷兰和意大利,还是工业革命期间及以

---

① 赵喜仓:《江苏区域经济协调发展战略研究》,江苏大学博士论文,2006 年。

后的英国和德国,这些产业集群的形成都是最先从其核心层的形成开始的。

区域产业集群核心层中的企业交易频繁,集聚在一起可以使产业集群中各个企业的成本下降。企业的集聚,带来交易费用的节约,直接降低了企业的运行成本。另外,区域产业集群中同行竞争对手的存在,也给在位企业造成一种压力,迫使其不断降低成本,改进产品的性能和服务,从而获得比较成本优势。竞争企业的集聚还可使在位企业的外部性增强,产生外部经济。由于产业集群内的企业运行成本较低,会使产业集群产生一种引力,吸引更多的企业加入集群。这种"企业集聚—企业运行成本降低—企业集聚"形成的循环累积效应必然使产业集群中的相关企业越聚越多,直至达到集群均衡。

从专业化分工方面而言,区域产业集群中的企业集聚程度越强,交易成本越低,产业链各环节分离的小规模市场越趋于融合,而市场的扩大和厂商的集聚,会导致加工环节与上游供应商和下游客户的专业化体系出现。交易费用下降和专业化分工将进一步推动市场的扩大,使市场外部性逐渐增强。进一步扩张的市场支持更多的厂商从事低成本的规模生产和开发细分产品,产业链不断分解拉长,产品越做越细。区域产业集群这种"市场扩大—生产专业化—厂商集聚—市场扩大"的循环累积效应最终会导致更大规模产业集群的产生。

3.1.3.2 区域产业集群核心层的类型及其最佳创新战略

根据产业集群中龙头企业的数量,产业集群可分为无核产业集群和有核产业集群,无核产业集群是指产业集群中无龙头企业的产业集群,这是由许多中小型企业集聚在一起形成的产业集群,这类产业集群是中国许多区域产业集群的主体。有核产业集群可分为单核产业集群和多核产业集群。单核产业集群是指围绕一个大型龙头企业形成的轮轴式产业集群。多核产业集群是指由几个大型企业组成的寡头式产业集群,这种产业集群的数量较少,主要集中在石油化工、重型机械、大型家电等少数几个行业。

在产业集群中,企业先创新者具有创新先动优势,这是产业集群中所有企业进行创新的行动指南。下面用博弈论知识对产业集群中的创新先动优势进行证明。

假设企业 1、企业 2 是同一产业集群中正准备进行技术创新的两个企业,生产同质同类产品,两企业分别以产量 q_1、q_2 作为决策变量。设各自的总成本分别为 $3q_1$、$4q_2$(不存在固定成本),总供给为 $Q=q_1+q_2$,市场逆需求函数为 $p=8-Q$。

当企业 1 与企业 2 同时创新时:

$$u_1(q_1,q_2)=q_1[8-(q_1+q_2)-3]=q_1[5-(q_1+q_2)]$$

$$u_2(q_1,q_2)=q_2[8-(q_1+q_2)-4]=q_2[4-(q_1+q_2)]$$

$$\frac{\partial u_1(q_1,q_2)}{\partial q_1}=5-2q_1^*-q_2^*=0$$

$$\frac{\partial u_2(q_1,q_2)}{\partial q_2}=4-q_1^*-2q_2^*=0$$

$$\therefore q_1^*=2,q_2^*=1$$

得到创新博弈的纳什均衡为 $s^*=(q_1^*,q_2^*)=(2,1)$

当企业 1 先创新时:

企业 2 观察到企业 1 选择产量 q_1,企业 2 的最优反应是求解

$$\max_{q_2 \in S_2} u_2(q_1,q_2)=\max_{q_2 \in S_2} q_2[4-(q_1+q_2)]$$

从 $\dfrac{\partial u_2(q_1,q_2)}{\partial q_2}=0$ 去求优化问题的解

即 $4-q_1-2q_2=0$,解出 $q_2^*=R_2(q_1)=\dfrac{4-q_1}{2}$ $\qquad$ (1)

返回到第一阶段,企业 1 的最优创新战略是求解

$$\max_{q_1 \in s_1} u_1(q_1,q_2)=\max_{q_1 \in s_1} u_1\left(q_1,\frac{4-q_1}{2}\right)$$

$$u_1(q_1,q_2^*)=u_1\left(q_1,\frac{4-q_1}{2}\right)=q_1\left[5-\left(q_1+\frac{4-q_1}{2}\right)\right]$$

$$=q_1\left(3-\frac{q_1}{2}\right)$$

$$\frac{\partial u_1(q_1, q_1^*)}{\partial q_1} = 3 - q_1 = 0$$

$$\therefore q_1^* = 3 \tag{2}$$

式(2)代入式(1)得到 $q_2^* = \frac{1}{2}$

此时子博弈精炼的纳什均衡为 $S = \left(3, \frac{1}{2}\right)$

当企业 2 先创新时：

企业 1 观察到企业 2 选择产量 q_2，企业 1 的最优反应是求解

$$\max u_1(q_1, q_2) = \max q_1 [5 - (q_1 + q_2)]$$
$$q_1 \in S_1$$

从 $\dfrac{\partial u_1(q_1, q_2)}{\partial q_1} = 0$ 寻求优化问题的解

即 $5 - 2q_1 - q_2 = 0$　解出 $q_1^* = R_1(q_2) = \dfrac{5 - q_2}{2}$ \hfill (3)

返回到第一阶段，企业 2 的最优创新战略是求解

$$\max_{q_2 \in S_2} u_2(q_1^*, q_2) = \max_{q_2 \in S_2} u_2(R_1(q_2), q_2) = \max_{q_2 \in S_2} u_2\left(\frac{5 - q_2}{2}, q_2\right)$$

由 $u_2(q_1^*, q_2) = u_2\left(\dfrac{5 - q_2}{2}, q_2\right) = q_2\left[4 - \left(\dfrac{5 - q_2}{2} + q_2\right)\right]$

$$= q_2\left(\frac{3}{2} - \frac{q_2}{2}\right)$$

$$\frac{\partial u_2(q_1^*, q_2)}{\partial q_2} = \frac{3}{2} - q_2 = 0$$

$$\therefore q_2^* = \frac{3}{2} \tag{4}$$

式(4)代入式(3)得到 $q_1^* = \dfrac{7}{4}$

此时博弈的子博弈精炼纳什均衡为 $S^* = \left(\dfrac{7}{4}, \dfrac{3}{2}\right)$

由上面分析可知，对企业 1 而言，先创新时均衡产量最高 $q_1^* = 3$，企业 1 与企业 2 同时创新时均衡产量次之 $q_1^* = 2$，企业 1 后创新时

均衡产量最低 $q_1^* = \dfrac{7}{4}$。对企业 2 而言,先创新时,均衡产量最高 $q_2 = \dfrac{3}{2}$,企业 2 与企业 1 同时创新时,均衡产量次之 $q_2 = 1$,企业 2 后创新时,均衡产量最低 $q_2 = \dfrac{1}{2}$。这表明在产业集群中,先创新者具有创新先动优势。但不同类型产业集群的层次结构不同,企业 1 与企业 2 提升创新能力的战略也不同。

1. 无核产业集群的创新能力

无核产业集群企业数量多,生产经营规模小,企业自主创新的内在动力较弱。由前面分析可知,在无核产业集群中,企业 1 与企业 2 是规模相差无几的中小企业,先创新者具有创新先动优势,因此,在无核产业集群中,企业的最优创新战略是动用一切资源抢先创新。目前中国许多区域的产业集群属于无核产业集群,这种产业集群实质上是中小企业集群。江苏省许多无核产业集群承担创新成本的能力不足,与发达国家产业集群的特点不同,决定着江苏无核产业集群与发达国家产业集群创新能力的实现方式也不同:发达国家产业集群的创新能力主要通过企业的创新和扩散来实现;而江苏省无核产业集群的创新能力取决于整个集群的创新系统。中国产业集群规划专家沈青指出,大多数产业集群还没有形成集群特有的创新功能,即使是产业集群发达的广东也尚未能形成创新产业集群,仍然是大而不强,珠江三角洲地区具有自主研发能力的企业比例还不到 40%,大多数企业没有核心技术,存在着"一流设备,二流管理,三流产品"的现象。

由于无核产业集群自主创新能力较弱,所以无核产业集群技术创新的动力和核心层对支撑层创新的需求拉力主要来自集群之外,主要依赖区域创新网络对产业集群创新的促进。对于区域创新主体来讲,创新网络提供了各种正式和非正式的交流渠道,从而促进知识的流动,而这种交流对于新观念的传播和创新是非常重要的。对整个区域来讲,创新网络形成和发展的重要作用在于保护区域持续的创新能力和竞争优势。区域创新网络的构建,不仅能够在相互信任的基础上实现区域企业在竞争过程中的合作,同时更注重吸收外来企业及其研发机构的进入,并使之更加"黏附"于网络中。①

在区域创新系统中,企业是区域创新的主体,但在无核产业集群占统治地位的区域,由于中小企业规模小、资金匮乏,所以,中小企业无力单独建立研究和开发机构,无力担当起区域创新的重任。另外,无核产业集群中企业数量多,规模差异不大,企业创新战略的纳什均衡主要表现为模仿而不是创新。模仿导致创新企业收益的耗散,必然会使企业创新的内生激励消退。在这种情况下,要提升无核产业集群的创新能力,就必须靠支撑层中政府这只"有形的手"去发挥作用。首先,地方政府要开辟多种形式的筹资渠道,帮助中小企业解决技术创新中的风险资金不足问题。其次,地方政府要致力于提高产业集群的层次,促进产品升级、技术更新。再次,地方政府应主动扶持技术创新中介组织,在技术中介组织效力不足时,地方政府必须替代技术中介组织,起到区域中小企业与科研机构之间的桥梁作用。在无核产业集群区域,如果技术中介机构缺失,地方政府又不能替代,必将导致整个区域技术创新链的断开,使整个区域技术创新在机制上出现"锁定"。另外,在无核产业集群区域,由于缺少龙头企业对产业集群创新的带动,地方政府必须替代龙头企业承担其创新带动的责任,并发挥相应的创新带动功能。

2. 有核产业集群的创新能力

在上面创新博弈分析中,假如企业 1 是单核或多核产业集群的龙头企业,由于先创新的企业本身具有创新先动优势,龙头企业又拥有技术、资金和人才等创新优势,因此,龙头企业的最优创新战略是率先创新。龙头企业是单核产业集群或多核产业集群中技术创新的龙头,整个有核产业集群的技术创新水准和技术创新能

---

① 徐承红:《产业集群与西部区域经济竞争力研究》,西南财经大学出版社,2006年,第 89 页。

力直接取决于龙头企业。其他中小企业虽然可能有创新先动优势,但由于创新资源短缺,对创新风险的承受能力较弱,又有龙头企业的创新带动,所以,跟随龙头企业创新是单核或多核产业集群中中小企业的最优创新战略。有核产业集群中的中小企业进行技术创新,主要体现为模仿、干中学、反求工程等,即集群内部中小企业的创新更多地受益于知识和创新的外部性,集群内企业间的联系关系结构为"雁型结构"或"梯形结构"。① 区域中小企业的创新模仿对产业集群创新具有双重作用:一方面,模仿造成创新收益与创新成本的不对称,降低了创新企业的收益和创新的内在激励;另一方面模仿又使创新产生大量的外部性,从而使创新投入的社会总收益增加。在没有模仿的条件下,企业创造的新技术、新知识不能共享,每个企业都要投入大量创新费用,无法避免的重复性创新造成社会资源的浪费。在模仿条件下,企业的技术创新可以汇集产业集群的所有企业,带来的社会总收益将数倍于单个企业的收益。②

有核产业集群核心层对支撑层创新需求拉力的形成主要靠龙头企业的带动。龙头企业作为整个产业集群技术创新的龙头,依靠如下机制形成创新能力,并对支撑层的创新需求形成拉力:一是将非核心业务通过虚拟生产等形式进行外包,通过评估选择,选出实力最强的企业作为外包对象。根据产业链利润分布曲线,产业链的高利环节在设计环节和营销环节,而不在生产环节,龙头企业将生产业务外包后,并不会对自身的核心能力产生多大影响。另外,在产业集群创新中,龙头企业与中小企业各有优势,龙头企业相对于中小企业来说,有更多的资金和技术资源,即他们具有"物质优势";而中小企业的优势在于其投资者内在的灵活性和对环境变化的迅速反应,即它们具有"行为优势"。在产业集群中,只有龙

---

① Callois J-M. The two sides of proximity in industrial clusters: the trade-off between process and product innovation. Journal of Urban Economics, 2008, 63(1).

② 李永刚:《论产业集群创新与模仿的战略选择》,《中国工业经济》,2004 年第 12 期。

头企业和其他中小企业在创新中取长补短,才能形成整个产业集群的创新优势。中小企业在长期竞争中形成了各自的特色和优势,龙头企业如果能博采众长,为我所用,不但可以将非核心业务外包给集群内最具优势的中小企业,借势增强自己的综合实力,也带动、增强了整个产业集群的创新能力和竞争优势,指导集群中的各个参与者娴熟而又廉价地提供它们的产品和服务。集群中的中小企业为获得龙头企业的外包业务,被迫在产品质量上精益求精,这种竞争使集群中中小企业形成"改进产品质量—增加业务量—改进产品质量"的循环累积良性效应。二是龙头企业将非核心业务外包之后,有充足的资源和能力进行研究和开发工作。实践证明,有核产业集群龙头企业的竞争优势主要来源于其创新能力,有核产业集群的龙头企业只有通过技术创新才能使自己取得竞争优势,并通过这条途径使整个产业集群获取竞争优势。

3.1.4 区域产业集群支撑层的创新能力

产业集群核心层在创新过程中离不开支撑层,美国硅谷、日本筑波、中国台湾新竹、英国 M4 走廊、印度班加罗尔等产业集群的创新实践表明,凡创新能力发达的产业集群,都有发达的支撑系统。但产业集群支撑层创新能力的实现在不同类型产业集群中有不同的方式。

在无核产业集群中,由于缺少龙头企业对集群技术创新的带动,产业集群中的中小企业自主创新能力弱,产业集群核心层对支撑层知识流、技术流、人才流、信息流的需求严重不足,缺乏对支撑层创新能力的需求拉动。所以,无核产业集群支撑层创新能力的实现严重依赖地方政府,即地方政府在支撑层中起着组织、协调金融机构、技术中介机构、科研机构及大学向核心层输送知识流、技术流、人才流和信息流的作用。浙江无核产业集群的创新实践表明,地方政府在制度变迁过程中的创新是那里产业集群产生、发展和创新的重要支撑层因素。中小企业规模小,资金奇缺,抗风险能力差,金融机构不愿投资中小企业,中小企业缺少创新资金,只有地方政府才能在中小企业与金融机构之间架起创新资金融通的桥梁。中小企业摊子小、利润率低,对人才的吸引力弱,创新人才匮乏,也只有政府才能通过人才倾斜政策解决无核产业集群创新人才严重匮乏的问题。中小企业从事的产业技术含量低,无力进行R&D,科研机构与它们合作少,中介机构无力在中小企业与科研机构之间架起这座桥梁,只有地方政府才能承担起这个责任。总之,无核产业集群支撑层向核心层输送知识流、技术流、人才流和信息流需要依靠地方政府。目前江苏省的产业集群主要是无核产业集群,这类产业集群创新能力很弱,要增强这种产业集群的创新能力,要实现这种产业集群的产业结构升级,地方政府起着关键作用。

在有核产业集群中,龙头企业有一个或几个,产业集群核心层对支撑层创新具有很强的拉动作用,产业集群支撑层向核心层提供的知识流、技术流、人才流、信息流一般能够通过市场自发实现。产业集群支撑层的主要创新任务是搞好创新环境建设,为核心层提供优质高效的知识流、技术流、人才流和信息流服务。具体就是加快有关知识产权保护的立法进程,严格执法程序,树立市场在知识产权制度创新中的主导作用与地位,明确市场与政府的职能,优化技术产业化的环境。尽快建立风险投资机制,通过产权抵押贷款、知识产权入股等资本化营运方式,来分散企业自主创新的风险,确保企业创新的合法收益。扶持产业集群中的龙头企业,增强其R&D能力,使其成为拉动区域产业集群发展的增长点。在人才输送方面,加强人才市场建设,以不同渠道积极引入各种技术创新资源和优秀人才,不断完善人才自由流动的机制。

区域产业集群由核心层和支撑层两部分组成,无核产业集群的创新动力和核心层对支撑层创新需求的拉力主要来自产业集群以外,靠区域创新网络的创新外部性实现创新。单核产业集群和多核产业集群的创新动力主要来自龙头企业的带动,产业集群核心层在龙头企业的带动下实现创新,并通过核心层创新对支撑层提供的知识流、技术流、人才流和信息流产生需求拉动。同时,产业集群支撑层只有在风险资本、知识、技术、人才和信息服务等方面得到充分发展,才能支撑起核心层的创新,并通过知识创新和技术创新对核心层的创新产生推动作用。只有产业集群核心层和支撑层的创新能力得到协同发展,产业集群的创新能力才能得到真正提升。

3.2 区域创新主体的创新接链能力
3.2.1 研究区域产业链创新能力的意义

产业链是由一个或多个相互链接的产业所构成的链条,表面上是一个或多个相互链接的产品所构成的产品链,本质上是一种或多种顾客价值相互链接所构成的价值链,是一种或多种知识分工相互链接所构成的知识链。

产业链的思想来自亚当·斯密关于分工的论断,马歇尔把分工扩展到企业与企业之间,强调分工协作的重要性,分工理论是产业链理论的早期渊源。如果把马歇尔将分工理论推广到企业与企业之间作为产业链理论的真正起源,产业链理论已经产生 100 多年。自从约瑟夫·熊彼特创立创新理论到现在,也将近 100 年了。近百年来,许多学者从国家、区域、产业、企业等不同层次对创新能力进行过大量研究,但很少从产业链层次上对创新能力进行研究。在经济全球化的今天,一个区域的经济竞争力实质上是由该区域产业链的竞争力决定的,而区域产业链的竞争力又是由产业链的创新能力决定的,谁成为产业链创新中的领先者,谁就将在市场竞争中最先赢得主动。同时,根据科斯对中间组织的定义,产业链属于市场和层级组织之外的中间组织,不但可以进行创新,而且存在创新能力。因此,有必要对产业链创新能力进行研究,以揭示区域创新主体的创新接链能力形成路径。

3.2.2 区域产业链的类型

根据产业链的形状,区域产业链可分为线状产业链和网状产业链。产业链类型是随着社会分工的演化而不断进化的。在工业革命产生以前,人类社会的分工是自然分工,如男耕女织,分工依据的是体力、能力等人的自然禀赋。工业革命产生后,分工变得日益复杂,出现了人与机器的分工、机器与机器的分工、人与人的分工。分工演进的前两个阶段为规模经济和专业化分工经济阶段,其产业链都是纵向一体的产业链,产品链、价值链、知识链都是线状的。在分工演进的第三个阶段,即模块化经济阶段,产业链呈现网状特征,其产品链、价值链和知识链都表现出与传统产业链完全不同的特征。① 其中,线状产业链又有纵向线状产业链和横向线状产业链两种类型。纵向线状产业链是由上游与下游产业之间或两个相邻市场之间相互链接所构成的产业链条。横向线状产业链是由两个并行产业之间的横向关系相互链接所构成的产业链条。

3.2.3　区域线状产业链的创新能力

3.2.3.1　区域纵向线状产业链的创新能力

根据产业链中龙头企业的数量,纵向线状产业链可分为无头纵向线状产业链和有头纵向线状产业链两种类型。其中,无头纵向线状产业链中没有龙头企业,有头纵向线状产业链中有一个或多个龙头企业。不同类型纵向线状产业链的结构不同,致使其创新能力形成的路径也不同。

1. 区域无头纵向线状产业链的创新能力

无头纵向线状产业链经常存在于弱势产业中,如农业,这种产业链的创新能力最弱。由于无头纵向线状产业链缺少龙头企业,产业链各环节又多属弱势产业,在产业创新链中缺乏带动机制,产业链很难通过自主创新对支撑层提供的知识流、技术流、人才流和信息流等产生需求拉动。所以,提升这种产业链的创新能力,主要靠区域创新主体支撑层对产业链的推动作用。地方政府的主要任务是培育龙头企业,使科技体制、机制从过去的产、学、研分离,逐步向产、学、研结合转变;使科技创新主体由单一的科研院所为主体,逐步向科研院所、本产业部门等多种主体转变;使产业科技手段由传统型向计算机化、信息化等现代手段转变。同时,还要创造有利于培养人才、留住人才、发挥人才作用的创新环境,提高自主

① 芮明杰,等:《产业链整合》,复旦大学出版社,2006年,第22—27页。

创新能力,重视智力投入;建立科技创新的激励机制和知识产权保护机制,不断完善科技创新机制;依靠中介部门,建立科技推广体系;加快投融资体制改革,尽快解决中小企业创新资金短缺问题。

但政府主导并不等于政府"唱主角",政府的主要职责是"搭台",而不是"唱戏",是完善创新环境,而不是组织技术创新。"863计划"计算机主题专家组组长怀进鹏说,政府在支持企业自主创新上,单纯给钱设项目还是不够的,重要的是努力营造宽松的创新环境,让整个创新链完整起来、活跃起来,确切地说,政府的科技投入和政策设计,应该围绕整个创新链的薄弱环节有目的地布置力量,让企业内生的创新力量顺畅高速地流动起来。

2. 区域有头纵向线状产业链的创新能力

有头纵向线状产业链主要存在于工业产业中,这类产业链中龙头企业的创新能力一般较强,产业链与支撑层之间的创新互动一般能够通过市场自发完成。龙头企业是这种产业链技术创新的主体,也是整个产业链管理的重点。有头纵向线状产业链创新能力的提升,主要靠龙头企业的带动作用。龙头企业带动产业链进行技术创新,并通过产业链创新对区域创新主体支撑层提供的知识流、技术流、人才流和信息流等产生需求拉动。

江苏省有头纵向线状产业链的龙头企业虽有一定的创新基础,但发展重点应通过对外开放使产业链融入区外甚至国际产业链中。实践证明,工业产业中无论运营商还是制造商在国际市场上的竞争,本质上都是整个产业链在国际市场上的竞争。为将江苏省有头纵向线状产业链融入区外甚至国际产业链中,产业链中的龙头企业须采取如下措施:

第一,有头纵向线状产业链的创新必须面向市场。随着竞争加剧和信息技术的发展,市场的权力正在发生变迁,市场权力开始从过去的厂商,过渡到后来的销售商和现在的消费者手中。在消费者掌握市场主权的情况下,企业要想在激烈的竞争中取胜,必须真正做到以顾客为导向,全面了解消费者的行为(唐·舒尔茨)。消费方式的改变能够引发供应链环节的变革,消费观念及消费模式的变化能够引起终端零售方面销售渠道的变革,从而最终影响到供应商之间的兼并与整合,大型超级市场就是面向市场进行的创新。多头纵向线状产业链要面向市场进行创新,其中龙头企业的管理者必须转变以往以企业、产品为中心的战略和理念,而真正导向应用、客户。

第二,通过创建中间组织实现有头纵向线状产业链的组织创新。虚拟组织、战略联盟、网络化组织、企业集群、具有固定关系的分包制以及特许经销等是处于市场和企业之间的中间组织。之所以要建立中间组织,是因为单纯市场机制和纯粹企业组织在一定情况下会失效。市场失效一是由于有限理性的存在,市场价格传递的信息包含着大量的不确定性和不完全信息。即使市场价格能够传递完的信息,由于市场主体的有限理性,也无法完全感知与掌握,从而引起市场主体对市场信息的不完全认识。二是由于各主体自由进入和退出交易,并且这种现象大量发生,对关联各方而言,都不利于形成对各自都有益的互补的共同知识与技能,当这种互补的知识与技能形成与各方的活动都不可分割时,市场就处于严重失效状态。企业组织失效一是由于企业组织所具有的固定连续的契约关系导致刚性的知识积累现象;二是内部成员的激励与管理过程的复杂性使得管理协调成本上升。[①]

第三,产业链上下游必须加强创新合作。技术创新规律表明,只有产业链供需双方加强合作,才能更好地形成自主创新的成果。区域有头纵向线状产业链的龙头企业必须跟踪世界产业技术最新动向,使区域产业链与全球产业链对接,进行技术创新的国际合作。有头纵向线状产业链的龙头企业具有一定的创新能力,是区域经济发展的脊梁,在技术创新方面只有紧跟世界技术最新动向,才能带动整条产业链赶上甚至超过世界领先水平。

3.2.3.2　区域横向线状产业链的创新能力

横向线状产业链主要存在于服务业。随着知识经济的产生和

[①]　芮明杰,等:《产业链整合》,复旦大学出版社,2006 年,第 48—51 页。

发展,这类产业链在国民经济中所占的比重在不断提高。横向线状产业链各环节必须同时面对终端顾客,其创新机制不同于纵向线状产业链。

横向线状产业链各个环节具有"一损俱损、一荣俱荣"的特点。提升横向线状产业链创新能力,主要是有效整合产业链,积极推进各环节产业联盟与合作,构建和谐产业链。在横向线状产业链中,一个企业所能向顾客提供的价值,不仅受制于其自身的能力,而且还受到上下游企业的制约。例如电信产业,在信息网络化进程中,要满足用户多样化的信息需求,电信运营商不仅要与社会各行各业及内容提供商、应用开发商携手合作,而且还要与设备厂商、终端厂商、软件开发商等紧密配合,共同构建新型产业链。同时,横向线状产业链必须充分利用外部已开发平台,而不是一切从头做起,这样可以收到事半功倍的效果。另外,还要支持、培育龙头企业,发挥龙头企业对整条产业链的创新带动作用,利用龙头企业的核心能力和品牌延伸,适时进行产业链创新延伸,构筑强产业链区域。由于横向线状产业链中有许多高新技术产业,产品附加值高,技术含量大,所以,通过提升横向线状产业链创新能力可以有效提升整个区域的创新能力和竞争能力。

横向线状产业链中的许多产业是高新技术产业,高新技术产业对区域创新主体支撑层所提供的知识、技术、人才、信息要求标准很高,所以,区域创新主体支撑层的发展水平直接制约着横向线状产业链创新能力的提升。江苏省作为发展中国家的先发区域,要赶超发达国家,关键是发展高新技术产业,而制约高新技术产业发展的关键因素正是区域创新主体的支撑层。高度发达的区域创新主体支撑层不但可以支撑横向线状产业链创新能力的提升,而且还能通过知识、技术等方面的创新对横向线状产业链的创新产生推动作用。

3.2.4 区域网状产业链的创新能力

3.2.4.1 区域网状产业链的特点

区域网状产业链是区域内以模块化生产为基础的一个或多个

相互连接的产业所构成的呈网状的产业链条。同线状产业链相比,网状产业链创新机制显得较为复杂。网状产业链中的技术开发子系统,在网状产业链中处于同一个大型技术研发系统的不同阶段或不同环节,技术研发子系统由针对同一技术进行研发的处于互相竞争状态的并联企业组成。网状产业链模块化生产分工、价值链分解的背后是知识分工,但这里的知识表现形式与前面线状产业链中的知识表现形式不同。线状产业链的知识完全固化在产品上,除去产业链上下游之间的投入产出关系,产业链上的知识主要以隐性知识的形式存在于一个个独立的企业内部。而网状产业链不仅存在模块之间的知识分工,在整个产业链上也存在知识的共享。对于模块化产品而言,设计规则是显性知识、是公开的,必须让大家知道,只有大家遵循设计规则,才能实现模块之间的兼容,系统才能发挥预定的功能。

网状产业链的项目层是其创新主体中的核心,通过项目协调者与模块制造商的相互作用及模块制造商之间的竞争实现网状产业链的创新。支撑网状产业链的区域创新主体支撑层也包括金融机构、地方政府、中介组织、科研与教育机构等,它们向核心层输送知识流、技术流、人才流和信息流等,通过与核心层相互作用实现创新能力的提升。

3.2.4.2 区域网状产业链的创新能力

网状产业链创新的关键是模块创新,模块创新实际上是通过模块制造企业与模块集成企业等多种类型企业并行创新,并通过标准界面实现企业间合作的创新形式。因此,模块创新的关键条件在于创新资源可分解、可共享及可合作,与单一企业或组织内部的集成过程有很重要的区别。

提升网状产业链创新能力,主要是促进设计规则的创造和传播。在网状产业链中,设计规则是显性知识,是各个模块设计者进行模块设计时必须遵循的,是实现模块兼容的前提条件,是网状产业链中约束各个模块制造商的重要规范。因此,实现网状产业链创新就整个产业链而言,必须先从设计规则开始。设计规则可分为结构、界面和标准,其中结构是指确定哪些模块是系统的构成要素,它们是怎样发挥作用的;界面是指详细规定模块如何相互作用,模块相互之间的位置如何安排、联系,如何交换信息;标准是指检验模块在系统中是否能够发挥作用,模块是否符合设计规则,模块之间的性能比较等。[①]

在网状产业链中,模块分解必须适当。因为网状产业链的产品链、价值链和知识链呈网状结构,其创新是分散的,不同研发阶段存在一定数量的互相竞争的企业,它们在遵循共同标准的前提下,各个模块可以自主创新。如果一个大型项目分成的子项目过多,成功率将会降低。所以,一项技术不易分成过多技术环节。

为加强网状产业链的创新激励,应该建立网状产业链企业间知识共享的动力机制。鼓励网状产业链中企业相互之间持股,鼓励相互之间的人员交流,鼓励知识共享文化,倡导新型开放的企业家精神,使企业通过共享技能和知识改变员工的知识基础和结构,为企业创新奠定基础。

3.2.5 区域创新主体的创新接链能力

江苏省的产业链相对比较完整,其创新主体的创新接链能力在全国具有很强的代表性。

3.2.5.1 江苏省产业链创新能力的现状

江苏省创新主体的创新接链能力总体较强。以电子及通讯设备业、纺织业、化学原料及制造业为核心,已形成一批创新能力强,而且互相交织的产业链。较强的创新接链能力拉动了江苏区域创新主体支撑层金融服务、技术创新公共服务、技术中介服务、科研及教育的发展,为江苏区域创新能力的提升作出了巨大贡献。

3.2.5.2 江苏省的产业链创新能力

1. 龙头企业对江苏省创新链的带动

在龙头企业方面,江苏省大多数龙头企业是私营企业和外商企业,创新激励机制比较健全。由于江苏省的龙头企业能够对产

---

① 芮明杰,等:《产业链整合》,复旦大学出版社,2006年,第89—93页。

业链创新产生有效的带动作用,所以,江苏省的许多产业链创新力较强,产业链对区域创新主体支撑层知识、技术、人才和信息的创新需求拉力相对比较充足。

根据《中国区域创新能力报告 2005—2006》,江苏省私营企业、外商投资企业和港澳台商投资企业工业总产值占全国该类企业工业总产值的比重、工业总产值增长率、占工业总产值的比重分别为:私营(20.25%,57.7%,23.56%)、外商投资企业(15.04%,25.5%,22.46%)、港澳台商投资企业(11.23%,34.7%,10.85%)。由此可见,江苏省私营企业、外商投资企业和港澳台商投资企业对江苏省工业总产值的贡献大、增长率高,这是江苏省产业链创新能力强在龙头企业方面的原因。

2. 主导产业对江苏省创新经济的带动

经过多年发展,江苏省已形成以纺织、化学原料及制造、机械设备制造为核心的创新链。从江苏省 1999—2006 年主要产业对新产品的贡献率(各产业新产品产值/所有产业新产品产值)可以看出,江苏省创新主体的创新接链能力是比较强的(见表 3.1)。电子及通讯设备制造业 1999—2006 年对江苏省新产品的平均贡献率为 26.6%,在江苏省所有制造业中位居第一。以电子及通讯设备制造业为核心,形成"黑色金属及压延加工业、有色金属冶炼及压延加工业—电子及通讯设备制造业—电器、机械及器材制造业—专用设备制造业、交通运输设备制造业"创新链。该创新链上的黑色金属及压延加工业、有色金属冶炼及压延加工业、电气机械及器材制造业、专用设备制造业、交通运输设备制造业 1999—2006 年对江苏省新产品的平均贡献率分别为 8.28%,0.73%,12.84%,3.27%,12.14%,对新产品贡献率的排名分别为第 5,16,2,8,3 名,该产业链对江苏省新产品的平均累计贡献率为 63.86%。

表 3.1 1999—2006 年江苏省主要产业新产品贡献率

行 业	1999 年	2000 年	2001 年	2002 年	2003 年	2004 年	2005 年	2006 年	平均贡献率
食品加工业	0.33	0.63	0.34	0.48	0.12	0.05	0.13	0.07	0.27
食品制造业	0.21	0.23	0.27	0.20	0.11	0.06	0.004	0.03	0.16
饮料制造业	0.16	0.87	0.21	0.24	0.26	0.30	0.15	0.41	0.33
纺织业	6.04	6.20	6.42	5.04	5.49	6.12	4.95	4.36	5.58
服装及纤维制品制造业	0.94	0.86	0.97	0.74	0.89	0.90	2.62	2.19	1.04
皮革毛皮羽绒及制品	0.65	0.54	0.36	0.30	0.38	0.31	0.15	1.37	0.51
木材加工及竹藤棕草制品业	0.18	0.50	0.72	0.78	0.00	0.003	0.35	0.46	0.50
家具制造业	0.02	0.02	0.03	0.02	0.03	0.20	0.00	0.005	0.05
造纸及纸制品业	0.48	0.37	0.21	0.20	0.16	0.23	0.12	0.14	0.24
文教体育用品制造业	0.58	0.50	0.51	0.59	0.13	0.15	0.44	0.35	0.41
石油加工及炼焦业	0.55	0.29	0.21	0.19	0.80	1.15	1.35	1.25	0.72
化学原料及制造业	6.67	4.98	4.47	4.66	3.30	3.90	4.18	4.74	4.61
医药制造业	2.89	2.34	2.36	2.81	3.42	3.26	3.37	2.36	2.85
化学纤维制造	1.24	1.98	2.65	1.82	0.84	0.75	0.78	0.45	1.31
橡胶制品业	0.88	1.44	1.65	1.67	1.80	1.66	2.13	1.81	1.63
塑料制品业	1.66	1.53	1.09	0.78	0.63	0.51	1.25	1.08	1.07
非金属矿物制品业	1.28	1.07	1.13	1.03	0.98	0.96	1.08	1.02	1.07
黑色金属冶炼及压延加工业	3.39	5.54	6.36	7.29	9.22	11.09	12.34	11.02	8.28
有色金属冶炼及压延加工业	0.54	0.58	0.87	0.76	0.76	0.85	0.32	1.13	0.73
金属制品业	1.73	1.35	1.39	1.90	2.23	2.43	2.71	2.54	2.04
普通机械制造业	12.11	9.74	9.32	10.92	11.03	10.46	8.57	7.82	10.00
专用设备制造业	3.66	2.86	3.11	3.06	3.42	3.47	3.44	3.11	3.27
交通运输设备制造业	13.34	9.79	9.43	13.09	16.29	13.74	11.55	9.92	12.14
电气机械及器材制造业	11.72	12.80	12.42	11.87	11.56	11.60	15.43	15.34	12.84
电子及通讯设备制造业	26.09	31.67	31.31	27.87	24.70	24.72	21.07	25.33	26.60
仪器仪表及文化办公机械制造业	1.25	0.74	1.31	0.82	0.85	0.80	0.81	0.82	0.93
其他制造业	0.60	0.18	0.51	0.40	0.33	0.16	0.23	0.16	0.32

资料来源：根据《江苏统计年鉴 2000—2007》计算。

纺织业 1999—2006 年对江苏省新产品的平均贡献率为 5.58%,位居第 6 名。以纺织业为核心,形成"金属制品业—专用设备制造业—化学原料及制造业—纺织业—服装及纤维制品制造业"创新链。江苏省以纺织业为核心的创新链上金属制品业、专用设备制造业、化学原料及制造业、服装及纤维制品制造业 1999—

2006 年对新产品的平均贡献率分别为 2.04%,3.27%,4.61%, 1.04%,对新产品贡献率的排名分别为第 10,8,7,14 名,该产业链对江苏省新产品的平均累计贡献率为 16.54%。

化学原料及制造业 1999—2006 年对江苏省新产品的平均贡献率为 4.61%,在江苏省所有制造业中位居第 7 名。以化学原料及制造业为核心,形成"专用设备制造业—化学原料及制造业—医药制造业、化学纤维制造业"创新链。江苏省以化学原料及制造业为核心的创新链上医药制造业、化学纤维制造业 1999—2006 年对新产品的平均贡献率分别为 2.85%,1.31%,该创新链对江苏省新产品的平均累计贡献率为 12.04%。

由表 3.1 可知,江苏省创新主体的创新接链能力是比较强的,不但主导产业技术含量较高,而且已形成稳定的创新链,各创新链之间已形成创新网络关系。这是江苏区域创新能力在中国名列前茅的产业链方面的主要原因。

3.2.5.3 江苏省产业链创新与创新主体支撑层的创新互动

通过以上分析可知,在线状产业链中,没有龙头企业的产业链的创新动力主要来自产业链以外,靠区域创新网络的创新外部性实现创新;有龙头企业的产业链的创新动力主要来自龙头企业的带动,产业链在龙头企业的带动下实现创新,并通过产业链创新对区域创新主体支撑层提供的知识流、技术流、人才流和信息流等产生需求拉动。在网状产业链中,创新动力主要来自各个模块的合理划分及创新激励。区域创新主体支撑层只有在风险资本、知识、技术、人才和信息等方面得到充分发展,才能支撑起产业链的创新,并通过知识创新和技术创新对产业链的创新产生推动作用。只有产业链和区域创新主体支撑层的创新能力得到协同发展,区域产业链的创新能力才能得到真正提升。

3.3 区域创新主体的创新结网能力

3.3.1 区域创新主体创新结网能力的含义

区域创新主体的创新结网能力是指区域创新主体在区域创新

系统中通过相互作用、相互依赖、相互补充结成创新网络,使区域创新主体产生创新倍增效应,通过将区域创新进行网络性的转化之后形成区域创新产出的能力。

3.3.2　区域创新主体的创新结网路径

3.3.2.1　区域创新主体创新结网的理论基础

耗散理论是区域创新主体创新结网能力形成的重要理论基础。比利时物理学家、布鲁塞尔学派的领导人普里戈金1969年提出耗散结构的概念,他认为宏观世界存在两种结构:平衡结构和耗散结构。平衡结构是不进行物质和能量交换就能维持的结构,晶体就是平衡结构的典型。耗散结构是只有通过与外界进行物质和能量交换才能维持的结构。耗散结构的形成必须具备3个基本条件:一是开放性,即系统必须是开放系统;二是非平衡性,即系统内部处于非平衡态;三是非线性,指系统的不同元素之间存在着非线性机制。系统具有不可叠加性,是系统产生耗散结构的动力条件。

3.3.2.2　区域创新主体的创新结网

区域创新系统是一种耗散结构,具有3个特征:一是开放性,必须与环境进行物质、能量和信息交换;二是非平衡性;三是非线性,指区域创新系统各经济元素的共同作用不等于各经济元素单独作用的机械叠加。

区域创新系统的3个特征是区域创新主体进行技术创新的动力机制。在经济全球化、知识全球化和信息全球化的今天,区域创新系统不可能停留在闭关自守的封闭状态。只有将区域创新链融入全球创新链,才能与世界各地进行知识、技术、人才和信息的交换,才能在全球共享资源,才能有效利用发达国家已有的技术平台,实现更高层次的技术创新突破。一个区域的开放程度决定着该区域创新主体所能结网的范围。

非平衡是区域创新系统的常态,这种非平衡是从原始社会封闭平衡的产业状态逐步演化而来的。在开放条件下,由于内外因素的作用,开放程度逐渐加大,非平衡的作用逐步加强,区域创新系统逐渐从平衡区走向远离平衡的非线性区,使区域创新系统远离平衡态。区域创新主体在进行技术创新时,所有产业并非均衡发展,主导产业在区域产业创新中经常起着带头作用。而且技术创新通过推动主导产业的更替,促进创新系统不断向更高层次发展。区域创新系统的非均衡性特征要求在特定区域必须准确选择主导产业,因为主导产业选择正确与否,不仅关系到主导产业本身创新能力的发展,而且还决定着一个区域创新主体的创新结网能力。

非线性不但是区域创新系统的重要特征,而且区域创新系统中的产业集群和产业链都具有非线性特征。非线性的重要形式是网络,网络的最大优势在于知识(尤其是隐性知识)、技术和信息的扩散性,这种特性不但可以节约交易费用,而且对区域技术创新的发生具有很强的促进作用。区域创新网络能够激活中小企业,改造传统产业,推进制度与机制创新,发展高新技术产业,整合创新要素。上述区域创新主体的创新结网路径见图 3.1。

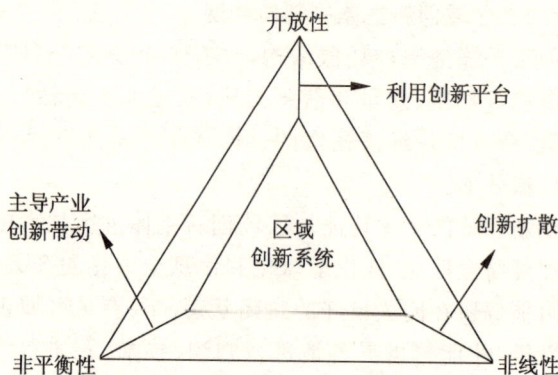

图 3.1 区域创新主体的创新结网路径

3.3.3 区域创新主体的创新结网能力

实践证明,区域创新能力与区域创新主体的创新结网能力具有很强的相关性。江苏省是我国创新能力最强的省份之一,其创新主体的创新结网能力在全国具有很强的代表性。

3.3.3.1　江苏区域创新主体创新结网能力的现状

江苏区域创新主体的创新结网能力总体较强。江苏省 R&D 机构 2005 年技术获取当年实际支付金额 120 万元,其中国外及港澳台 100 万元;技术转让当年实收金额 16 973.8 万元,其中国外及港澳台 305.5 万元,国内 16 668.3 万元,国内转让技术中转让给企业的技术 9 230 万元。江苏省大中型企业 2006 年技术引进支出总额 34.28 亿元,其中用于消化吸收的经费 9.16 亿元,购买国内技术用款 9.22 亿元。江苏省金融机构 2006 年向科技活动提供的贷款 74.31 亿元。江苏省技术中介机构 2005 年技术咨询收入 19 882 万元。江苏区域创新主体之间的技术交易量充分体现了江苏区域创新主体的创新结网能力。

3.3.3.2　江苏区域创新主体的创新结网能力

(1) 在开放性方面,江苏经济属于外向型经济,开放程度较高。江苏省产业链能够有效地利用世界资源和创新平台,产业链创新外援充足。在江苏省 1999—2006 年规模以上企业新产品产值中,港澳台商投资企业和外商投资企业所占的比重分别为 34.81%、37.06%、35.94%、29.9%、24.27%、26.71%、31.96%、39.48%,港澳台商投资企业和外商投资企业平均每年所占的比重为 32.52%。

通过分析上海市、北京市、广东省、江苏省、山东省 2004—2005 年的区域创新能力可知,中国区域创新能力排名靠前的上述省份都是开放程度较高,引入国外技术、资金较多的省份。中国区域创新能力排名靠前的省份,利用国外创新资源的能力与区域创新能力的综合排名是基本一致的(见表 3.2)。开放程度既是江苏省利用国外创新资源的能力在全国名列前茅的主要原因,也是江苏区域创新能力能够在全国名列前茅的主要原因之一。

表 3.2　2004 年江苏等省(市)利用国外技术、资金情况

省份	大中型工业企业平均国外技术引进		人均外国直接投资		外国直接投资增长率	
	金额(万元/个)	全国排序	金额(美元)	全国排序	增长率(%)	全国排序
上海市	307.36	2	262.91	1	−0.45	20
北京市	140.73	14	121.20	5	−2.46	22
广东省	101.42	21	144.22	3	−5.01	24
江苏省	228.16	3	138.05	4	47.36	4
山东省	149.06	13	52.13	10	34.45	8

资料来源:根据《中国区域创新能力报告 2005—2006》整理。

这使江苏省的创新经济具有以下特点:第一,江苏省的创新经济已融入经济全球化创新网络中,基本实现了创新网络的全球化;第二,江苏省近年的经济增长属于创新型增长,规模以上企业工业增加值中,新产品产值所占的比重较大,这与内陆省份靠投资拉动和政策效应实现的经济增长截然不同;第三,江苏省近年的经济增长属于外商拉动型增长,港澳台商投资企业和外商投资企业对江苏省经济增长的贡献率很高。

江苏省之所以能够形成开放型创新网络,主要有以下原因:第一,江苏省地处沿海,海外知名度高,与港澳台商有着基本相同的地缘关系;第二,区域政府职能转换先进,法制环境比较完善;第三,改革开放较早,具有制度创新的先行优势;第四,江苏省属于教育大省,技术创新的人才和科研支撑体系比较健全;第五,同内陆省份相比,江苏省创新观念较强,开放意识较浓。

(2)在非均衡性方面,江苏省的主导产业以新兴产业为主,化学原料及化学制品制造业、医药制造业、专用设备制造业、通讯设备及电子计算机等电子设备业是江苏省的主导产业。这些产业技术含量高,创新潜力大,能够对整个区域创新产生带动作用。根据产业系统非平衡性原理,只有主导产业具有强有力的创新能力,才能对整个产业系统的创新产生带动作用。电子及通讯设备制造业、电气机械及器材制造业、交通运输设备制造业、普通机械制造业、黑色金属冶炼及压延加工业是 1999—2006 年对江苏省新产品产值贡献率最高的 5 种产业,这 5 种产业对江苏省新产品产值的贡献率合计达 69.86%。尤其是电子通讯业,1999—2006 年对江苏省新产品产值的平均贡献率高达 26.6%。技术含量高的新兴产业引领江苏省的技术创新,形成江苏省创新网络的骨架,支撑着江苏省的创新网络。

根据《中国区域创新能力报告 2005—2006》,江苏省电子及通信设备、纺织业、化学原料与化学制品 2003 年产值占全国的比重、2001—2003 年产值增长率、行业占江苏省工业总产值的比重分别为:电子及通信设备(16.39%,51.6%, 14.39%)、纺织业(23.68%,6.2%,10.14%)、化学原料与化学制品(17.97%,14.6%,9.21%)。江苏省 2006 年销售额前十位的工业企业中,电子及通信设备、纺织业、化学原料及化学制品工业企业占绝大比重(见表 3.3),江苏省的主导产业能够对江苏区域创新能力产生创新带动作用。

表 3.3　2006 年江苏省销售额前十位工业企业

序号	企业名称	主要产品和服务	销售额(万元)	全国排名
1	江苏省电力公司	电力服务	5 944 711	7
2	扬子石油化工股份有限公司	石油化工	2 195 862	29
3	江苏沙钢集团有限公司	钢铁	2 040 176	34
4	明基电通信息技术有限公司	显示器	1 662 941	44
5	中国石油化工股份有限公司金陵分公司	石油化工	1 656 094	45
6	友达光电(苏州)有限公司	显示器	1 603 822	48
7	希捷国际科技(无锡)有限公司	硬盘	1 270 177	73
8	徐州工程机械集团有限公司	重型机械	1 223 560	75
9	江苏华西集团公司	钢铁	1 009 248	100
10	仁宝电子科技(昆山)有限公司	笔记本电脑	998 701	104

资料来源: 中国科技发展战略研究小组《中国区域创新能力报告 2005—2006》。

(3)在非线性方面,江苏省虽然已从资源综合利用、污染减排的循环经济发展阶段转变为以资源减投为主的循环经济发展阶段,研究也表明 1986—2003 年江苏省循环经济发展水平较全国平均水平高 50%～100%,但江苏省线性经济的比重仍然很大,许多产业尚未形成循环经济。从地区分布来看,不同城市循环经济发展的差异性也十分显著,常州市、苏州市、无锡市为一类地区,泰州市、盐城市、宿迁市、扬州市、镇江市、南通市为二类地区,淮安市、南京市为三类地区,连云港市、徐州市为四类地区,属最低水平。①非线性经济加深了江苏区域创新主体创新结网的深度,使江苏省许多产业的创新深度能够到达产业链的末端,无害化技术中的污染治理技术、废物利用技术、清洁生产技术等都得到了发展。

正是由于上述原因,江苏省的创新主体具备了较强的创新结网能力。江苏省县级以上政府所属 R&D 机构 2000—2006 年与国内企业和国外合作研究课题分别为 1.608 8 亿元、1.182 1 亿元、1.501 6 亿元、1.401 5 亿元、2.118 3 亿元、1.079 24 亿元、1.399 亿元。江苏省县级以上 R&D 机构虽具有一定的创新结网能力,但同上海市相比,尚有很大差距,上海市县级以上政府所属 R&D 机构 2000—2006 年技术转让金额分别为 36.44 亿元、50.71 亿元、46.18 亿元、50.79 亿元、42.32 亿元、110.08 亿元、165.18 亿元。

江苏省金融机构参与创新网络的活动也很活跃,江苏省金融机构 1998—2006 年分别向省内科技活动发放贷款 15.8 亿元、13.35 亿元、12 亿元、21.84 亿元、30.16 亿元、37.73 亿元、43.7 亿元、57.05 亿元、74.3 亿元,其活跃程度超过了上海市。上海市金融机构 1998—2006 年分别向市内科技活动发放贷款 20 亿元、17 亿元、22.42 亿元、14.57 亿元、9.44 亿元、12.85 亿元、7.84 亿元、6.73 亿元、34.3 亿元。

江苏省高校参与区域创新网络的能力也比较强,江苏省高校 1998—2006 年分别接受企事业单位委托经费 4.398 亿元、5.232 亿元、7.087 4 亿元、9.229 3 亿元、11.64 亿元、13.312 8 亿元、

---

① 黄贤金,王舒:《江苏省循环经济发展:基本态势、区域差异与政策建议》,《科技与经济》,2005 年第 3 期。

16.105 9 亿元、18.162 5 亿元、20.411 8 亿元,呈逐年增长趋势。

3.3.3.3　提升江苏区域创新主体创新结网能力的策略

通过对江苏区域创新主体的创新结网能力进行分析发现,一个区域的创新结网能力不足,主要有以下 3 个原因:一是开放性不足制约区域创新主体的发展;二是非均衡性不能体现有序发展;三是非线性中的正反馈机制不强。提升江苏区域创新主体的创新结网能力,应做好以下工作:

(1)进一步加强对外开放,使区域创新链融入全国创新系统和全球创新系统。江苏作为中国区域创新能力较强的省份,同发达国家相比,还有一定的距离,江苏利用后发优势进行二次创新可以缩短同发达国家之间的技术距离,从而节约创新费用和创新时间。综观世界上经济发展水平高的地区,大都是通过利用外部资源发展起来的。

(2)充分发挥主导产业对创新网络的创新带动作用。主导产业是一个区域的优势产业,对整个区域经济发展具有带动作用。地方政府对于主导产业,在 R&D 经费投入、人才及金融政策等方面,必须实行倾斜和支持,主导产业创新能力强了,整个区域的创新能力才能增强。技术创新是主导产业产生、发展的本原因素。非平衡是有序之源,利用非平衡性通过技术创新推动主导产业依次更替,实现产业结构不断升级,是提升江苏区域创新主体创新结网能力的根本措施。

(3)通过发展循环经济促进江苏经济由线性经济向非线性经济转变。工业化进程是以线性经济为主导的经济增长模式,工业生产的单向线性生产模式以从自然界中开采资源开始,经过冶炼提炼、加工制造、产品消费几个阶段,最终产品废弃,工业化进程以线性经济为主导的增长模式成为有史以来最为剧烈的反生态化进程。许多区域所创立的单项线性经济模式的生态特征,在私人资本的获利性和生态环境的无价性的经济制度下,导致资源枯竭和生态恶化。如要提高江苏区域创新主体的创新结网能力,江苏省产业必须向生态性回归,变线性增长模式为循环增长模式,形成一个循环与利用优化、环境自净和人工净化相结合的相对封闭的能量与物质循环系统,不断提高循环利用自然资源和恢复自然生态系统的能力。

3.4　小结

区域创新主体的自组织创新能力包括区域创新主体的创新集群能力、接链创新能力和结网创新能力。对于没有龙头企业的产业集群或产业链而言，其创新动力主要来自产业集群或产业链以外，靠区域创新网络的创新外部性实现创新。对于有龙头企业的产业集群或产业链来说，其创新动力主要来自龙头企业的带动，产业集群或产业链在龙头企业的带动下实现创新，并通过产业集群或产业链创新对区域创新主体支撑层提供的知识流、技术流、人才流和信息流产生需求拉动。同时，区域创新主体支撑层只有在风险资本、知识、技术、人才和信息等方面得到充分发展，才能支撑起区域产业集群或产业链的创新，才能通过知识创新和技术创新等对产业集群或产业链的创新产生推动作用。只有区域产业集群或产业链和区域创新主体支撑层的创新能力得到协同发展，区域产业集群或产业链的创新能力才能得到真正提升。

区域创新系统具有3个突出特征，这3个特征直接制约着区域创新主体的创新结网能力，进而制约着区域创新能力的提升。区域创新系统的开放性特征要求区域内的企业只有通过对外开放，才能利用区域外部甚至全球已有的创新平台，才能将区域创新链融入全球创新链，并利用全球资源进行技术创新。区域创新系统的非平衡性特征要求区域创新主体将创新重点放到主导产业上，通过提升主导产业创新能力，带动其他产业乃至整个区域创新能力的提升；主导产业通过创新对区域创新主体支撑层提供的知识流、技术流、人才流和信息流等产生拉动作用，拉动区域创新主体支撑层的发展，区域创新主体支撑层的发展又能有效地推动区域其他产业创新的发展。区域创新系统非线性的特征要求区域创新主体构建网状创新网络，通过知识和技术的外溢推动创新的不断扩散。同时，变工业生产的线性生产为非线性生产，大力发展循环经济，实现产业链的生态性回归。

4 区域创新能力制度层

4.1 区域创新能力制度层的含义

区域创新能力制度层是区域创新能力在制度层面的具体体现，是区域创新主体为促进技术创新而对有关规范、法律等约束性规定进行创新的能力。制度层是区域创新能力提高的"内生变量"，制度创新能够为技术创新提供"新函数"，这种"新函数"能够在技术创新资源给定的情况下实现技术创新能力的提高。发展中国家只有通过制度创新，才能取得技术创新能力的"发展"式增长，才能尽快赶上和超过世界先进水平。制度创新是区域创新能力持续提高的根本保证。尽管增加创新资源投入和通过制度创新都能实现技术创新能力的增长，但两者无论在"增长的性质"还是在"增长的方式"上，均存在本质的区别。从增长性质上看，通过不断投入创新资源得到的技术创新能力增长是一种"外延式"增长，而通过制度创新得到的技术创新能力增长则是一种"内涵式"增长（即制度经济学上的"发展"）。从增长方式上看，通过不断增加创新资源供应的方式取得创新能力的提高是资源推动型的，因而是不可持续的。而由制度创新引起的技术创新能力的提高则不然，一种好的制度自始至终对技术创新起着推动作用，除非有新的、更好的制度出现。①

---

① 任永平：《论制度创新与我国企业技术创新能力的提高》，《江苏理工大学学报（社会科学版）》，2001 年第 4 期。

制度层作为区域创新能力的一个组成部分,是通过区域创新主体核心层与支撑层的同时作用,实现对区域技术创新的推动。区域创新主体核心层通过制度创新实现核心层内部技术创新的规范化、有序化,大大降低了区域创新主体核心层企业与供应商、顾客之间协同创新的交易成本。同时,将区域创新主体核心层所需知识、技术、资金、信息、物资等纳入有序供给,使区域创新主体核心层与支撑层之间对创新资源的供求形成有序机制,减少了区域创新过程中创新资源配置的低效和浪费,提高了区域创新资源的利用效率。

区域技术制度创新对区域技术创新的促进作用是通过其微观基础——企业制度创新发生作用的。企业作为一个自组织系统,其技术创新主体规定性不是一种单纯的技术性的规定性,而主要是一种刚性的、制度的规定性。这主要是因为,在每一特定历史条件下,究竟谁去充当技术创新主体,从根本上说都是由当时一定的社会制度安排所决定的。计划经济条件下,技术创新的核心主体是政府或其所属部门与科研机构、大学,而在市场经济条件下,技术创新的核心主体则相应转换成企业。同时,技术创新作为企业外在竞争压力与内生性需求相契合的结果成为企业发展的动力引擎,技术创新作为技术与经济的中间环节,其本质上是一个经济概念,而非单纯的技术概念。[1]

4.2 区域创新能力制度层的结构

4.2.1 研究模型与理论假设

区域创新能力制度层是比区域创新能力器物层更深一层的区域创新能力,区域创新能力制度层是连接区域创新能力器物层与区域创新能力文化层的桥梁,研究区域创新能力制度层的形成路径,既是研究区域创新能力器物层的深入,也是研究区域创新能力文化层的基础,更是从整体上研究区域创新能力的关键。但究竟应从哪些维度去研究区域创新能力制度层,这是研究区域创新能

---

① 李立生:《论制度安排与技术创新》,《科学学与科学技术管理》,2001 年第 8 期。

力制度层必须解决的首要问题。文献研究表明,影响区域创新能力制度层的因素很多。我们采用访谈与内容分析的方法,试图了解不同技术创新制度对区域创新能力的影响。

本研究从江苏省选择 20 名高校科研人员、20 名企业科研人员和 20 名高科技企业高层管理人员作为调查对象。通过深度访谈并进行分析发现,影响区域创新能力制度层的因素主要集中在企业家制度、R&D 制度、技术创新公共服务制度、创新融资制度、技术中介制度等几方面。据此我们构建了江苏区域创新能力制度层研究模型(见图 4.1)。

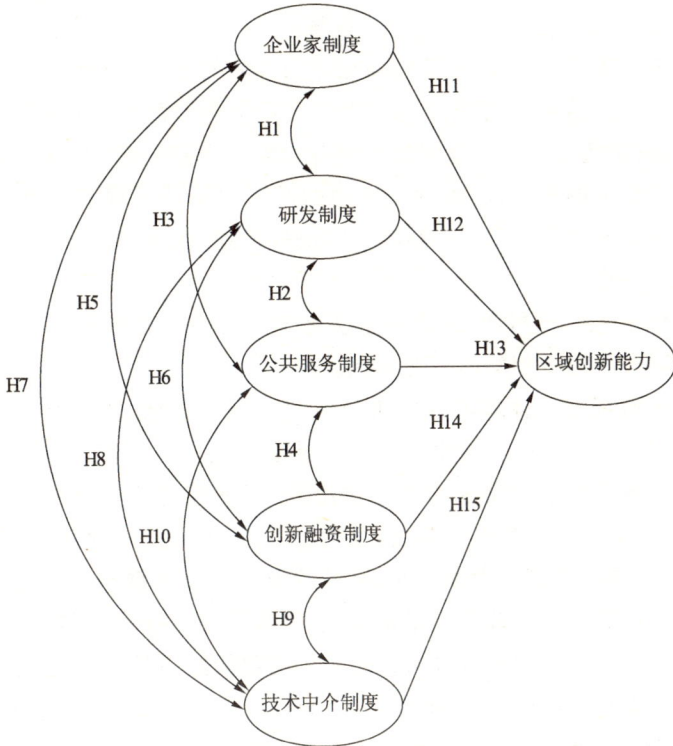

图 4.1　江苏区域创新能力制度层研究模型

企业家是社会经济发展的核心推动力,是现代企业的灵魂,正是企业家的创新力和活力,导致了西方资本主义社会的高速发展和福利水平的不断提高。① 发达国家与发展中国家之间的经济差距,中国先发区域与后发区域之间的经济差距,就企业层次而言,关键是企业家之间的差距,而企业家之间的差距主要是企业家制度之间的差距。研究区域企业家制度可以从源头揭示区域之间创新能力存在差距的深层原因。时至今日,企业是区域创新主体的核心早已成为不争的事实,而企业家是企业创新战略的直接决定者。

区域 R&D 是指区域创新主体根据市场需求,通过合作将 R&D 投入转换为 R&D 产出的活动。在区域技术创新链中,R&D 是创新战略的执行行为,是连接企业创新战略和新产品市场营销的桥梁,处于中间和核心地位。区域 R&D 活动将企业家创新设想引入 R&D 环节,实现企业创新战略与区域技术、R&D 资本、R&D 工作人员的结合。同时,区域 R&D 活动为企业营销能力的发挥准备了条件,为 R&D 产出实现市场化奠定了基础。R&D 能力是区域创新能力的核心,区域创新活动的开展离不开区域 R&D 制度。根据企业家制度和 R&D 制度在区域技术创新中的关系,本研究提出如下假设。

H1-H11-H12:区域企业家制度与区域研发制度相互影响,并共同影响区域创新能力的形成。

区域创新主体核心层能够顺利进行技术创新,离不开区域政府的制度支持。由于技术创新制度具有公共资源的性质,所以,政府是区域技术创新制度的核心供给者,区域政府能否在技术创新中供给适宜的技术创新制度,直接决定着区域技术创新的成败。但是,区域经济发展阶段不同,区域政府进行技术创新制度供给的方式也不同。区域政府只有找到适宜本区域的技术创新制度,并及时提供给区域创新主体,才能对区域创新能力的发展起到促进作用。据此本研究提出假设 H2-H12-H13、H3-H11-H13、H4-H13-H14。

---

① Kirzner I M. Competition and entrepreneurship. University of Chicago Press,1973:159-163.

H2－H12－H13：区域技术创新的公共服务制度与区域的R&D制度相互影响,并共同影响区域创新能力的形成。

H3－H11－H13：区域技术创新的公共服务制度与区域的企业家制度相互影响,并共同影响区域创新能力的形成。

H4－H13－H14：区域技术创新的公共服务制度与区域创新融资制度相互影响,并共同影响区域创新能力的形成。

区域创新企业在进行技术创新时出现资金瓶颈的原因在于创业者与创新资金供给者之间存在金融缺口,造成这种金融缺口的主要原因在于区域金融制度。"金融缺口"一词首先在英国议员向英国国会提供的关于中小企业问题的调查报告(Macmillan's report)中提出,指的是中小企业对贷款和外源性资本的需求大于市场能够提供的贷款和资本的数量,包括资本性缺口和债务性缺口。[①] 创新企业金融缺口是指创新企业进行技术创新所需的创新资金与市场所能提供的创新资金之间的差额,即供给不能满足需求的部分。据此本研究提出假设 H5－H11－H14、H6－H12－H14。

H5－H11－H14：区域企业家制度与区域融资制度相互影响,并共同影响区域创新能力的形成。

H6－H12－H14：区域研发制度与区域创新融资制度相互影响,并共同影响区域创新能力的形成。

技术中介是市场中介的一种,是在各种参与技术创新的市场主体之间,利用自身拥有的知识、人才、资金、信息等资源,为技术创新的成功实现,起到沟通、联系、组织、协调等作用的组织及其活动,以及为参与技术创新的各种市场主体、各个具体实体提供专业服务的组织及其活动。[②] 技术中介制度是规范技术中介机构有关技术创新活动的约束性规定。在经济全球化的今天,国家或地区之间的竞争主要体现为技术创新能力之间的竞争。而发展中国家

[①] 杨思群:《中国金融理论前沿 IIM》,社会科学文献出版社,2001年,第170页。

[②] Cook M B, Bhamra T A, Lemaon M. The transfer and application of product service systems: from academia to UK manufacturing firms. Journal of Cleaner Production,2006,14(17).

与发达国家之间在技术创新能力方面的最大差别便体现在科技成果转化效率的差别方面,技术中介机构及技术中介制度的差异是造成这种差别的主要原因之一。从国内外现有研究文献看,关于技术中介机构的研究主要集中在对技术中介机构重要作用的研究,如 Spulber、Friedman、方世建等。从制度层面对技术中介进行探索,并揭示技术中介制度对区域创新能力影响的研究很少。所以,本研究提出假设 H7－H11－H15、H8－H12－H15、H9－H14－H15、H10－H13－H15。

H7－H11－H15:区域技术中介制度与区域企业家制度相互影响,并共同影响区域创新能力的形成。

II8－H12－H15:区域技术中介制度与区域研发制度相互影响,并共同影响区域创新能力的形成。

H9－H14－H15:区域技术中介制度与区域创新融资制度相互影响,并共同影响区域创新能力的形成。

H10－H13－H15:区域技术中介制度与区域公共服务制度相互影响,并共同影响区域创新能力的形成。

4.2.2 研究方法

本研究根据研究假设设计了 24 个测量变量作为显变量,测量研究假设中的 6 个潜变量。制作的问卷先在 30 名被调查者中进行测试,结果显示量表具有较好的信度和效度。经过探索性因子分析,测量变量"一个区域的企业家阶层存量制度对其企业创新战略决策能力有重大影响"、"优惠的技术创新税收制度有利于区域创新能力的提高"、"优惠的土地使用制度有利于区域创新主体自组织创新能力的提高"、"有效的技术中介制度能够促进区域技术中介服务能力的提高"因子得分值太低,所以,从量表中去掉这 4 个测量变量。修正后的调查问卷包括 5 部分,第一部分测量企业家制度链中各个环节对区域企业家制度的影响,共包括企业家选拔制度、企业家使用制度和企业家创新绩效评价制度 3 个环节、5 个指标。第二部分测量区域 R&D 制度各个环节对区域 R&D 制度链的影响,共包括区域 R&D 投入制度、R&D 生产制度和 R&D 产出制度 3 个环节、6 个指标。第三部分测量区域创新融资制度,共 2 个指标。第四部分测量区域技术创新公共服务制度,共 3 个指标。第五部分测量区域创新能力,共 4 个指标(见表 4.1)。每个指标采用五点李克特法(Likert)来测量其值,1 分代表"非常不同意",5 分代表"非常同意"。

表 4.1 测量江苏区域创新能力制度层的量表

变 量	指 标
企业家制度	完善的企业家选拔制度能够促进企业创新战略决策能力的提高。
	企业家人力资本产权(企业家对自身人力资本占有、使用、收益、处分的权力)制度能够促进企业创新战略决策能力的提高。
	完善的企业家激励制度能够促进企业创新战略决策能力的提高。
	合理的企业家约束制度有利于企业创新战略决策能力的提高。
	完善的企业家创新绩效评价制度有利于企业创新战略决策能力的提高。
R&D 制度	合理的研发人员激励制度有利于区域研发能力的提高。
	合理的研发合作制度有利于区域研发能力的提高。
	完善的科技人员管理制度能够促进区域研发能力的提高。
	合理的科研项目管理制度能够促进区域研发能力的提高。
	先进的科研条件配置制度能够促进区域研发能力的提高。
	合理的研发产出评价制度能够促进区域研发能力的提高。
创新融资制度	完善的股权融资(风险投资)制度能够促进区域创新融资能力的提高。
	完善的债务融资制度能够促进区域创新融资能力的提高。
创新公共服务制度	适应市场需求的经济体制有利于区域创新能力的提高。
	清晰的企业产权制度有利于企业研发能力的提高。
	完善的知识产权制度能够促进区域研发能力的提高。
区域创新能力	充足的研发投入有利于区域创新能力的提高。
	新产品销售收入增加能够促进区域创新能力的提高。
	授权专利增多有利于区域创新能力的提高。
	技术交易量增加能够促进区域创新能力的提高。

此次共发放问卷 1 200 份,其中因所填信息严重缺失,或信息前后有出入的作废问卷 349 份,收回有效问卷 851 份,有效回收率 70.92%。就样本所属区域创新主体而言,本次成功调查的样本中,企业技术人员 283 人,占 33.25%;大学及科研机构技术人员 276 人,占 32.43%;企业高层管理人员 149 人,占 17.51%;金融机构和地方政府人员 143 人,占 16.81%。就样本的区域分布而言,本次成功调查的样本中,苏北 281 人,占 33.02%;苏中 290 人,占 34.08%;苏南 280 人,占 32.90%。调查样本的结构与研究假设的结构基本一致,可以认为本次调查样本具有代表性。本研究通过用 Amos 软件对上述调查结果进行模拟,分析江苏区域创新能力制度层的形成路径。

4.2.3 数据分析

4.2.3.1 量表的信度分析

通过对整个量表进行信度分析,发现整个量表的 Cronbach α 系数值为 0.81,区域企业家制度、R&D 制度、技术创新公共服务制度、创新融资制度和区域创新能力的 Cronbach α 系数值分别为 0.76,0.83,0.91,0.92 和 0.78。Nanally 认为,Cronbach α 系数值高于 0.7 即表明量表具有较高的信度。这说明设计的量表具有较好的信度(见表 4.2)。

表 4.2　江苏区域创新能力制度层各因子的信度

因　子	Cronbach α 系数值
整个量表	0.81
企业家制度	0.76
R&D 制度	0.83
创新公共服务制度	0.91
创新融资制度	0.92
区域创新能力	0.78

4.2.3.2 量表的效度分析

通过对各测量变量进行因子分析并进行正交旋转,删除因子载荷小于 0.5 的测量指标。用企业家选拔制度、企业家人力资本产权制度、企业家激励制度、企业家约束制度和企业家创新绩效评价制度的问卷调查得分测量区域企业家制度,用 R&D 人员激励制度、R&D 合作制度、R&D 产出评价制度、科技人员管理制度、科技项目管理制度和科技条件配置制度的问卷调查得分测量区域 R&D 制度,用经济体制、企业产权制度和知识产权制度的问卷调查得分测量区域技术创新公共服务制度,用股权融资制度和债务融资制度的问卷调查得分测量区域创新融资制度,用研发投入、新产品销售收入、授权专利、技术市场成交合同金额的问卷调查得分测量区域创新能力。各测量指标在相应变量上的因子载荷均大于0.5(见表 4.3),说明量表中各潜变量的结构效度良好。

表 4.3 江苏区域创新能力制度层测量变量旋转后的因子载荷阵

测量指标	公　因　子				
	R&D 制度	企业家制度	创新公共服务制度	创新融资制度	区域创新能力
企业家选拔制度	0.102	0.551	0.167	−0.132	0.113
企业家人力资本产权制度		0.587		−0.124	
企业家激励制度	0.179	0.649		0.210	0.305
企业家约束制度		0.581	0.217	0.129	0.412
企业家创新绩效评价制度	0.162	0.616		0.179	0.201
R&D 人员激励制度	0.795				
R&D 合作制度	0.616		0.257	0.132	
R&D 产出评价制度	0.569	0.261	0.195	−0.111	0.193
R&D 人员管理制度	0.693		0.314		0.238
R&D 项目管理制度	0.546	0.387			

测量指标	公 因 子				
	R&D制度	企业家制度	创新公共服务制度	创新融资制度	区域创新能力
R&D条件配置制度	0.658	0.179	0.120	0.215	
经济体制			0.763		0.356
企业产权制度	0.198	0.321	0.582		
知识产权制度	0.340		0.713	0.135	0.439
股权融资制度		0.318	0.198	0.517	
债务融资制度				0.818	0.209
研发投入	0.118	0.457	−0.105	0.017	0.616
新产品销售收入	0.109	0.379			0.607
授权专利			0.175	0.321	0.512
技术交易	0.110	0.218		0.407	0.510

4.2.3.3 模型的拟合优度分析

拟合优度指标反映了结构模型整体的可接受程度,表4.4列出了结构方程主要拟合指数的推荐值和模型的实际值。通过推荐值和实际值的对比可知,模型较好地拟合了样本数据。

表4.4 江苏区域创新能力制度层模型拟合优度指数

拟合指数	x^2/df	RMSA	CMIN/df	CFI	IFI
推荐值	<3	<0.08	<5	>0.9	>0.9
实际值	1.57	0.059	2.172	0.93	0.92

4.2.3.4 模型的路径分析

通过用Amos软件对样本数据进行模拟,运行出江苏区域创新能力制度层结构方程模型路径图(见图4.2)。

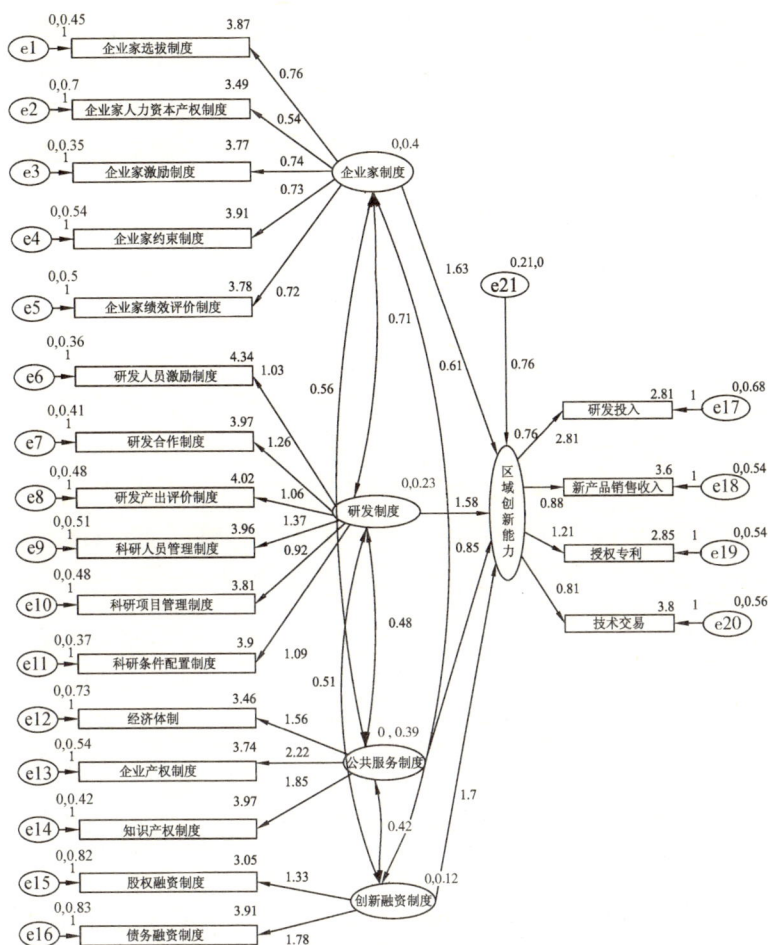

图 4.2 由 Amos 软件运算的江苏区域创新能力制度层路径图

通过对模型潜变量之间的模拟参数进行检验可知,潜变量"企业家制度"与"研发制度"、"研发制度"与"公共服务制度"、"企业家制度"与"公共服务制度"、"公共服务制度"与"创新融资制度"、"企业家制度"与"创新融资制度"、"研发制度"与"创新融资制度"、"企业家制度"与"区域创新能力"、"研发制度"与"区域创新能力"、"公共服务制度"与"区域创新能力"、"创新融资制度"与"区域创新能力"之间的路径系数的临界比 $C.R.$ 的绝对值均较大,而且伴随概率明显小于 0.05(见表 4.5),这说明假设 H1、H2、H3、H4、H5、H6、H11、H12、H13、H14 均得到支持,而 H7、H8、H9、H10、H15 则由于"技术中介制度"各指标在探索性因子分析中因子得分值太低没有得到支持。

表 4.5 江苏区域创新能力制度层模型的 Amos 假设检验结果

理论假设	路径系数	$C.R.$	P	结论
H1	0.710	61.602	* * *	支持
H2	0.481	8.152	* * *	支持
H3	0.563	8.061	* * *	支持
H4	0.421	5.190	* * *	支持
H5	0.611	7.181	* * *	支持
H6	0.511	6.856	* * *	支持
H11	1.833	6.210	* * *	支持
H12	1.582	7.932	* * *	支持
H13	0.850	8.217	* * *	支持
H14	1.701	5.011	* * *	支持
H7、H8、H9、H10、H15	探索性因子分析中因子得分值太低			不支持

注:* * * 表示 $P < 0.001$。

各个测量指标与潜变量的回归系数的估计值中,各回归系数的临界比 $C.R.$ 的绝对值均较大,而且伴随概率明显小于 0.05(见表 4.6),说明各测量指标与潜变量之间的回归参数基本通过检验,能够正确反映区域创新能力制度层各测量指标与潜变量之间的关系。

表 4.6 主要测量变量与潜变量之间的参数估计值

测量变量	关系标识	潜变量	*Estimate*	*S.E.*	*C.R.*	*P*
企业家选拔制度	←	企业家制度	0.760	0.353	2.151	* * *
企业家人力资本产权制度	←	企业家制度	0.541	0.062	8.742	* * *
企业家激励制度	←	企业家制度	0.742	0.047	15.715	* * *
企业家约束制度	←	企业家制度	0.730	0.057	12.701	* * *
企业家创新绩效评价制度	←	企业家制度	0.722	0.065	11.141	* * *
研发人员激励制度	←	研发制度	1.030	0.179	5.762	* * *
研发合作制度	←	研发制度	1.261	0.072	17.619	* * *
研发产出评价制度	←	研发制度	1.064	0.069	15.432	* * *
科研人员管理制度	←	研发制度	1.373	0.069	19.813	* * *
科研项目管理制度	←	研发制度	0.920	0.062	14.721	* * *
科研条件配置制度	←	研发制度	1.093	0.059	18.453	* * *
经济体制	←	公共服务制度	1.561			
企业产权制度	←	公共服务制度	2.221	0.188	11.791	0.003
知识产权制度	←	公共服务制度	1.854	0.632	2.934	0.003
股权融资制度	←	创新融资制度	1.333			
债务融资制度	←	创新融资制度	1.781	0.228	7.821	0.004
研发投入	←	区域创新能力	1.101			
新产品销售收入	←	区域创新能力	0.881	0.153	5.741	* * *
授权专利	←	区域创新能力	1.211	0.185	6.259	* * *
技术交易	←	区域创新能力	0.811	0.259	3.215	* * *

注: * * * 表示 $P < 0.001$。

通过江苏区域创新能力制度层结构方程路径图可以看出,"企业家制度"与"研发制度"之间的相关系数为 0.71,在所有潜变量之间的相关系数中最大,两者组成区域创新主体核心层制度。"公共服务制度"与"创新融资制度"通过保障区域技术创新中的公共服务、创新融资服务,进而参与区域技术创新,属于区域创新主体支撑层制度。企业家制度链和 R&D 制度链各个环节相互配合、紧密衔接,共同维持着区域创新主体核心层的存在和发展。区域创新主体支撑层制度不但维持着区域创新主体支撑层的存在和发展,而且还支撑着区域创新主体核心层的存在和发展。区域创新能力制度层通过上述结构,形成一个有机整体,不断为区域创新能力器物层提供制度供给。同时,在区域创新能力文化层对区域创新能力器物层进行作用的过程中起着桥梁和纽带作用。

4.3　区域创新主体核心层制度

区域创新主体核心层制度是区域技术创新的根本动力,许多区域创新能力缺乏的主要原因在于区域创新主体核心层制度缺失或失配。研究区域创新主体核心层制度,搞清区域创新主体核心层制度与支撑层制度的关系,对提升区域创新能力具有重要意义。

4.3.1　企业家制度

区域企业家制度是由企业家选拔制度、企业家使用制度和企业家创新绩效评价制度组成的一个整体。其中区域企业家使用制度包括企业家人力资本产权制度、企业家激励制度、企业家约束制度等。区域企业家制度链的前一个环节直接影响和制约着后一个环节,只有区域企业家制度形成一个良性发展的制度链,区域企业家的数量和质量才能得到切实保证。有了足够数量和质量的企业家,区域企业创新战略决策能力才能得到切实保证(见图 4.3)。

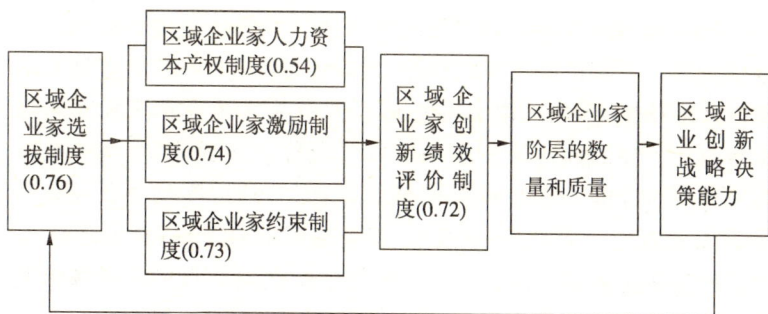

图 4.3 区域企业家制度链与区域企业创新战略决策能力

4.3.1.1 企业家选拔制度

企业家选拔制度是区域企业家制度链的源头,直接制约区域企业家制度链的以后环节,决定区域企业家的数量和质量。一个好的企业家只能造就一个好的企业,而一个好的企业家阶层可以造就一个好的商品经济区域。[①] 研究区域企业家制度,首先应从企业家选拔制度着手。目前江苏省的企业家选拔机制尚未真正形成,许多国有企业对企业家的选拔不是优胜劣汰,而是劣胜优汰,在国有企业中出现了"劣胜优汰机制"。[②] 其根本原因在于企业家选拔制度存在致命缺陷,主要是由企业家市场及其赖以存在的社会基础造成的。江苏省部分区域企业创新战略决策能力不强,企业家选拔制度缺失是主要原因。

近年来,江苏省在企业家选拔方面采取了不少切实有效的措施。苏政发〔2006〕53 号文件规定:"允许在校大学生休学办科技型企业或进行技术中介服务,经所在学校批准,其学习期限可延长3～4 年;其所创办的科技型企业或科技中介服务机构,经税务部门批准,免征企业所得税 2 年;从事技术转让、技术开发和与之相关的技术咨询、技术服务等业务取得的收入,技术交易合同经登记

---

① Dias J, McDermott J. Institutions, education, and development: the role of entrepreneurs. Journal of Development Economics, 2006, 80(2).

② 何炼成,白永秀:《论中国企业家的地位及其培育对策》,《南开管理评论》,1999年第 4 期。

后,可免征营业税、城市维护建设税和教育费附加。"这项规定为大学生成为企业家提供了制度保障,此外还规定"用好高层次创新创业人才专项资金,加快培养和引进江苏省前沿技术领域和高新技术产业化急需的高水平创新创业人才及优秀企业家"。这项规定为江苏省企业家的产生提供了资金保证。同时,苏政办发〔2007〕26号文件规定:"重点实施'三个五'企业家培育工程,着力培育50名能够带领企业进入国内前300强的企业家,500名能够带领企业在同行业处于领先地位的骨干企业家,5 000名能够使企业具有良好发展潜力的成长型企业家,重点实施'千名苏商海外培训工程',组织1 000名国有、民营、股份制重点企业的高级经营管理者分批到海外进行培训,提高他们的综合素质,增强企业的市场竞争力。"

尽管如此,江苏省企业家选拔制度还不能从根本上保证企业家的顺利产生。按照市场经济的要求,企业家选拔应是公开、公平、透明、竞争的,但在现实生活中,江苏省的企业家选拔制度与此相差甚远,尤其是国有企业高级管理人员的选拔,基本上实行的是上级任命制,市场化的选拔制度尚未形成。企业家不但没有形成一种职业,更没有形成一种像律师、注册会计师等职业资格人员一样的阶层,即没有形成职业化。形成这种状况的根本原因在于江苏省形成企业家选拔制度的社会基础缺乏或不够完善。

在经济知识化和经济全球化的今天,市场成为配置资源的基本手段,这已成为不争的事实。市场化是市场经济对企业家选拔制度的根本要求。企业家人力资本作为企业中最重要的一种经济资源,它配置的是否有效率,直接决定着其他经济资源配置效率的高低。所以,企业家这种人力资源必须在市场中自由流动,自由配置。① 企业家作为一种资源,只有按照资源配置的规律进行配置,才能保证其使用的高效。

经过30多年的经济改革,江苏省已基本实现对物质资源进行市场化配置,但对人力资源,尤其是对企业家这种企业中异质、稀

---

① 张同全:《论企业家人力资本产权》,《科学学与科学技术管理》,2002年第5期。

缺的资源,还没有实现市场化配置,这严重限制着企业乃至所在区域竞争能力和创新能力的提高。应彻底打破行政任命,破除阻碍企业家流动的各种地方法规和户籍制度,铲除地方保护制度,取消行政级别,使企业家从选拔到更替、升降乃至退休全部纳入市场体系运作。除一些关乎国计民生的行业之外,国家应通过股权转债权等方式积极地使其他行业逐步私营化,为企业家市场化进程增加动力。这需要区域政府解放思想,对企业家人事权彻底放开,主要用市场手段去配置企业家资源。

职业化是企业家实现市场化的前提。企业家要实现市场化,必须有大量优质的企业家队伍。稳定的企业家阶层是保证企业家供给的根本保证,为此必须保证企业家"职业化"。通过职业资格考试等形式,选拔出优秀的企业家,既可保证企业家队伍的质量,也可提高企业家的技术含量,形成企业家阶层。企业家作为企业家市场的供给方,只有形成足够的数量和质量,才能使企业家阶层形成对企业需求的强大推力。目前,中国律师、注册会计师等职业资格对经济的推动作用,有力证明了职业阶层对相关市场需求的大力推动作用。

企业家作为企业的异质、高级人才,决定了企业家的选拔不同于一般人才的选拔。由于对企业家知识、素质、人际关系等方面的才能要求较高,试图通过笔试、口试、面试、专家评判等方式在短期内选拔是不可能的。国外企业家是通过猎头公司获取的,江苏省在实现企业家职业化时应吸取其中的经验。在企业家选拔制度不完善的情况下,可像选派科技副县长一样,从高校中选拔具有高素质和培养前景的青年学者(如博士、教授)到大型企业任职,接受锻炼,然后根据本人到企业工作的实际业绩,逐渐委以重任。

企业家制度市场化、职业化都以企业家产生的社会基础为依托。经济或体制基础会制约企业家的供给。自然经济下产生不了企业家,因为自然经济的基本特征是自给自足,是对使用价值的追求,而不是对价值的追求,仅有的、偶然的剩余交换,使得生产的规模和各种生产要素的技术含量长期处于停滞状态。计划经济也不会产生企业家,计划经济是靠层级制管理的职位经济,企业领导人也只是一级干部,且可以与政府的干部互换。他们的行为方式是墨守成规和依指令行事,追求的是完成任务和职务升迁,而不是盈利。加之计划经济是一种短缺经济,基本上没有创新的压力,因此,企业家只能自市场经济下产生。因为在一个企业以追求利润为己任的时代,为了追求更多的利润而产生的激烈竞争,以及市场瞬息万变的态势,使得从事企业经营的人们不得不迅速地创新,所以,市场经济是产生企业家的经济基础。[①]

企业家的产生需要具备两个条件,一是拥有企业家人力资本的个体能够成为企业家;二是拥有企业家人力资本的个体愿意选择做企业家。第一个条件就是前面所说的经济或体制基础,第二个条件是社会文化基础。如果这个社会极度推崇"官本位",使得无论什么样的人都把做官作为始终不渝的追求,只有做官才成了正果,即使最擅长做企业的人,或企业做得再好的人都皈依于仕途,那是断然产生不了企业家或企业家阶层的。此外,如果这个社会深层的心理沉淀是保守,推崇"中庸",压抑创新,那也是产生不了企业家的。

企业家市场化、职业化及产生的社会基础是相互联系的一个整体,建立企业家选拔制度必须同时从以上三方面着手。

4.3.1.2 企业家使用制度

企业家使用制度包括企业家人力资本产权制度、企业家激励制度、企业家约束制度等。这三种制度是企业家使用效率的保证,其中企业家人力资本产权制度决定企业家能否真正成为企业技术创新的主体,决定企业家能否正确使用企业家人力资本产权;企业家激励制度决定企业家创新积极性的发挥程度;企业家约束制度是企业家职业道德的保证。

1. 企业家人力资本产权制度

企业家人力资本产权包括企业家人力资本的占有权、使用权、

---

① 李义平:《论企业家及其产生的社会基础》,《管理世界》,2002 年第 7 期。

收益权、处分权等权利在内的一系列权利。其中企业家人力资本占有权表现为对企业家人力资本价值的补偿，是指在特定历史条件下获取劳动力生产和再生产所需的生产资料的权利——工资收入；企业家人力资本使用权表现为企业家资源在某一行业工作的自主择业权；企业家人力资本收益权表现为企业家不仅要求得到资本自身价值的补偿及工资收入，而且应该得到剩余价值部分的分配权——利润分配，企业家人力资本收益权是企业家人力资本产权的核心；企业家人力资本处分权表现为企业家是否自愿继续工作的自主支配权。[①] 企业家人力资本产权可表示为：

$$H = f(P, U, I, D)$$

式中，H——企业家人力资本产权；

P——企业家人力资本占有权；

U——企业家人力资本使用权；

I—— 企业家人力资本收益权；

D——企业家人力资本处分权。

企业家人力资本产权制度是企业家对自身人力资本的占有权、使用权、收益权、处分权的保证，企业家只有拥有人力资本产权，才能真正成为企业技术创新的主体。这些权利是完整的，P，U，I，D 中的任何一种人力资本产权缺失，都会造成企业家人力资本产权的残缺，都将影响到企业家价值和使用价值的实现，从而影响到企业家创新能力的发挥。当企业家人力资本产权的界定存在残缺时，企业家的交易成本将上升，其配置和利用的效率将下降，直接后果是企业家在工作中出现经营不力、监督不力等状况，有效劳动供给不足，间接后果是普通劳动者在缺乏监督和激励的情况下出工不出力，劳动生产率下降，从而造成企业创新绩效的降低。江苏省部分区域的企业家利用效率低，不能发挥应有的作用，企业家人力资本产权缺失是一个重要原因。尤其在国有企业中，企业家的工资是由企业制定的，企业家的工资难以弥补其劳动力生产

[①] 张同全：《论企业家人力资本产权》，《科学学与科学技术管理》，2002 年第 5 期。

和再生产的价值,使企业家不能享有对自身人力资本的占有权。同时,企业家除工资之外,不能享有对企业剩余收益的索取权,不能参与企业利润分配,使企业家缺乏对自身人力资本的收益权。另外,国有企业中的高级管理人员都是由主管部门任命,企业家无权自由选择企业,缺乏对自身人力资本的使用权和处分权。这是江苏省一些区域企业家使用效率低的主要原因,也是这些区域企业创新战略决策能力低的主要原因。

江苏省 2006 年有科研机构的企业数占企业总数的 49.86%,规模以上工业企业新产品产值中,私营和外商投资、港澳台商投资企业占 48.38%。江苏省非公有制企业家的重要地位保证了江苏省企业家对自身人力资本产权的自主支配。

2. 企业家激励制度

对企业家的激励主要包括物质激励和精神激励两个方面,物质激励是从物质上进行激励,调动其积极性;精神激励是通过给予企业家各种荣誉奖励和各种称号,培育其荣誉感,为其提供精神动力。企业家激励制度是与企业家人力资本产权制度紧密相关的制度,一个区域的企业家人力资本产权制度是其企业家激励制度的基础。长期以来,江苏省部分区域缺乏企业家激励制度,根本原因在于企业家人力资本产权制度的缺失。国有企业中注重精神激励,忽视物质激励,实质上是对企业家人力资本收益权的否定。

企业家人力资本是企业中最稀缺的人力资本,企业家对企业财产的经营是一种高级、复杂的脑力劳动,需要投入较多的人力资本,因而他们应该参与企业剩余价值的分配,获得较高的收入。企业家得到工资只能对企业家起到保健作用,只有企业家参与企业剩余价值的分配,才能对企业家起到激励作用。在美国,企业对经理人员的激励是以股票期权为主要手段的。在美国最大的 1 000家公司中,经理人员总报酬的 1/3 左右是以股权为基础的。可见,企业家除偏好企业剩余价值索取权外,还偏好企业控制权。高额奖金作为索取剩余价值的一种方式,部分实现了企业家的人力资本产权,与企业家所作的贡献很不成比例,企业家要求得到企业控制权,以补偿企业家人力资本产权尚未实现的部分。

股票期权是创新企业对企业家进行激励的主要方式,是区域企业家激励制度的主要内容。江苏省苏政发〔2006〕53 号文件规定:"允许国有高新技术企业管理骨干实施期权等激励政策,对从事科技创新活动并为经济社会发展作出突出贡献的有关人员进行奖励。"这在一定程度上激励了江苏省企业家的成长,促进了江苏省企业创新战略决策能力的提高。但同发达国家相比,江苏省的企业家激励制度还存在很大差距,其内容尚需根据企业技术创新的实际要求不断进行完善。

3. 企业家约束制度

由于企业家与企业所有者之间是一种委托代理关系,企业家的素质和精神境界有高有低,企业制度有可能存在缺陷,企业家为了自身的目标有时会背离企业利益,从而导致企业收益下降,产生企业家道德风险。所以,为提高企业家创新的工作效率,必须建立企业家约束制度。

企业家的道德风险主要有以下几种:一是"绩效型"道德风险,是企业家为了捞取政治资本,不顾客观规律,不按客观规律办事,盲目上马、引进项目,给企业造成巨大的经济损失。二是"腐化型"风险,是企业家为了追求自身物质利益的享受,满足自己虚荣心效应而不惜牺牲企业利益的一种风险。三是"私欲型"风险,企业家为了满足自身不断增长的私欲,不惜以贪污、受贿、公款私用等方式来侵蚀企业的资产,从而使企业收益下降,资产流失,形成了相应的道德风险。① 以上这几种风险是企业家约束制度建立的根本原因。

建立企业家约束制度依靠现代企业治理结构的完善,同时通过完善企业家人力资本产权制度,保证企业家人力资本产权的正常实现,对企业家形成制度激励作用。区域企业家人力资本产权

---

① 刘新梅,孙卫:《论国有企业企业家道德风险》,《数量经济技术经济研究》,1999年第 4 期。

制度、企业家激励制度和企业家约束制度是一个紧密联系的整体，三者的目的和核心都是对企业家形成激励，充分发挥企业家的创新积极性，提升企业的创新战略决策能力。

4.3.1.3 企业家创新绩效评价制度

区域企业家创新绩效评价制度是同时与企业家选拔制度和企业家使用制度相联系的企业家制度，科学的企业家创新绩效评价制度可对企业家创新产生 Pareto 改进作用，而不科学的企业家创新绩效评价制度则会严重限制企业家创新积极性的发挥，使企业家制度形成一个恶性循环，严重影响区域企业创新战略决策能力的提高。

企业家创新绩效评价制度包括对企业家队伍创新绩效进行评价的制度和对企业家个人创新绩效进行评价的制度。区域企业家创新绩效评价制度是评价企业家创新工作结果和建立企业家制度的重要构成要件。在由企业家选拔制度、企业家使用制度、企业家创新绩效评价制度所组成的闭路循环中，虽然企业家创新绩效评价制度位于企业家制度链的最后环节，但直接制约着企业家制度链前两个环节及整个企业家制度链的质量。

建立区域企业家创新绩效评价制度，关键是建立一套科学的企业家创新绩效评价标准体系。长期以来，江苏省同中国其他区域一样，缺乏对企业家创新绩效进行评价的客观标准，把企业家等同于政府官员进行评价，致使企业家将升迁作为追求的目标，从而出现创新工作中的短期行为，这是企业技术创新中的大忌，严重限制了国有企业技术创新的发展。政府在企业家创新绩效评价标准方面负有重要责任，培训企业家创新绩效评价标准方面的人才，扶持企业家创新绩效评价中介机构，是区域政府急需抓紧的工作。没有科学的企业家创新绩效评价标准作保证，不能对企业家创新绩效作出科学的评价，选拔出的企业家质量再高，也会在循环使用中变质，会影响企业家选拔制度和企业家使用制度的良性发展。

企业虽然在制定企业家创新绩效评价制度方面也负有责任，但由于企业家是企业的高级管理人员，实际掌控着企业的大量资源,控制着企业的实际权力,靠企业制定企业家创新绩效评价制度,很难保证制定出的企业家创新绩效评价制度的公正性和统一性。因此,区域政府是企业家创新绩效评价制度创新的主体,对区域企业家创新绩效评价制度负有主要责任。关于企业家创新绩效评价制度,苏政发〔2007〕26号文件等虽然规定"企业经营管理人员的创新绩效由市场和出资人认可",但目前江苏省尚没有科学的可供操作的企业家创新绩效评价办法。虽然江苏省非公有制科技企业对企业家创新绩效有个别评价标准,但还没有形成统一的行业规定,这在一定程度上限制着江苏省企业创新战略决策能力的提高。

由企业家选拔制度、企业家使用制度和企业家创新绩效评价制度组成的企业家制度链是江苏省企业创新战略决策能力的实现在制度层上的保证,企业家制度创新的目的是实现企业家阶层数量的增加和质量的提高,最终实现企业创新战略决策能力的提升,促进整个区域创新能力的提升,促进区域经济的发展。在江苏省企业家制度链上,企业家选拔制度、企业家使用制度、企业家创新绩效评价制度等环节都存在不同程度的缺损现象,使江苏省企业家制度链不能形成一个良性闭路循环,江苏省的企业创新战略决策能力提升存在制度瓶颈。

4.3.2 研发 (R&D) 制度

R&D是为增加知识总量,以及运用这些知识去创造新的应用而进行的创造性工作,R&D是进行新产品创新或降低现有产品成本的过程创新。区域R&D是一个由投入经过生产,最后产出的过程(见图4.4)。R&D既是技术密集和资金密集型活动,又是高风险的活动,所以,要高效地配置R&D资源,需要建立一定的制度,才能保证R&D投入的最大化、生产过程的高效化和产出的最大化。区域R&D制度是一个从投入到产出的制度链,任何环节的短缺都可能导致整个区域R&D过程的失败。只有从整体着眼,进行R&D制度链建设,才能保证区域R&D活动实现Pareto改进。

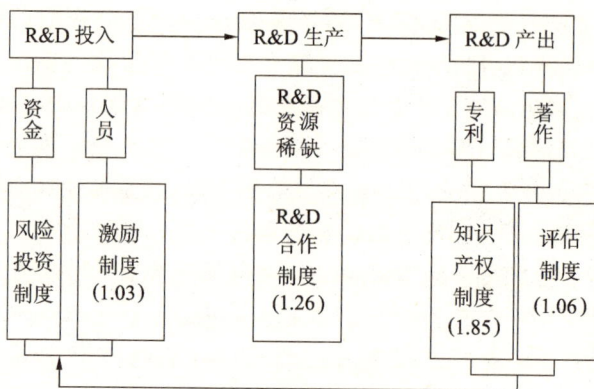

图 4.4　区域 R&D 制度链

4.3.2.1　R&D 投入制度

区域 R&D 是区域技术创新活动的关键环节,不但对技术创新过程产生重大影响,而且直接决定着技术创新的产出。通过制定、完善区域 R&D 制度规范区域 R&D 投入活动,是保证 R&D 制度链对区域技术创新活动的规范作用的重要前提。区域创新主体开展 R&D 活动必须投入必要的资金和人员,同时,也必须投入必要的 R&D 制度,主要包括风险投资制度和对 R&D 人员的激励制度等。

1. 风险投资制度

风险投资制度是区域 R&D 产出商业化的重要保证,是实现产学研一体化的重要途径,是科研和市场沟通的桥梁。其重要意义在于融资,一方面它是资本积累后寻求可增值的、可自由支配资金的途径,而寻求增值资本出路的强大压力正是市场经济国家科技成果产业化的重要动力;另一方面它起到极大的催化剂和孵化器作用,为技术转化提供了强有力的支持,成为技术转化的重要基础。[①] 美国的科技实力之所以长期独步全球,与其高效的风险投资制度供给密切相关。美国 1946 年成立美国研究开发公司 (America Research and Development Corporation, ARD),1954 年

---

① 朱仁显:《美国科技领先的制度供给》,《自然辩证法研究》,2003 年第 9 期。

又成立小企业投资公司（Small Business Investment Company，SBIC），使创业者可以通过 SBIC 获得资金提供，并且获得税收优惠，并在此基础上产生了委托代理关系，有利于降低代理成本和监督成本。①

江苏省一些区域技术创新能力缺乏，缺少技术创新资金，主要原因在于缺少风险投资方面的制度供给，风险投资缺少存在的制度基础。区域技术创新中的风险资金不但数额巨大，而且风险也很大。虽然风险资金有可能带来丰厚的利润，但这种丰厚利润的取得必须以风险投资家与风险企业家的合作为基础。在一定机会成本与信息对比条件下，风险投资家和风险企业家作出能使其利益或效用最大化的行为选择，只有他们选择了共同合作，风险投资才能得以进行；也只有他们稳定正常的合作，风险投资才能得以发展。然而作为直接利益人的风险投资家和风险企业家，只能从自身利益来衡量，合作不合作取决于各自理性选择的结果。但有限理性的最优决策往往不能得到最优结果，为此必须改进合作机制。改进风险投资制度是为了促进共同合作而做出的制度创新。

风险投资家与风险企业家之间的合作机制是通过合作机制的制度安排和非制度安排来实现的，风险投资合作机制的制度安排包括一系列涉及风险投资活动的法律、规则及合约等。通过风险投资家与风险企业家的长期博弈，风险投资家与风险企业家之间形成的制度安排能够有效降低风险投资活动的成本与费用。制度安排由于其外部性和"搭便车"（Free Riding）行为很难由个人提供，因而只有区域政府才能发挥积极的作用。

经过 30 多年的改革开放，江苏省已发布一系列鼓励 R&D 投资的制度。如苏政发〔2006〕53 号文件第 24 至 28 条对保险公司、证券公司、创业投资企业进行创业投资作了详细规定，还对江苏省风险投资基金的使用和风险准备金进行了详细规定。第 29 至 32

---

① Barry C B. New directions research on venture capital finance. Financial Management，1994，4.

条对区域政府、企业等创新主体如何进行科技投入进行了详细规定。上述法规对增加江苏省的创新投资起到了很大的促进作用。

2. R&D 人员激励制度

R&D 投入中的激励制度是指对 R&D 人员的制度激励。R&D 人员是区域拥有异质人力资本的人才,区域 R&D 投入中的人力资本激励制度实现的程度取决于 R&D 人员人力资本产权实现的程度。R&D 人员的人力资本产权包括 R&D 人员对自身人力资本的占有、使用、收益和处分的权利。其中 R&D 人员人力资本产权中的占有权表现为对 R&D 人员人力资本价值的补偿,是指在特定历史条件下获取劳动力生产和再生产所需的生产资料的权利——工资收入;R&D 人员的人力资本使用权表现为 R&D 人员在某一行业工作的自主择业权;R&D 人员的人力资本收益权表现为 R&D 人员不仅要求得到人力资本自身价值的补偿及工资收入,而且应该得到剩余价值部分的分配权——利润分配,R&D 人员的人力资本收益权是 R&D 人员人力资本产权的核心;R&D 人员的人力资本处分权表现为 R&D 人员是否自愿继续工作的自主支配权。

对 R&D 人员进行制度激励就是通过制度规范保证区域 R&D 人员的人力资本产权价值得到最大限度的实现。江苏省部分区域的 R&D 人员创新积极性不足,主要是 R&D 人员人力资本产权中的上述权利一项或几项缺失。R&D 人员要么工资收入不能补偿其生产和再生产的价值补偿,要么不能对企业剩余价值获得索取权。这是这些区域的 R&D 人员缺乏 R&D 工作积极性的根本原因。

区域创新主体对 R&D 人员进行激励,主要从上述 4 种人力资本产权入手,通过制度安排保证上述 4 种权力的有效实现。关于 R&D 人员人力资本占有权方面的激励制度,对于技术开发性科研机构和社会公益机构中有面向市场能力的部分都应转制为企业,在国家收入分配政策指导下,实行以岗位绩效工资为主、形式多样的收入分配制度;对关系国家长远利益的研究机构,建立稳定工资占高比例的岗位绩效收入分配制度,通过工资制度改革提高 R&D 人员工资与工作绩效的相关性。①

对于 R&D 人员人力资本产权方面的激励制度,重点是建立技术入股制度,这是对 R&D 人员的直接激励。将企业每经营年度的资本增值额折合成资本股份和技术股份,依据绩效评价标准考核 R&D 部门经理及成员,并根据企业经营情况和考核情况奖励他们一定的资本股份和技术股份。拥有资本股的成员成为公司股东,相应也就拥有参与选举、管理等权利,并遵循同股同利、转让等原则;而技术股不遵从同股同利、转让的原则,技术股只能由 R&D 人员拥有,当持股人离开企业后,该股份自动作废,其价值转化为企业的增值额。② 技术股的奖励既可以保证 R&D 人员人力资本收益权的有效实现,又可以防止区域创新主体知识产权的非法转移,降低了 R&D 风险。

关于 R&D 人员人力资本产权中的使用权和处分权制度,主要通过制度创新,实现对 R&D 人员人力资本使用权和处分权的改革,靠制度留住 R&D 人员,使 R&D 人员享有充分的自由权。R&D 工作的性质决定了 R&D 人员只有拥有对自身人力资本的使用权和处分权,才能保证 R&D 工作的高效进行。对 R&D 人员进行严格束缚不但不符合 R&D 工作的规律,降低 R&D 工作效率,也会对 R&D 人员形成一种制度驱逐,不利于 R&D 人员的持续工作。

江苏省苏政发〔2006〕53 号文件第 45 至 49 条对江苏省创新创业人才队伍建设中高层次创新创业人才专项资金的使用、吸引海内外优秀技术人才的措施等进行了详细规定,还规定"允许国有高新技术企业对技术骨干实施期权等激励政策,对从事科技创新活动并为经济社会发展作出突出贡献的有关人员进行奖励,每年奖

---

① 赵捷,孙晓芸:《我国科研机构收入分配制度改革的现状及存在的问题分析》,《中国软科学》,2006 年第 6 期。

② 孙利辉,朱伟民,万迪昉:《企业研发人员组织激励实施模式研究》,《系统工程》,2000 年第 5 期。

励数不超过 2 名,每名奖励 200 万元,其中 50 万元奖励个人,150 万元用于资助获奖者主持的科研创新活动,获奖者享受省级劳模待遇"。上述规定大大调动了江苏省 R&D 人员的工作积极性。

4.3.2.2 R&D 生产制度

早在 20 世纪 80 年代后期,就有人曾对 100 多位美国企业的 R&D 部门经理进行问卷调查,结果表明,合作研究的重要性从 1982 年的 2.5 上升到 1985 年的 3.7(5 表示最重要,1 表示最不重要)。[①] 事实上,现今几乎所有排名前 20 位的信息公司(包括美国、欧共体和日本)都签有几十乃至上百个各类合作协议,其中 R&D 合作协议占四分之一以上。所以,R&D 合作是 R&D 生产中的普遍现象。

R&D 合作归根到底是由企业自身拥有资源的稀缺性和技术环境的不确定性决定的。由于种种原因,企业拥有的创新优势只在某一些创新资源上具有优势,不可能在所有创新资源方面都具有优势。资源的稀缺性决定了企业创新优势的局部性,为弥补创新资源的不足,企业必须走 R&D 合作之路。20 世纪 80 年代以来,技术环境发生了剧烈变化,R&D 成本持续增长,许多高技术工业已超越于经济增长率的速度迅速上升;产品更新换代的周期越来越短,产品打入市场的时间选择日益成为创新成败的关键;技术汇合(technological convergence)的趋势更加明朗化;技术进步速度加快、技术系统的复杂性增加了。在这种情况下,R&D 合作就成为一种合理的选择。[②]

在 R&D 合作成为 R&D 成功的关键这种情况下,哪个区域的 R&D 合作制度切实可行,那个区域的技术创新便蓬勃发展。日本是 R&D 合作最为成功的国家,从 20 世纪 60 年代起,日本便通过工程研究协会(ERAS)积极资助 R&D 合作,到 80 年代,这已成为

---

① Link A N, Bauer L L. Cooperative research in US manufacturing: assessing policy initiatives and corporate Strategies. Lexington: Lexington Books, 1989:279.

② Mowery D C, Rosenberg N. Technology and the pursuit of economic growth. Cambridge University Press, 1989:153.

日本企业参与联合研究的主要制度机制。1989 年,在 ERAS 的预算中,政府资助竟高达 52.5%,而成员企业的会费仅为 32.3%。日本政府通过制度调控,促使那些持勉强态度的企业自愿将一部分人力、物力和财力投向合作 R&D。日本 R&D 合作的成功导致欧美国家对其制度机制的广泛模仿。

江苏省的技术创新能力同发达国家相比之所以还存在很大差距,虽然原因很多,但就 R&D 合作而言,缺乏官、产、学、研之间有效的 R&D 合作制度是主要原因之一。长期以来,江苏省绝大部分科技资源被配置在企业之外。政府虽然每年拨付大量的 R&D 经费,但均是分块拨付,在官、产、学、研 R&D 合作方面所花经费极其有限,这使江苏省的 R&D 合作同发达国家相比显得非常落后。江苏省的科技政策导向,应由直接对准企业、高校及科研机构,逐渐把重点转移到调整它们之间的关系上来,充分利用资金杠杆和制度杠杆,拓展各方面的决策视野,降低交易成本,抑制潜在的机会主义,从而激励其关系网络结构的形成和进化。

R&D 合作制度虽然对区域 R&D 成功至关重要,但 R&D 合作必须以自主 R&D 为基础。因为自主 R&D 不但能够完成内部开发项目,实施技术创新,而且可以扩展内部知识基础,增强区域的吸纳能力,以便有效识别、消化、吸收外部的科学技术知识。区域 R&D 生产应该是内部 R&D 与 R&D 合作的有效结合。

4.3.2.3　R&D 产出制度

区域 R&D 产出是 R&D 投入和 R&D 生产的结果,这种结果直接反馈于 R&D 投入和 R&D 生产,区域 R&D 能否形成良性循环,R&D 产出起着关键作用。区域 R&D 产出按照形式可分为发明、实用新型和外观设计,按照应用程度可分为专利和著作。对区域 R&D 产出进行规范的制度主要有知识产权制度和 R&D 产出评估制度。

1. *知识产权制度*

专利制度要解决的核心问题是技术发明的私有性和技术产品

商业化后的共有性之间的矛盾。① 以专利制度为核心的知识产权制度是科技制度中的动力机制,它主要解决的是科技活动中个人收益率与社会收益率的关系问题。②

Mansfield 等人发现 60％的专利在 4 年内被模仿,R&D 外部性导致市场失灵。R&D 溢出效应在一定程度上损害了竞争性企业进行 R&D 活动的积极性,导致 R&D 竞争蜕变成一种"等待博弈"(Waiting Game)——企业不思自主 R&D,为求"搭便车"(Free Riding),坐享其成。要激励企业从事 R&D,就必须建立专利制度,消除外部性,保证创新企业的利益。专利制度是区域政府通过法律手段对技术创新进行激励的一种制度安排,其实质是对从事技术创新的主体从产权的角度出发进行激励的制度。为贯彻知识产权制度,区域政府必须强化专利制度对知识产权的保护,严厉打击侵犯知识产权的行为。在技术发明的私有性与技术产品商业化后的共有性的矛盾之中,保护技术发明的私有性应放在首位,专利制度虽然可能引起短期的垄断,但 Tirole J. 认为,专利创造的垄断即使有严格的专利保护,也只是暂时的,因为新技术不断地被发明以取代老技术。③ 但如果没有技术创新,整个社会都享受不到技术创新带来的收益,其损失比技术外溢带来的损失要大得多。所以,对于专利制度,充分发挥其保护功能,以此激励技术创新是主要的。至于其外部性,是一个自发的过程,政府的职能是使其外部性内部化。

江苏省苏政发〔2006〕53 号 41 条至 44 条等文件对加强知识产权创造与保护有详细的规定,这为保护江苏省的知识产权提供了制度保证。

---

① Srinivasan R, Lilien R L, Rangaswamy A. Survival of high tech firms: the effects of diversity of product-market portfolios, patents, and trademarks. International Journal of Research in Marketing,2008,25(2).

② 朱仁显:《美国科技领先的制度供给》,《自然辩证法研究》,2003 年第 9 期。

③ Tirole J. The theory of industrial organization. London: Cambridge University Press, 1982:73-79.

2. R&D 产出评估制度

R&D 投入后,经过 R&D 生产,形成 R&D 产出,但 R&D 产出的质量究竟如何,需要经过评估才能做出决定。同时,R&D 过程中的 R&D 人员、R&D 机构、R&D 项目的质量如何,在同行中的地位如何,也需要进行评估。所以,有必要建立 R&D 评估制度,以便对 R&D 绩效及 R&D 过程中的相关人员、项目进行经常性的评估,使 R&D 机构及 R&D 人员对自己的工作在国内外同行中的地位有清楚的了解,从而促进 R&D 工作。

美国是 R&D 评估工作做得比较好的国家,美国有较为完善的 R&D 评估机构,参议院商务、科学和交通委员会,众议院科学、空间和技术委员会,环境资源委员会,国会预算局,国家审计总署(GAO),国会研究服务部(CRS)和国会技术评价办公室(OTA)都具有 R&D 评估职能。其中,OTA 是较为严格意义上的科技评估机构,其主要任务是就较深层次、较大范围及较高技术含量的问题给国会提供客观的评估报告。另外,美国管理科学开发研究公司(MSD)和世界技术评估中心(WTEC)也可以为美国政府机构或企业提供信息咨询、技术比较与评价、科技项目的立项等方面的服务和指导。美国通过经常性的 R&D 评估,密切关注美国在各具体领域的科技成就在世界上的地位,并提出相应的政策措施。

R&D 评估制度可以对 R&D 投入和 R&D 生产进行及时的反馈,对 R&D 投入的结果和 R&D 生产过程做出客观的评价。一个国家或地区的 R&D 工作能否形成良性循环,与 R&D 评估标准的科学性有很大的关系。如果一个区域的 R&D 评估标准是科学的,则会对以后的 R&D 工作起到促进作用;如果一个区域的 R&D 评估标准不科学,则会对 R&D 投入和 R&D 生产做出错误的评价,势必使评价结果失去公正性,从而阻碍以后 R&D 工作的顺利进行。

目前江苏省在 R&D 评估制度方面重视对 R&D 人员的评价,轻视对 R&D 机构负责人的评价,尤其对 R&D 机构负责人的评价缺乏有效的定量标准;在 R&D 人员的评估指标中,过分强调获得课题经费额及上缴研究机构经费数量,对 R&D 质量重视不够;绩效评价周期短,R&D 人员压力大。江苏省技术创新能力要进一步提升,逐步完善 R&D 评价制度是必须采取的主要措施之一。

一个制度安排的效率极大地依赖于其他有关制度的存在。[①]制度并非是孤立存在,而是一种集合性存在,互相协同发生作用。江苏省的 R&D 投入制度、R&D 生产制度和 R&D 评估制度是一个有机的整体,只有 3 个环节的制度创新都能促进 R&D 工作,江苏省的 R&D 制度链才能对 R&D 工作起到总体效果,才能使江苏省的 R&D 工作形成一个良性循环。

4.4 区域创新主体支撑层制度

区域创新能力是区域竞争力的重要源泉,区域创新能力是在区域创新主体支撑层支撑下产生的。区域创新主体支撑层对核心层的支撑是在一定技术创新制度作用下的结果,研究区域创新主体支撑层制度可以揭示区域创新主体支撑层对核心层产生支撑作用的制度根源。

4.4.1 创新融资制度

随着经济全球化和创新全球化程度的不断提高,国内外关于创新企业创新资金的研究越来越多,其研究内容主要有以下几方面:一是从金融体制方面研究创新资金不足的原因;二是从创新企业自身缺点方面研究创新资金不足的原因;三是从技术创新的特点出发研究创新资金不足的原因等。上述研究从不同侧面揭示了创新企业在技术创新过程中创新资金不足的原因,并提出了解决办法,有力促进了区域创新融资的研究,但很少从金融制度角度研究创新企业创新资金不足的原因,并提出具体解决办法。本研究从金融制度角度具体分析创新企业创新资金不足的原因,并提出具体解决办法,以揭示区域金融制度对区域创新融资的促进作用

---

① 林毅夫:《关于制度变迁的经济学理论:诱致性制度变迁与强制性制度变迁》,上海三联书店,1991 年,第 256 页。

和对区域创新能力进行制度支撑的路径。

解决创新企业与创新投资者之间融资缺口的金融制度有很多,但就创新投资者与创新企业的所有权关系而言,可分为股权融资制度和债务融资制度。

4.4.1.1 股权融资制度

1. 股权融资制度的意义

交易成本理论认为,易于举债融资的项目是一些物质资产的专用程度低或中等的项目。随着资产专用程度的提高,债券持有者对投资的优先购买权只能给予有限的保护——因为该资产所具有的可重新配置性有限。这样,不但债务融资成本增加了,而且金融监管的好处也增加了。在资产专用性很大的地方,股权融资成了备受青睐的融资工具。在创新企业中,R&D 投资所产生的知识资产是物性的,部分表现为人力资本,资产的专用性非常高,这就使其难以像一般企业一样运用财务杠杆(见表 4.7)。

表 4.7　融资工具的治理结构差别

治理特征	融资工具	
	债务	股权
契约约束	很多	没有
安全性	优先偿还权	剩余索取权
干预	没有	广泛性

资料来源:谈毅,冯宗宪:《企业创新的金融支持》,《科学学研究》,2002 年第 5 期。

资本与高度发达的金融信用制度是企业家实现创新的必要条件。在股权融资中,基于风险投资特有的契约结构,风险投资家可以有效地对创新企业进行筛选,可以对创新企业家进行有效的约束。所以,股权融资制度还是一项甄别企业家精神的社会制度。股权融资与企业技术创新的特点决定了股权融资更适合于创新企业的融资。美国的高科技产业能够迅速发展,除了技术创新之外,股权融资中的风险融资制度起了重要作用。

国外经验表明,R&D 资金、科技成果转化资金与工业化大生产资金比例只有达到 1∶10∶100 才能使科技成果较好地转化为商品,形成产业,而我国三者的比例为 1∶0.5∶100。我国企业在科技成果商品化、产业化阶段,科技成果转化资金严重不足,资金供求比例高达 1∶20。据中国人民银行统计,截至 2002 年 5 月底,我国含外资机构的全部金融机构各项存款余额为 15.33 万亿元,城乡居民储蓄存款余额为 8.04 万亿元,可见我国的资金相对宽松。[1] 这表明,我国创新企业资金短缺是一种体制现象,短缺的不是债务资金,而是资本性资金。因此,研究股权融资对弥补创新企业的融资缺口和提升区域创新能力具有重要意义。

2. 股权融资存在金融缺口的制度原因

股权融资虽然是适合创新企业特点的融资方式,但实践证明,股权融资在创新企业(尤其是中小企业)融资中的作用并不像人们预想的那样大(见表 4.8)。表面上是由于技术创新的不确定性和风险性,实质上是缺乏有效的股权融资制度。

表 4.8　美国中小企业融资来源

融资类型		融资比例(%)	融资金额($ B)
股权融资	自有资金	31.33	524.30
	天使投资	3.59	60.00
	风险投资	1.85	31.00
	其他来源	12.86	215.20
	合　　计	49.63	830.60
债务融资	金融机构 商业银行	18.75	313.80
	金融机构 金融公司	4.91	82.10
	金融机构 其他机构	3.00	50.10

---

① 马良华,阮鑫光:《中小企业技术创新资金缺口及其经济学解析》,《科研管理》,2004 年第 3 期。

融资类型			融资比例(%)	融资金额($ B)
债务融资	非金融机构	商业信贷	15.78	264.10
		其他公司	1.74	29.20
		政府机构	0.49	8.10
	个人	自由资金	4.10	68.50
		信用卡	0.14	2.40
		其他个人	1.47	24.50
合　计			50.37	842.90

资料来源:美国中小企业局。

高风险是创新企业的主要特征。股票市场风险也很大,但为什么中国会有 6 000 万股票投资者参与其中？根本原因在于股票市场有规范的市场制度。尽管投资股票与投资技术创新有本质上的区别,但两者的投资理念、资金来源有很多相似之处。股市刚开始时,市场不规范,其情形与现今的创新资本融资情况基本一样。

股票市场经过多年经营,已具备相对规范的制度。但中国股票市场严格的准入条件使江苏省许多中小型企业无法达到,无法通过股票市场融入股权资本。民营经济虽然是中国活力较强的创新经济,但统计表明,在中国 1 200 家上市公司中,民营企业占的比例还不到 2%,且部分还不是通过正常途径上市,而是以高昂的代价购买一家上市公司的部分或全部股权而曲线上市的。[①] 股权资本市场缺乏应有的技术创新融资制度,规范的股票市场又限制着创新企业的进入,所以,江苏省的创新企业很难通过股市进行股权资本融资。

美国创新企业融资中风险资本所占比重较高,除区域文化对风险投资者的影响外,股票市场相对较低的准入条件,也使许多创

---

① 吴宏洛:《体制转轨中的融资偏好与约束:民营经济发展的难题》,《科学学与科学技术管理》,2004 年第 5 期。

新企业可以很容易地进入股票市场,实现股权资本融资。由此可见,股权交易市场及股权交易制度是创新企业能否进行股权资本融资的重要条件。

3. 委托—代理人缺乏互通信息制度的原因

第一,资本流通制度不完善。趋利性是资本的本质属性。受利益驱使,资本从利润低的行业、企业流向利润高的行业、企业,同时,不断从利润低的行业、企业退出,这是资本流通的自然规律。创新行业是高收益行业,按照资本流通的自然规律,资本应该大量流向创新行业。许多创新企业创新资金紧缺,这是由于资本流通受阻或扭曲的结果,根本原因是由于资本流向创新行业缺乏制度保证,资本所有者与创新企业之间存在严重的信息不对称,从而造成某些行业和部门资本相对过剩,而创新企业存在融资缺口。世界风险资本高度集中在高科技与服务业发达的地区,如英国风险资本集中于伦敦和东南地区,加拿大集中在渥太华地区,韩国集中在首尔及其周围地区,主要原因在于这些地区丰厚的利润和完善的资本流入制度吸引了资本向这里流动。

第二,资本持有者的所有制偏好。由于资本持有者与创新企业之间存在严重的信息屏蔽,致使资本持有者无法通过创新资本市场的制度安排实现对创新企业的充分了解,只能通过表面现象对创新企业的投资风险做出判断,其中所有制偏好就是一个主要方面。由于历史原因,我国公有制企业存在规模和信用优势,而民营企业则由于起步较晚,缺乏完善的信用管理制度,致使其在信用方面与国有企业相比,处于明显的劣势,资本持有者的所有制偏好严重限制着中小企业,尤其是民营企业创新资本的融入。

4.4.1.2 债务融资制度

1. 债务融资制度的意义

创新企业除进行股权资本融资解决融资缺口问题以外,还通过债务融资解决融资缺口问题。在创新企业进行债务融资过程中,金融企业与创新企业存在融资缺口的原因主要有三方面:一是金融机构方面的原因;二是创新企业方面的原因;三是金融中介机构方面的原因。

在江苏省创新企业融资结构中,债务融资是主要的融资方式,债务融资在创新企业融资结构中所占的比例甚至超过股权融资。然而,就江苏省的存款总量与贷款总量来说,尤其是同创新企业相比,一方面,创新企业存在严重的债务融资缺口;另一方面,金融机构却存在很大的贷款空间。虽然表面上看是由于创新风险过大造成的,其实债务融资制度是主要原因。

2. 债务融资存在缺口的制度原因

关于创新企业与金融机构之间存在融资缺口的原因,中外学者曾从金融机构、创新企业及金融中介机构方面进行过许多分析。在金融机构方面,陈晓红、黎璞认为,中国金融企业的国家垄断和严格控制行为,造成金融行业内部分工不发达,交易频率低下,无法满足创新企业灵活多样的融资需求,分工不发达造成竞争程度不高,在交易过程中拓展潜在合作关系的费用要高于维系现有关系的费用,尤其是中小企业为获得融资需花高成本去维持与现有金融机构的关系,增加了融资成本。① 吴宏洛认为,中国的金融体制具有严重的所有制偏好,大部分金融资源沉淀在低效的国有经济领域;另一方面,由于制度供给的约束,中小融资机构以及民间资金市场不能提供有效的资金支持,民营经济的发展因融资渠道的狭窄和阻滞而陷入困境。在创新企业方面,谈毅、冯宗宪认为,银行制度无法顾及那些有企业家精神但没有财富的企业家,具有很强不对称信息的创新型企业是无法指望银行制度的。马良华、阮鑫光认为,中小企业面临的诸多不确定性,市场方面的不确定性、技术收益方面的不确定性以及制度环境方面的不确定性决定了技术创新风险的存在,中小企业规模小、竞争力弱、管理水平较低等弱点限制了金融机构对其借款。孙永波认为,中小企业信用担保体系在结构、经营、功能方面存在的制度性缺陷严重限制了金

---

① 陈晓红,黎璞:《分工演化与关系型融资:中小企业融资问题的新理论解释》,《管理评论》,2003 年第 5 期。

融机构对其创新业务的借款。[①] 在信用中介机构建设方面,刘峰套通过对132家样本中小企业的实证分析,揭示出中小企业融资困境与宏观融资环境、企业内在特征两个方面的具体成因,认为在资金供给和中小企业之间插入孵化器,是在微观层面对治理中小企业融资困境的有效制度安排,既能够共享融资服务,把分散变成集约,实现资源的优化配置,使中小企业触角延伸、内在缺陷弥补;又可以实现有效控制,降低资金供给者的风险,进而提出应该深化发展孵化器,服务定位于企业内在特征,把孵化器发展为职能中介产业。

上述学者从金融机构、创新企业和金融中介机构三个方面揭示了中国创新企业债务融资缺乏的原因,具有一定的理论和现实意义。其实上述学者关于创新企业缺乏债务融资的原因的分析,都可以归结为制度原因,即创新企业与金融机构之间存在债务融资流动障碍的制度原因及解决办法。创新企业与金融机构之间关于创新的信息不对称,缺乏创新信息互通的制度保证,是创新企业与金融机构之间存在融资障碍的重要原因。解决江苏省创新企业的债务融资短缺问题,既要从制度层找原因,也要从制度层想办法。

股权融资和债务融资是区域创新企业最主要的两种融资方式,支撑这两种融资方式的关键是区域股权融资制度和债务融资制度。江苏省的股权融资制度和债务融资制度不仅影响创新企业创新资本的来源,也影响江苏省创新能力的提高。建立、完善股权融资制度和债务融资制度是解决江苏省创新企业融资缺口的根本措施。

4.4.2 技术创新公共服务制度

由于制度安排的外部性和"搭便车"行为,区域政府是区域技术创新公共服务制度的主要供给者。

---

① 孙永波:《中小企业信用担保体系的制度性缺陷及其制度创新》,《管理世界》,2005年第11期。

4.4.2.1 区域政府供给技术创新制度的方式

区域政府供给技术创新制度有三种主要方式：一是以"第一行动集团"的身份，在自己的职权范围内主动进行技术制度创新，如进行"增量改革"、引入市场机制配置资源、代行市场部分职能等；二是以代理者的身份，在中央政府的制度准入条件下进行制度创新试验，如创办经济特区、经济技术开放区和进行各种体制改革试验等；三是以"第二行动集团"的身份，对微观制度主体的制度创新活动予以鼓励和扶持，使制度创新得以实现，如对私营企业的扶持和保护等。

这三种供给技术创新制度的方式在世界发达国家都有成功的案例。第二次世界大战以后，日本通过实施"技术立国"，逐渐成为世界经济强国。日本的技术创新机制虽然以市场调节为基础，但政府干预的程度比其他发达国家要大。政府对重点产业进行重点干涉，注重大学和工业领域内的基础研究，推动工业企业和大学更紧密的合作，重组国家研究机构和国立大学，彻底改组科学技术组织机构，减少大学科研人员的束缚。日本在第二次世界大战后能够迅速成为世界科技强国和经济强国，与日本政府对技术创新的强干预分不开。而美国政府对技术创新制度的供给则以间接干预为主，主要以市场配置创新资源，为市场主体提供创新的法律、政策环境，资助基础科学，促进市场创新主体之间的合作，引领技术创新方向等。欧盟供给技术创新制度的方式也是以市场为主，主要是通过加强合作化的方式推进技术创新。这些计划的措施包括：提高研究人员的流动性；最大限度地使用欧盟各国研究资源；改进评价国家创新体系绩效和创新能力的方法；建设一个简单、成本较低的欧洲专利系统；建设横贯欧盟各国的数据交流网络以连接各国研究机构、大学和教育系统。

日本政府对技术创新进行强干预，有其特殊的历史背景。第二次世界大战以前，日本政府出于备战原因，对技术创新进行了大量投入，有力刺激了技术创新的发展。二战结束后，日本成为战败国，技术创新遭受暂时的挫伤，但其高素质的 R&D 人员和良好的技术创新设施依然存在,日本技术创新主体的核心层和支撑层都很完善,即日本技术创新体系已经很完备。因此,日本二战后在技术创新中能够尽快通过政策规范使技术创新恢复原状,并适应新的经济需求。在这种历史条件下,只有政府的强制性制度供给才能起到作用。

美国技术创新起步较早,又是第二次世界大战的战胜国,其技术创新制度已非常成熟,不但知识产权制度完善,企业产权清晰,技术创新机制也很成熟。所以,美国政府认为,政府的作用是创造一个积极的环境,在此环境下创新和财富创造由私人或企业完成,而非是由政府繁荣发展的。即美国对技术创新的干预主要靠市场去调节,政府对技术创新制度的供给主要是改造创新环境。

欧盟是一个经济联合体,其主要职能在于经济的合作。因此,欧盟在技术创新制度供给方面的主要职能也是进行技术合作。当然,技术合作职能在其他任何国家和地区都存在,但欧盟在技术创新制度供给中的合作作用相对较为突出。

通过发达国家对技术创新的制度供给可以看出,区域政府对技术创新制度进行供给必须结合本区域技术发展的具体阶段,区域技术在不同的历史阶段,要求不同的制度与其相匹配,即区域政府在技术创新的不同阶段,进行技术创新制度供给的重点不同。经济发展中的长波现象就是通过技术经济范式与社会制度框架的匹配与失配得到解释的。技术经济范式是经济发展的导向机制,它规定了经济发展的方向和模式;社会制度框架为这种技术经济范式和它规定的经济发展模式提供了合适的制度环境(见图4.5)。① 只有结合本区域技术创新的具体阶段配置相应的制度,才能实现制度对技术创新的促进作用。

---

① 王建安:《技术创新与制度创新的匹配机制研究——一个理论框架和两个案例分析》,《科研管理》,2001 年第 3 期。

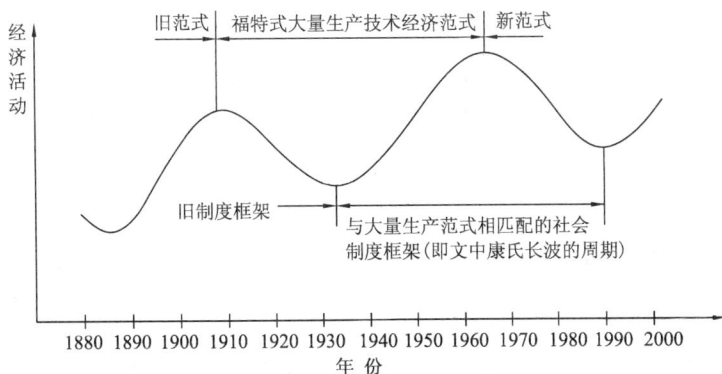

资料来源：王建安：《技术创新与制度创新的匹配机制研究——一个理论框架和两个案例分析》,《科研管理》,2001年第3期。

图4.5 技术经济范式与社会制度框架的匹配与失配

4.4.2.2 江苏区域政府供给技术创新制度存在的障碍

区域政府供给的技术创新制度虽然能够有力促进区域创新能力的提高,但江苏省部分区域政府并没有对本区域技术创新进行有效的制度供给,造成这种障碍的主要原因在于区域政府在供给技术创新制度中定位不准和由于信息不对称而造成的技术创新制度供求脱节。

1. 产权制度供给障碍

同中国其他区域一样,江苏省的技术创新模式脱胎于计划经济,各级政府在计划经济的技术创新中直接参与技术创新活动。随着江苏区域经济由计划经济向市场经济的过渡,区域政府在技术创新中的主要职能逐渐由参与变为服务,但许多区域政府并未将自己的职能定位为企业产权制度供给、知识产权制度供给、经济体制供给等其他创新主体所不能完成的职能(见图4.6)。许多区域政府虽然成立了创新中心,代表区域政府行使技术创新制度供给的职能,但创新中心是区域政府的一个职能部门,有些创新中心的主任由政府官员兼任,在运作过程中缺乏足够的自主性,不少事情的决定权在政府主要官员手中,这严重限制了创新中心职能的发挥。

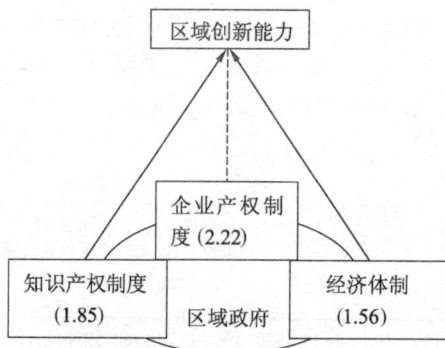

图 4.6　区域政府的技术创新制度供给与区域创新能力

区域政府的地位决定了它在区域技术创新中的主要作用是发挥其他创新主体无法完成的作用,但江苏省有些区域政府越俎代庖,超出了政府在区域技术创新中的作用,侵犯了区域企业、科研机构和大学等技术创新主体的创新权利,影响到它们技术创新的积极性,而真正应该区域政府去做的工作反而没有做好。

产权制度供给是区域政府技术创新制度供给的核心内容之一,但江苏省许多区域技术创新过程中的产权制度供给至今仍存在短缺现象。不但企业产权制度缺乏,国有企业产权不清晰,而且许多区域对知识产权保护不力,在技术创新中存在严重侵权现象,严重影响到企业技术创新积极性的发挥。区域政府作为区域创新系统中的技术创新主体,其主要作用在于对产权制度的供给。区域产权制度公共资源的属性决定了只有区域政府才能成为区域产权制度的供给者。技术创新的不确定性和风险性表明,只有企业所有权明确,且责权清晰,企业所有者才会投资这项高风险高收益的事业。知识产权的外溢性表明,只有有效保护知识产权,才能有效保护创新者的利益,才会有更多的人员投资于技术创新。许多区域政府在企业产权制度和知识产权制度供给中出现短缺现象,这是现今江苏省许多区域技术创新能力低、技术创新动力不强的根本原因之一。

美国从 20 世纪 80 年代以来成功地实施了知识产权战略,使美国扩大了技术创新和经济竞争优势,同时促进了 TRIPS 协议的达

成,使全球知识产权进入强保护时代。2002 年 7 月,日本制定了
《日本知识产权战略大纲》,系统阐述了日本知识产权战略的思路
和行动措施。韩国、墨西哥等发展中国家为加快本国知识产权的
创造和利用,也开始制定和实施积极的知识产权战略。[①] 实践证
明,凡技术创新能力强的国家和区域,都是有着完善知识产权制度
并能切实执行的国家和区域。

2. 经济体制供给障碍

经济体制是一个国家组织、管理国民经济的方式和制度。它
的基本内容也包括两个方面:一是所有制结构,二是经济管理体
制,前者决定后者的性质和采取的形式。江苏省现阶段的经济管
理体制可具体分为:国民经济计划管理体制、商品流通管理体制、
物价管理体制、财政金融管理体制、物资管理体制、劳动工资管理
体制、基本建设管理体制等。[②]

江苏区域政府很早就意识到传统计划经济体制对创新经济发
展所起的制约作用。改革开放 30 多年来,江苏区域政府在大力发
展外向型经济,积极采取措施鼓励外商投资企业、港澳台商投资企
业发展的同时,还不断采取措施提高私营经济在工业总产值中所
占的比重。[③] 江苏省"十一五"规划纲要规定:"鼓励和引导民营企
业制度创新和机制创新,转换企业内部经营管理机制,加快建立现
代企业制度,提高企业家素质。增强自主创新和技术创新能力,提
高民营经济竞争力。到 2010 年,民营经济创造的增加值占国民经
济的比重提高到 40%左右。"但 2006 年,江苏省私营企业产值占工
业总产值的比重只达到 23.56%,低于外商投资企业和港澳台商投
资企业产值占工业总产值的比重(外商投资企业和港澳台商投资

① Yo Takagi, Sinjela M. Harnessing the power of intellectual property——strategy and programs of the WIPO worldwide academy. World Patent Information,2007,29(2).

② 安莉:《世界不同体制国家政府质量研究——兼论中国政府质量优化问题》,吉林大学博士论文,2004 年。

③ 张卫,岳少华:《多元视角下的社会阶层和谐关系研究——以江苏省为例》,《江海学刊》,2008 年第 6 期。

企业产值占工业总产值的比重为 33.31%),民营经济创造的增加值占国民经济的比重也远低于"十一五"规划提出的 40%。主要原因在于江苏区域政府对提高民营经济创新能力的经济体制供给不足。

区域企业产权制度、知识产权制度和经济体制组成一个铁三角,是区域政府提升区域创新能力、进行制度创新的基石。这三项制度能否有效供给,直接决定着区域创新能力提升的程度。区域政府在区域创新中所发挥的主体作用,首先应从这三项制度做起。

4.4.2.3　区域技术创新公共服务制度供求脱节的影响

产生区域产权制度、创新合作制度、创新激励制度供给障碍的根本原因在于区域政府与其他创新主体之间的创新信息不对称。区域政府没有充分发挥信息服务的职能,技术中介组织服务制度又不完善,致使区域技术创新制度在供给过程中出现供求脱节现象。

区域政府对企业产权制度供给短缺,会导致企业所有权不清。像江苏省有些国有企业的所有权虚位就是由于企业产权制度供给短缺所致,企业产权制度供给不足,致使没有人对企业的技术创新负责,既没有创新投资者,也没有创新风险承担者,这必然造成企业技术创新投资者的缺少和创新风险承担者的缺乏。

区域政府的知识产权制度供给短缺,会导致创新者的知识产权缺乏有效的保护。一方面,假冒伪劣商品风行;另一方面,已有技术创新者的积极性受到严重挫伤,成本收益的不对称使创新主体不愿再进行技术创新,从而使整个区域的技术创新缺乏后劲。

区域鼓励私营企业技术创新的经济体制供给不足,会限制私营企业创新能力的提高,影响区域创新能力和竞争能力的提高。2007 年,江苏省国有企业、集体企业、私营企业的全员劳动生产率分别为 358 122 元/人、178 041 元/人和 117 953 元/人,私营企业明显处于劣势;江苏省国有企业与集体企业、私营企业新产品产值所占的比重分别为 11.11%、10.54%,私营企业也处于劣势。与之相对应,在江苏省私营企业的产值增长中,知识、技术等要素对产值的贡献率只有 40% 左右,且 1998 年以来,这一数值还呈现出下降趋势。因此,江苏省的私营企业创新能力不高,在很大程度上制约了全省经济增长方式由粗放型向集约型的转变过程,影响了全省创新能力的提高。

所以,江苏区域政府只有不断加强信息化建设,强化区域政府进行技术创新服务的核心职能,积极推进政府信息公开,大力发展电子化政府,并加强相关制度建设,才能克服技术创新制度供求过程中的脱节现象。

4.4.3 科研与教育制度

区域科研教育机构承担着向区域创新企业输送知识、技术和人才的职能,在区域创新能力提升过程中起着重要的支撑作用。区域科研教育制度直接影响到区域科研教育机构向区域创新企业输送的知识、技术和人才的数量和质量,所以,研究科研教育机构对区域创新企业的支撑,研究区域创新能力形成机理,必须研究区域科研教育制度。

区域科研教育制度在形成区域创新能力过程中,经过从技术人员和科研条件的投入,到分项目进行 R&D,最终形成科研成果。这既是区域科研教育机构生产的过程,也是区域科研教育制度形成区域创新能力的过程(见图 4.7)。研究区域科研教育制度对区域创新能力的支撑,首先应从这一流程开始。

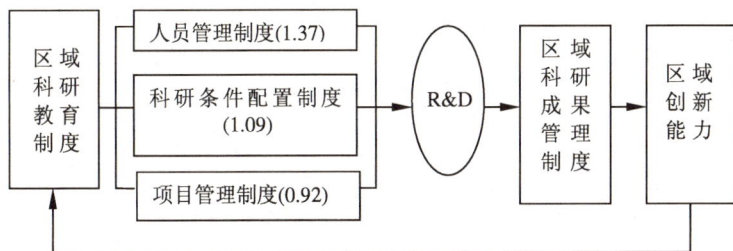

图 4.7 区域科研教育制度与区域创新能力关系图

4.4.3.1 科技人员管理制度

区域科研教育机构是区域技术人才最集中的地方,人力资本是科研教育机构最核心的资源。通过制度安排,实现科研教育人员对自身人力资本的占有、使用、收益、处分权,即享有人力资本产权,是区域科研教育制度安排的主要目标,也是科研教育机构对区域创新企业输送知识、技术、人才的根本制度保证。

中国的科研教育机构是中国"公有制改革的最后堡垒"。据调查,目前中国科研教育机构的人事管理处于传统型的人事管理阶段,现代人力资源管理平台尚未真正确立。人事管理以"事"为主,对"事"不对人,人事管理方式以粗放式管理为主,随机性、突击性工作较多,规范化和系统化明显不足;人事制度建设方面,规章制度多、执行少,定性多、定量少,对"事"的多、对"人"的少;视职工为经济人,重物质激励,轻精神激励。种种迹象表明,许多科研教育人员还没有实现对自身人力资本产权的控制。

为实现科研教育人员对其人力资本产权的控制,多年来,国内外理论界和实践界提出了许多办法。就制度层面而言,陈钊主张在高校实行终身教职制度,认为终身教职制度是在信息非对称条件下鼓励重大创新的一种合同安排,能够替委托人节约信息租金,因而在一定条件下是一种更有效率优势的制度安排。Carmicheal揭示了教授终身制的激励机理。[①] Holmstrom 和 Milgrom 从多任务代理理论角度分析高校教师的报酬制度的效率问题。[②] Comez-Mejia 和 Balkin 等从实证上寻找高校教师薪酬制度的决定因素。[③]但这些研究和实证可概括为两类:一类是关于科研教育人员人力资本产权保障制度的研究;另一类是关于科研教育人员人力资本激励制度的研究。

科研教育人员的人力资本保障制度实际上是对科研教育人员

---

① Lorne C H. Incentives in academics: why is there tenure? Journal of Political Economy,1988(96).

② Holmstrom B, Milgrom P. Multi task principal agent analysis: incentive contracts,asset ownership , and job design. Journal and Theoretical Economics , 1991 (147).

③ Comez-Mejia L R, Balkin D B. Determinants of faculty pay: an agency theory perspective. Academy of Management Journal,1992(35).

的人力资本占有权进行保障的制度。长期以来,由于体制原因,许多科研教育机构并没有承认科研教育人员对其人力资本占有权的控制,致使科研教育人员的工资收入不但无法维持其自身的扩大再生产,甚至连基本的生存都难以维持,造成科研教育落后。目前,江苏省已承认科研教育人员对其人力资本的使用权,科研院所及高校的科研人员与其所在的单位不是单纯的领导和被领导的关系,而更多的是合作和依存的关系。组织及其成员的关系更多的需要新的规则来确定,即劳动契约与心理契约。一方面以合同方式明确职工与其所在单位的权利义务关系;另一方面科研人员所在的单位应与其建立共同的愿景,在此基础上实现共赢的管理目的。所以,对科研教育人员人力资本使用权的承认,是科研院所和高校为其科研人员提供保障制度的基础,科研院所和高校科研人员的所有薪酬制度的制定,都必须围绕这个原则。

科研机构和高校的科研工作人员,除享有对其人力资本的使用权外,还对自身人力资本享有收益权,即对其所在单位享有剩余索取权。能够实现科研人员人力资本收益权的制度才能对科研人员起到激励作用。薪酬制度对科研人员是一把"双刃剑",使用得当,可以在实现科研目标的同时,又能对科研人员产生有效的激励;使用不当,有可能给科研管理工作带来负面影响,甚至危机。科研机构和高校使用这把"双刃剑"的根本原则就在于能否实现科研人员对其所在单位剩余索取权的享有。在实际工作中,许多科研机构和高校对科研工作人员的薪酬制度进行了改革,但有些改革至今不能对科研人员的技术创新工作产生激励作用,根本原因在于科研人员至今尚未享有对自身人力资本的收益权。所以,科研机构和高校制定科研人员激励制度,应以是否能实现科研人员对其人力资本收益权的控制为标准。

科研院所的人员管理制度影响到它们的科研产出,高校的人员管理制度既影响到高校的科研产出,还影响到高校的人才产出。区域科研机构通过向区域创新企业输送知识、技术和人才参与区域技术创新。所以,区域科研人员管理制度决定的两种产出直接决定区域创新主体支撑层向核心层输送的知识、技术和人才的数量和质量,影响和制约区域创新企业乃至整个区域创新能力的提高。

4.4.3.2 科研项目管理制度

科研项目是指为探索自然界事物变化的规律,组织一定的人力、物力、财力进行一次性的探索活动,与一般的项目相比,更突出其创造性或创新性。① 项目是科研单位和高校科研人员进行科学研究的基本组织形式,科研机构和高校的项目管理制度直接影响科研产出的数量和质量。

组织理论认为,任何组织的规模都有一个限度,超过这个限度,组织的交易成本将会上升。为解决这个矛盾,科研机构和高校实行了项目负责制,即以项目为单位进行技术创新。虽然以项目为单位进行科学研究,但在具体研究过程中离不开职能部门的配合。职能部门之间的冲突是组织内部矛盾的一个主要来源,同时也是组织运行过程中发生延误和滞塞的重要原因。② 所以,将有关职能部门的人员纳入项目组,是制定项目管理制度的一个重要原则。

对于比较大的项目,需要各个环节同时进行,如何处理各环节之间的关系是制定项目管理制度的关键。为此,有必要在项目管理中引入模块创新的方法,即将科研项目的各个环节设计为相互分离的模块,各个环节既能同时进行研究工作,又能大大降低因个别环节创新失败而造成的损失。

4.4.3.3 科研条件配置制度

科研条件配置制度主要是围绕科研条件,实施从条件的获取到更新完善的全过程管理制度。这其实属于科研机构和高校内部

---

① Van Der Merwe A P. Project management and business development: integrating strategy, structure, processes and projects. International Journal of Project Management, 2002,20(5).

② Jassawalla A,Sashittal H. Building collaborative cross-functional new product teams. Acdemy of Management,1999,13(3).

管理的内容,既包括公共技术服务,又包括仪器设备的配置、科技信息的输入与输出等。

4.4.3.4 科研成果管理制度

科研成果是科研机构和高校的主要产出,区域科研成果管理制度的好坏直接对科研投入和 R&D 生产过程起着反馈作用。如果区域的科研成果管理制度合理,将会对科研投入和 R&D 生产起到积极的促进作用;如果科研成果管理制度不合理,将会限制创新资源的投入,降低 R&D 人员的工作积极性。

1. 传统科研成果管理制度存在的问题及影响

科研成果从申报到评审是一个完整的过程,其中任何一个环节出现问题,都会影响到科研成果,甚至影响到科研投入和 R&D 生产。长期以来,江苏省科研成果管理中"重过程轻目标",这种管理体制造成了轻视产出的导向,导致研究者把主要精力放在课题和经费的申请上,使研究者花在跑课题等环节上的人力、物力、财力甚至大于对研究的投入。表面上引入了竞争机制,实际上却是最激烈的竞争发生在课题的申请上,而不是发生在课题的研究和成果上。科技活动中"拉关系成风,请客送礼成风,不惜重金送评审费成风"[1],正是江苏省"重过程轻目标"的科研成果管理体制影响下的结果。

科研成果管理体制的弊端已严重影响到科技经费的使用,大量的科研经费不是用在科研上,而是用在跑项目的过程中。没有足够的投入,科研成果的质量当然很难保证。

江苏省科研管理中存在的问题的根本原因在于科研管理制度供给的短缺,或监督制度不严,甚至有很深的文化层因素。但从国外科研成果评审经验看,评审主体的单一是产生评审不公的一个主要原因。

---

① 何作庥:《成果评审中的不良风气》,《维护科学尊严》,湖南教育出版社,1996年。

2. 完善江苏省科研成果管理制度的措施

由于具体情况不同,各国对科研机构的管理都有自己的方式(见表4.9),实践证明,采取多元参与的目标管理制度是比较理想的措施。政府对科研成果采用购买制度是科研成果管理制度的一种主要办法。从历史上看,美国"硅谷"的迅速崛起,与美国政府购买所形成的对电子产品、导弹产品、计算机产品等的需求创造是密不可分的。江苏省虽已开始对技术创新产品进行政府采购,但尚未形成成熟的制度。

表4.9　美、日、德三国非营利科研机构管理的比较

项　目	美　国	日　本	德　国
宏观管理与监督	联邦政府＋州政府＋非科研机构＋社会＋公众	政府＋企业	民办官助制度,政府通过经费资助形式来宏观引导
内部治理结构	理事会制,顾问委员会	株式会社制,政府退休官员	理事会制,科技委员会
分配与福利制度	不高的工资＋慷慨合理的福利补贴	年工序列表工资制,岗位固定工资	分配与能力挂钩,还有丰厚的科研奖励
税务制度	优惠的税收政策	优惠的税收政策	有条件的零税率政策
科研活动的管理	矩阵管理机构模式	企业和政府主导型模式	矩阵式科研管理
人事管理制度	合同聘任制,科研自由	终身雇佣制,论资排辈	合同聘任制,科研自由
财务管理制度	财务公开、战略性预算制度、盈余管理制度		

资料来源:郭军灵,盛亚:《美日德非营利科研机构管理的比较研究及其启示》,《科研管理》,2004年第5期。

关于政府对科技成果采用购买的制度,我国学者奉公曾提出过对公共产品类科研资金投入的科研成果采用"拟成果购买制",即政府在公共产品类科研领域模拟技术交易或政府采购的形式,将原来在研究之前即投入科研资金的立项拨款制改为以附加高额利润"购买"公共产品类研究成果的科研资金投入体制。这种对科

研成果进行目标管理的制度值得在江苏省试验后进行推广。

区域科研成果管理制度直接影响到区域的 R&D 投入和 R&D 生产,只有科研成果管理制度科学合理,区域科研教育机构才能有足够数量和质量的创新产出,从而向区域创新企业输送足够的知识、技术和人才。

4.5 小结

区域创新能力制度层分为区域创新主体核心层制度和区域创新主体支撑层制度。区域创新能力制度层要促进区域技术创新,区域创新主体中的企业家制度、R&D 制度和支撑层中的创新融资制度、技术创新公共服务制度等就需要不断完善。区域技术创新制度渗透到区域创新主体的各个组成部分,制约和影响区域创新能力的形成和发展。区域技术创新制度既是区域创新能力产生和发展的主要原因,也是区域之间创新能力存在差异的主要原因。提升区域创新能力不但要从技术层努力,还要从制度层下工夫。区域技术创新制度是将区域创新主体核心层和支撑层联系起来的重要纽带,区域创新主体的各种制度形成区域创新能力制度层,将区域创新主体核心层与支撑层联系起来,形成一个统一的整体。区域创新能力制度层是提升区域创新能力的制度基础。只有研究区域创新能力制度层并揭示其形成路径,才能通过制度安排保证区域创新能力的持续提高。

5 区域创新能力形成的文化基因

5.1 区域创新能力形成的文化基因的含义

"文化"(Culture)这个词有广义和狭义之分。广义的"文化"是指人类所创造的物质文明和精神文明的总和。广义的"文化"可分为三个层面：一是心理层面，这是文化的内在层面，它主要包括不同民族的思维方式、哲学思想、价值观、信仰体系等存在于人们头脑中的观念；二是体制层面，这是人们在其思想观念指导下建构起的各种社会结构，如政治体制、经济体制、教育体制等；三是器物层面，这是人们在思想观念的指导下，在各种社会体制允许的限度内所创造出来的生存方法、方式和各种物质成果，如各种风俗习惯、各种实物性的人工制品以及日常生活方式等。① 狭义的"文化"仅指人们心理层次上的文化，即主要指人们基于历史和区位所产生的内在于各种文化现象中，并具有实践和空间上得以传承和展开能力的基本价值观、世界观、信仰体系和思维方式等。狭义的"文化"又称文化基因。区域文化基因是指某一区域的人们基于历史和区位所产生的内在于区域各种文化现象中，并具有实践和空间上得以传承和展开能力的基本价值观、世界观和思维方式等。本研究所论述的文化是指狭义的文化。

---

① 钱兆华：《西方文化精讲》，华龄出版社，2007年，第10-11页。

5.2 区域创新能力形成的文化基因的结构

5.2.1 研究模型与理论假设

区域之间创新能力的差异表面上看是创新行为的差异,实质上是区域技术文化的差异。区域技术文化作为区域所在国家、民族的亚文化,虽然带有国家、民族文化的胎记,但由于不同区域技术文化的结构不同,区域技术文化还存在明显的区域特点。研究区域创新能力形成的文化基因的结构,不但可以真正明确区域之间创新能力存在差异的原因,而且可以找到提升区域创新能力的根本措施。

从哪些维度去研究区域创新能力形成的文化基因,是研究区域创新能力形成的文化基因必须解决的首要问题。文献研究表明,影响区域创新能力形成的文化基因的因素很多。我们采用访谈与内容分析的方法,试图了解不同区域技术文化对其创新能力的影响。

我们从江苏省选择 20 名高校科研人员、20 名企业科研人员和 20 名高科技企业高级管理人员作为调研对象。通过深度访谈并进行分析发现,影响区域创新能力形成的文化基因的因素主要集中在企业家文化基因、R&D 文化基因、新产品营销文化基因、技术中介文化基因、风险投资文化基因和教育文化基因等几方面。据此构建了江苏区域创新能力形成的文化基因的研究模型(见图 5.1)。

由于区域创新主体在技术创新中所起的作用不同,所以,区域文化基因在各区域创新主体身上的表现也不一样。区域创新能力形成的文化基因同区域创新能力器物层、制度层一样,也分为区域创新主体核心层文化基因和区域创新主体支撑层文化基因两个层次。区域创新主体核心层文化基因又分为企业家文化基因、R&D 文化基因和营销文化基因等。区域创新主体支撑层文化基因又分为技术中介文化基因、风险投资文化基因和教育文化基因等。根据上述划分提出如下假设。

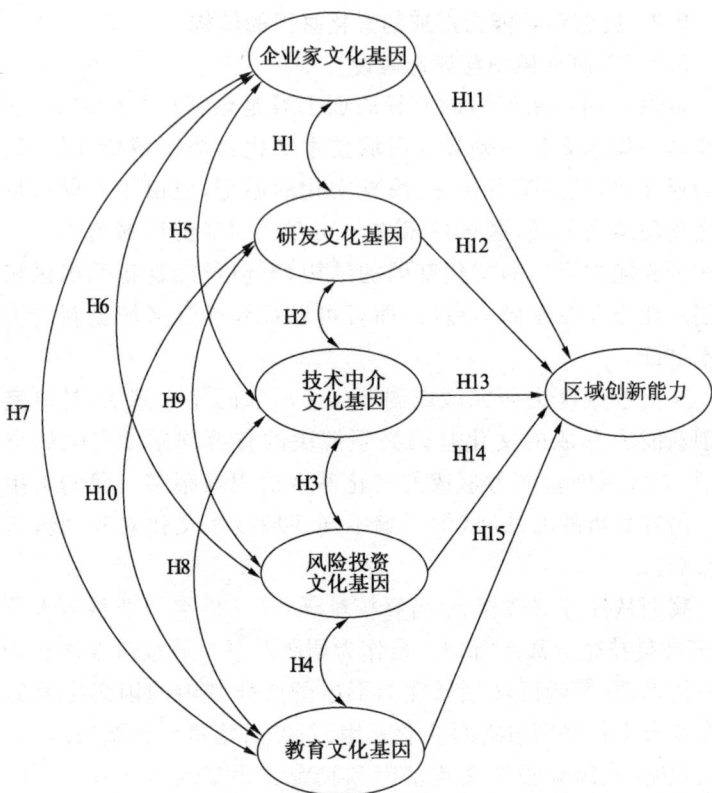

图 5.1　江苏区域创新能力形成的文化基因的研究模型

H1－H11－H12：区域企业家文化基因与研发文化基因相互影响,并共同影响区域创新能力的形成。

H2－H12－H13：区域研发文化基因与技术中介文化基因相互影响,并共同影响区域创新能力的形成。

H3－H13－H14：区域技术中介文化基因与风险投资文化基因相互影响,并共同影响区域创新能力的形成。

H4－H14－H15：区域风险投资文化基因与教育文化基因相互影响,并共同影响区域创新能力的形成。

H5－H11－H13：区域企业家文化基因与技术中介文化基因相互影响,并共同影响区域创新能力的形成。

H6－H11－H14：区域企业家文化基因与风险投资文化基因相互影响,并共同影响区域创新能力的形成。

H7－H11－H15：区域企业家文化基因与教育文化基因相互影响,并共同影响区域创新能力的形成。

H8－H13－H15：区域教育文化基因与技术中介文化基因相互影响,并共同影响区域创新能力的形成。

H9－H12－H14：区域风险投资文化基因与研发文化基因相互影响,并共同影响区域创新能力的形成。

H10－H12－H15：区域教育文化基因与研发文化基因相互影响,并共同影响区域创新能力的形成。

5.2.2　研究方法

本研究根据研究假设设计了25个测量变量作为显变量,测量研究假设中的6个潜变量。为保证问卷的信度和效度,首先将制作的问卷在30名被调查者中进行测试,结果显示,量表具有较好的信度和效度。经过探索性因子分析,测量新产品营销文化基因的变量"以顾客为中心的观念更利于新产品市场化"、"关系营销有利于新产品市场化"、"双赢观念指导下的竞争更利于创新合作"因子得分值太低,所以,从量表中去掉这3个测量变量。修正后的调查问卷包括5部分,第一部分测量区域企业家文化基因,共包括4个测量变量;第二部分测量区域R&D文化基因,共包括5个测量变量;第三部分测量区域技术中介文化基因,共包括4个测量变量;第四部分测量区域风险投资文化基因,共包括3个测量变量;第五部分测量区域教育文化基因,共包括2个测量变量;第六部分测量区域创新能力,共包括4个测量变量(见表5.1)。问卷中的每个测量变量均采用五点李克特(Likert)法来测量其值,1分代表"非常不同意",5分代表"非常同意"。

表 5.1　测量江苏区域创新能力形成的文化基因的量表

变　量	指　标
企业家文化基因	企业家带领企业进行技术创新,是为了获取创新带来的知识、财富或权力,进而借此踏入社会上层。
	青少年时期受父母等家庭成员影响较大的企业家,创新合作意识较差;青少年时期受朋友影响较大的企业家,创新合作意识较强。
	同西方相比,江苏企业家文化中存在"信用危机",企业家因此只信任自己的家人或自己身边的人,对其他人则存在戒备心理。
	企业家带领企业进行技术创新,是为了追求个人发展、实现自身的价值。
R&D文化基因	西方民主思想体现在创新资源(技术、资本等)分配方面,创新资源集中在社会中下层,创新成本、风险、收益主要由民间承担;江苏创新资源的生长高度依赖于政府作用,创新成本、风险、收益几乎全部由政府或行政官员承担。
	西方文化中的人文主义重视"人本",承认研发人员对其人力资本的产权(占有权、使用权、收益权、处分权);江苏传统文化是一种"物本"文化,在研发中重视技术设备等有形创新要素,轻视人力资本这种无形资产。
	在技术创新中,"知识本位"思想比"官本位"思想更能促进技术创新的发展。
	在区域技术创新中,"理性思维"比"经验思维"更能促进技术创新的发展;"批判精神"比"崇尚权威"更能促进技术创新的发展。
	技术创新能力强的区域,为技术人员提供的创新自由度相对较宽,研发文化相对较为宽容。
技术中介文化基因	重产品轻服务的价值观不利于技术中介机构的形成。
	现有技术中介机构及其工作人员的价值观影响技术中介行业的发展。
	技术中介机构的诚信意识是影响区域技术中介行业发展的主要文化基因之一。
	技术中介机构的合作意识是影响区域技术创新的主要文化基因之一。

变 量	指 标
风险投资 文化基因	创业者的创新精神是风险投资的精神支柱,是风险投资产生并得以壮大的动力源泉。
	风险投资者的冒险精神是影响风险投资的主要文化基因。
	诚信精神是将创业者与风险投资者联系起来的主要市场机制。
教育文化基因	江苏"听话"的学生历来最受欢迎,而喜欢"钻牛角尖"的学生最不受欢迎。"听话"学生的思维方式与技术创新要求的思维方式存在冲突。
	"应试教育"模式产生于实用文化基因,与技术创新的要求存在冲突;江苏现有教育的人才目标与技术创新需要的人才目标存在冲突现象。
区域创新能力	充足的研发投入有利于区域创新能力的提高。
	新产品销售收入增加能够促进区域创新能力的提高。
	授权专利增多有利于区域创新能力的提高。
	技术交易量增加能够促进区域创新能力的提高。

此次共发放问卷 1 200 份,其中因所填信息严重缺失,或信息前后有出入的作废问卷 336 份,收回有效问卷 864 份,有效回收率 72%。就样本所属区域创新主体而言,本次成功调查的样本中,企业技术人员 271 人,占 31.37%;大学及科研机构技术人员 246 人,占 28.47%;企业高层管理人员 170 人,占 19.68%;金融机构和地方政府人员 177 人,占 20.48%。就样本的区域分布而言,本次成功调查的样本中,苏北 289 人,占 33.45%;苏中 285 人,占 32.99%;苏南 290 人,占 33.56%。调查样本的结构与研究假设的结构基本一致,可以认为本次调查样本具有代表性。本研究通过用 Amos 软件对上述调查结果进行模拟,分析江苏创新文化基因的形成路径。

5.2.3 数据分析

5.2.3.1 量表的信度分析

通过对整个量表进行信度分析,发现整个量表的 Cronbach α 系数值为 0.82,区域企业家文化基因、R&D 文化基因、技术中介文化基因、风险投资文化基因、教育文化基因、区域创新能力的 Cronbach α 系数值分别为 0.78,0.79,0.81,0.89,0.93,0.83。Nanally 认为,Cronbach α 系数值高于 0.7,即表明量表具有较高的信度。这说明设计的量表具有较好的信度(见表 5.2)。

表 5.2 江苏区域创新能力形成的文化基因各因子的信度

因子	Cronbach α 系数值
整个量表	0.82
企业家文化基因	0.78
R&D 文化基因	0.79
技术中介文化基因	0.81
风险投资文化基因	0.89
教育文化基因	0.93
区域创新能力	0.83

5.2.3.2 量表的效度分析

通过对各测量变量进行因子分析并进行正交旋转,删除因子载荷小于 0.5 的测量指标。首先进行巴特球体检验(Bartlett's Test of Sphericty),并观察 KMO 值是否可以进行因子分析,结果显示 KMO 值为 0.818,说明巴特球体检验的结果在 $P=0.000$ 的水平上显著,抽样数据适宜进行因子分析。通过采用最大方差法(Varimax Rotation)对因子进行旋转,发现旋转后各测量指标在相应变量上的因子载荷均大于 0.5(见表 5.3),说明量表中各潜变量的结构效度良好。

表 5.3　江苏区域创新能力形成的文化基因
测量变量旋转后因子载荷阵

变量	技术中介文化基因	企业家文化基因	研发文化基因	教育文化基因	风险投资文化基因	区域创新能力
企业家创新动机	0.214	0.621	0.078	−0.270	0.176	0.401
企业家合作意识	−0.219	0.709	−0.025	0.145	0.016	0.355
企业家信用	0.029	0.751	−0.049	−0.089	0.175	0.415
企业家价值观	−0.410	0.740	0.213	0.114	−0.189	0.427
产品与服务	0.561	−0.087	0.131	−0.432	−0.057	0.192
技术中介价值观	0.702	0.121	−0.067	0.189	0.013	0.085
技术中介诚信意识	0.811	−0.003	0.003	0.106	0.237	−0.193
技术中介合作意识	0.609	−0.035	0.013	0.211	0.072	0.151
创新资源与创新风险	−0.213	0.053	0.517	0.089	0.211	0.392
人力资本产权	0.009	−0.179	0.529	0.387	0.819	0.372
知识本位与官本位	0.109	0.073	0.667	−0.078	0.068	0.055
理性思维和批判精神	−0.211	−0.057	0.689	0.227	0.144	0.358
研发文化宽容度	0.103	0.139	0.672	0.441	−0.085	0.427
"听话"学生思维方式	0.153	0.007	0.087	0.691	0.057	0.294
"应试教育"模式与目标	0.212	0.003	0.169	0.782	0.066	0.158
创业者创新精神	0.037	0.005	−0.078	0.113	0.819	0.101
风险投资者冒险精神	0.197	0.089	0.151	0.237	0.611	0.048
诚信精神	0.021	0.001	0.391	−0.249	0.713	0.094

变量	技术中介文化基因	企业家文化基因	研发文化基因	教育文化基因	风险投资文化基因	区域创新能力
研发投入	0.200	0.031	0.259	0.437	0.383	0.531
新产品销售收入	0.169	0.139	0.294	0.422	0.013	0.672
授权专利	0.370	0.121	0.079	0.068	0.074	0.714
技术交易	0.095	0.197	0.348	0.038	0.365	0.590

5.2.3.3 模型的拟合优度分析

拟合优度指标反映了结构模型整体的可接受程度,表 5.4 列出了结构方程主要拟合指数的推荐值和模型的实际值。通过推荐值和实际值的对比可知,模型较好地拟合了样本数据。

表 5.4 江苏区域创新能力形成的文化基因模型拟合优度指数

拟合指数	$x^2/\mathrm{d}f$	RMSA	CMIN/$\mathrm{d}f$	CFI	IFI
推荐值	<3	<0.08	<5	>0.9	>0.9
实际值	1.216	0.013	2.008	0.936	0.967

5.2.3.4 模型的路径分析

通过用 Amos 软件对样本数据进行模拟,运行出江苏区域创新能力形成的文化基因结构方程模型路径图(见图 5.2)。

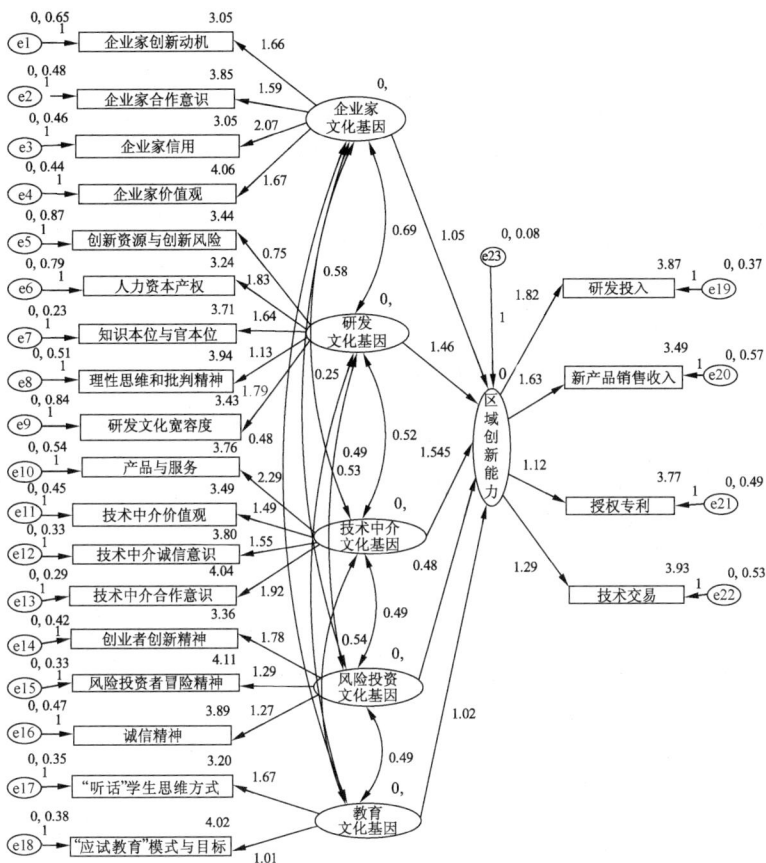

**图 5.2 由 Amos 软件运算的江苏区域创新
能力形成的文化基因结构方程路径图**

通过对模型潜变量之间的模拟参数进行检验可知,潜变量"企业家文化基因"与"研发文化基因"、"技术中介文化基因"与"风险投资文化基因"、"风险投资文化基因"与"教育文化基因"、"企业家文化基因"与"教育文化基因"、"教育文化基因"与"技术中介文化基因"、"风险投资文化基因"与"研发文化基因"、"教育文化基因"与"研发文化基因"、"企业家文化基因"与"区域创新能力"、"研发文化基因"与"区域创新能力"、"技术中介文化基因"与"区域创新能力"、"风险投资文化基因"与"区域创新能力"、"教育文化基因"
与"区域创新能力"之间的路径系数的临界比 $C.R.$ 的绝对值均较
大,而且伴随概率明显小于 0.05(见表 5.5),这说明研究假设 H3、
H4、H7、H8、H9、H10 均得到支持。而"研发文化基因"与"技术中
介文化基因"、"企业家文化基因"与"技术中介文化基因"、"企业家
文化基因"与"风险投资文化基因"之间的路径系数的临界比 $C.R.$
的绝对值由于太小,H2、H5、H6 没有得到支持。

表 5.5 江苏区域创新能力形成的文化
基因模型的 Amos 假设检验结果

理论假设	路径系数	$C.R.$	P	结论
H1	0.691	8.245	0.002	支持
H2	0.523	0.287	0.570	不支持
H3	0.490	3.251	＊＊＊	支持
H4	0.487	5.434	0.003	支持
H5	0.580	0.305	0.451	不支持
H6	0.251	0.253	0.761	不支持
H7	0.481	4.326	0.002	支持
H8	0.542	2.357	0.035	支持
H9	0.491	3.105	＊＊＊	支持
H10	0.531	2.319	＊＊＊	支持
H11	1.051	5.247	＊＊＊	支持
H12	1.462	4.891	＊＊＊	支持
H13	1.540	7.239	0.041	支持
H14	0.481	3.532	0.003	支持
H15	1.020	6.217	0.019	支持

注:＊＊＊表示 $P<0.001$。

通过对模型显变量与相应潜变量之间的模拟参数进行检验可

知,显变量"研发文化宽容度"与潜变量"研发文化基因"之间的路径系数的临界比 C.R. 的绝对值较小,而且伴随概率明显大于 0.05(见表 5.6),这说明该系数没有通过检验。除此之外,其余显变量与相应潜变量之间的路径系数的临界比 C.R. 的绝对值均较大,而且伴随概率明显小于 0.05,这说明上述系数均通过了检验。

表 5.6 江苏区域创新能力形成的文化基因
主要测量变量与潜变量之间的参数估计值

测量变量	方向标识	潜变量	*Estimate*	S.E.	C.R.	P
企业家创新动机	←	企业家文化基因	1.662			
企业家合作意识	←	企业家文化基因	1.591	0.366	4.352	* * *
企业家信用	←	企业家文化基因	2.070	0.553	3.740	* * *
企业家价值观	←	企业家文化基因	1.671	0.533	3.137	* * *
创新资源与创新风险	←	研发文化基因	0.750			
人力资本产权	←	研发文化基因	1.833	0.539	3.403	0.016
知识本位与官本位	←	研发文化基因	1.642	0.466	3.523	0.002
理性思维和批判精神	←	研发文化基因	1.130	0.236	4.781	* * *
研发文化宽容度	←	研发文化基因	1.792	0.776	2.310	0.062
产品与服务	←	技术中介文化基因	2.290			
技术中介价值观	←	技术中介文化基因	1.491	0.541	2.756	* * *
技术中介诚信意识	←	技术中介文化基因	1.552	0.488	3.179	0.005
技术中介合作意识	←	技术中介文化基因	1.923	0.524	3.670	* * *

测量变量	方向标识	潜变量	*Estimate*	*S.E.*	*C.R.*	*P*
创业者创新精神	←	风险投资文化基因	1.780			
诚信精神	←	风险投资文化基因	1.271	0.493	2.576	＊＊＊
风险投资者冒险精神	←	风险投资文化基因	1.290	0.402	3.207	0.003
"听话"学生思维方式	←	教育文化基因	1.671			
"应试教育"模式与目标	←	教育文化基因	1.010	0.384	2.631	0.029
研发投入	←	区域创新能力	1.821	0.233	7.812	0.036
新产品销售收入	←	区域创新能力	1.632	0.308	5.301	＊＊＊
授权专利	←	区域创新能力	1.120	0.344	3.259	＊＊＊
技术交易	←	区域创新能力	1.293	0.463	2.791	0.009

注：＊＊＊表示 $P < 0.001$。

　　通过以上分析可以知道,区域创新能力形成的文化基因由区域创新主体核心层文化基因和区域创新主体支撑层文化基因组成。区域创新主体核心层文化基因由企业家文化基因和 R&D 文化基因等组成。在形成区域创新能力的各种文化基因中,"教育文化基因"对区域创新能力的形成起着关键作用,它通过"企业家文化基因"、"研发文化基因"、"技术中介文化基因"、"风险投资文化基因"等影响区域创新能力的形成,是形成区域创新能力的各种具体文化基因的根本。区域创新主体支撑层文化基因由技术中介文化基因、风险投资文化基因和教育文化基因等组成。区域创新能力形成的文化基因通过上述结构,形成一个有机整体,不断为区域创新能力器物层和制度层提供文化支持。

5.3 区域创新主体的核心层文化基因

区域创新主体由核心层和支撑层两部分组成。相应的,区域创新能力形成的文化基因也由区域创新主体核心层文化基因和区域创新主体支撑层文化基因两部分组成,区域创新主体核心层文化基因由企业家文化基因、R&D文化基因等组成,这两部分构成区域创新能力形成的文化基因的核心层;区域创新主体支撑层文化基因由风险投资文化基因、教育文化基因、技术中介文化基因等组成,这三部分构成区域创新能力形成的文化基因的支撑层,对区域创新主体核心层文化基因起着支撑作用。区域创新主体核心层文化基因是区域创新文化基因的核心,只有彻底搞清区域创新主体核心层文化基因形成的路径,才能彻底揭示区域创新文化基因形成的路径。

5.3.1 企业家文化基因

企业家是区域经济发展中的稀缺资源,区域创新能力提升,从源头看,主要靠企业家这种稀有资源。区域企业家个人观念直接影响甚至决定区域企业文化(见表5.7)。与发达国家相比,江苏省企业家的稀缺程度很高。江苏省之所以缺乏企业家,有深层次的文化基因原因。

表5.7 企业有关因素对企业文化的影响程度

单位:%

因素	影响很大	影响较大	影响很大+影响较大	影响不大	没有影响	平均值
企业家个人观念	34.4	57.3	91.7	6.5	1.8	3.24
企业传统	16.6	66.4	83.0	14.2	2.8	2.97
制度环境	16.7	58.4	75.1	20.5	4.4	2.87
行业文化	8.6	53.1	61.7	34.3	4.0	2.66
顾客因素	10.3	43.5	53.8	39.3	6.9	2.57
地域文化	6.4	45.9	52.3	42.5	5.2	2.54
民族文化	8.3	45.7	54.0	36.5	9.5	2.53
外来文化	3.2	27.0	30.2	61.5	8.3	2.25

资料来源:中国企业家调查系统《企业文化建设:认识、现状和问题——2005年中国企业经营成长与发展专题调查报告》,《管理世界》,2005年第6期。

区域企业家文化基因是指内化于区域企业家各种文化现象中,体现在企业经营过程中,在时间和空间上能够得以传承和展开的基本理念或基本精神,以及具有这种能力的文化表达或表现形式的基本风格,包括企业家的价值观、创新动机和经营风格等。区域企业家文化基因既是区域企业家存亡的根本原因,也是区域创新能力先进与落后的主要原因。

5.3.1.1 企业家价值观

企业家的价值观是企业家对经营管理活动在理念上的期望与选择,是影响以至决定企业家经营管理行为的内在因素。[①] 价值观是企业家文化基因的核心,对企业家文化基因的其他构成要素起着决定作用。

构成人类社会的要素虽然很多,但知识、权力和财富是构成人类社会的"铁三角",其他要素都是围绕这三个要素产生和发展的。自从有了国家,历代统治阶级控制了国家政权,也就控制了军队、警察、监狱等国家机器。同时,还控制着国家的法权,拥有立法权、执法权(不执法权)、释法权和裁法权。个人能够积累资本(知识、权力、财富)的数量和结构,决定了他们的社会轨迹、他们生活的可能性和机遇。但在不同的历史时期和不同的区域,人们对社会"铁三角"框架中三个要素的价值观不同。

就所有权而言,社会"铁三角"框架中的三种资源可以相互交换,但这种交换是有条件的。由于知识的拥有者具有改造社会实践的能力,一个社会的上层主要是由拥有特殊知识的人构成的,所以,知识既可以转化为权力,也可以转化为财富。权力、财富很难直接转化为知识。决定上述转化的根本因素在于统治阶级对社会价值的导向和公平交易的制度规定。

在英国,非常讲究社会地位和社会等级,社会最上层的贵族地位是全社会成员孜孜以求的目标。在英国企业家看来,爬到社会

---

① Holt D H. A comparative study of values among Chinese and U. S. entrepreneurs: pragmatic convergence between contrasting cultures. Journal of Business Venturing,1997,12(6).

最上层的贵族地位,并永远保持这种地位是最有价值的,拥有财富只是实现这一目标的手段,即英国的财富和知识只是贵族特权的附庸。美国则不同,美国是一个移民国家、法治国家,又是一个没有经过封建社会直接进入资本主义社会的国家。美国企业家价值观的核心是追求个人发展、崇尚竞争冒险的个人主义。在美国社会"铁三角"框架中,三种资源是平等的,社会成员拥有三种资源中的任何一种,都能登上社会上层。所以,美国企业家信奉"自由企业"原则,强调自由竞争,相信能力和实力。

　　几千年农耕社会遗留下来的小农经济观念,使江苏区域文化带着儒家文化的胎记,它几乎深深烙印在从都市到乡村的每一个角落,深深烙印在社会文化的每一个层面,也深深烙印在人们的心灵深处。① 在社会"铁三角"框架中,儒家文化仇视财富。"君子喻于义,小人喻于利"、"君子言义不言利"和"为富不仁"等无不体现出儒家思想对财富的仇视。几千年的农耕习俗,几千年的小农意识,几千年的自然经济,铸成了这样的思维定式,其逻辑是:谁拥有财富,谁就是血腥的、有罪的。平均主义和仇富心理成为小农经济社会最普遍、最盛行的价值观念和文化心态。与此同时,儒家思想认为"学而优则仕"、"万般皆下品,唯有读书高",似乎是重视知识,但"八股取士"规定只考试古典哲学和文学方面的"四书五经"内容,排斥自然科学知识,阉割了人们在科学技术方面的创新才能。塔洛克以寻租论分析了中国古代科举制度与企业家文化的背离。本来科举作为选拔官员的一种标准,并无不可。问题是,中国封建制度下官员的地位和收入都是其他任何职业难以望其项背的,而科举又几乎成为进入官僚阶层的唯一途径。② 所以,儒家思想只是把知识(畸形知识)作为获取权力的一种手段,认为只有权力才是最高贵的。这是江苏省"官本位"思想产生的历史根源。

　　新中国成立以来,江苏省同中国其他区域一样,长期实行计划

---

　　① 甄峰,黄朝永,罗守贵:《区域创新能力评价指标体系研究》,《科学管理研究》,2000 年第 6 期。

　　② 可星:《企业家产生的制度和文化分析》,《中国人民大学学报》,1999 年第 5 期。

经济,企业领导是政府官员,他们所从事的工作是完成计划任务,而不是按照市场规律经营企业。20世纪80年代初,日本经济学家东京大学教授肖公龙太郎在中国考察后说,中国的企业不是企业,中国没有一个真正的企业。蒋一苇也说,中国的企业不过是一块砖头,推一推动一动,而不像细胞,可以自行繁殖。江苏省曾经实行的计划经济加强了江苏省企业中的"官本位"意识。

受"官本位"思想影响,江苏省企业家在企业中追求的是权力,而不是财富和知识。因为只有权力才是通往社会上层的通行证,财富和知识只是获取权力通行证的手段而已。于是,企业变成了官场的延伸和缩影。官场存在的弊病,企业应有尽有。"官场病"在企业盛行的最终结果,是在江苏企业中看到的更多的是国家的力量,而不是市场的力量①,在企业家身上看到的更多的是墨守成规和故步自封,市场经济最需要的冒险和勇于探索精神遭到严重扼杀。

然而,同中国内地省份相比,江苏省大部分地区位于江南,受吴文化影响较深,又具有自己的企业家文化特色。江苏既是中国资本主义萌芽最早的地区,又是近代中国洋务运动的发源地,所以,江苏省的企业家文化底蕴是深厚的,是有利于企业家成长发展的。从"苏南模式"到不断提高私营经济比重,无不反映出江苏省企业家强烈的变革精神。

5.3.1.2 企业家创新动机

创新动机是企业家经营理念的核心。从表面上看,企业家经营企业都是为了最大限度地追求物质利益。但企业家的价值观不同,企业实现物质目标的手段也不同。创新虽然可以实现对物质利益的追求,但不同的价值观使有的企业家只是把创新作为获取物质利益的一种手段,有的企业家则把创新作为企业经营的最终目的。

1. 将权力作为最终目标的企业家的创新动机

在"官本位"严重存在的区域,权力至高无上,即权力既可以雇佣财富,也可以雇佣知识。企业家只是把创造财富作为获取权力

---

① 郭为:《儒家文化的制度视角与企业家精神》,《江汉评论》,2002年第10期。

的一种手段,一旦获得权力,其经营企业的目的则变为使其成为维护权力的手段。即便在获得权力前可能存在创新动机,在获得权力后将不再以创新为己任,因为创新意味着冒风险,不但对维护其权力没有帮助,甚至会因此丧失已获得的权力。所以,企业家获得权力后的首要任务是维护企业的稳定,确保企业长期稳定的利润,以补充其权力消费的资金。

中国是一个"官本位"观念出奇严重的国家,从春秋战国时期的吕不韦,到清朝的胡雪岩,虽然拥有巨额财富,但最终还是要倾尽家产,以换取权力。过去的中国土地上未能出现一个世界级的巨富,可以把它归咎于那些皇帝不让臣民发大财。然而中国的帝制被推翻了近1个世纪,为何还未出现超级富豪呢?① 除体制原因外,价值观方面的"官本位"思想是主要原因。就区域而言,江苏省开放相对较早,又位居东南沿海,"官本位"思想已相对弱化,企业家的创新动机同内陆相比,相对较强。

2. 将财富作为最终目标的企业家的创新动机

在财富至高无上的区域,财富既可以雇佣权力,也可以雇佣知识。如果企业家可以寻租或设租获取财富,它们必将丧失进行技术创新的动力。据中国人民大学社会调查中心组织的一次调查显示,中国仅有5.3%的人认为中国富人的财富是通过正当手段获取的。这种现象意味着中国企业经营中存在大量的寻租机会,即大量的企业家可以不通过技术创新获取财富。同时,中国企业家的收入又低得可怜。美国经济学家格鲁德曼认为,中国的企业家太穷了,良心和道德救活不了中国企业。据国际管理顾问公司太平洋国际(Ttowe Perrin)最近进行的一次全球薪酬调查显示,各国企业总裁的平均年薪为:美国106万美元,英国70万美元,法国60万美元,德国41万美元,瑞典35万美元,而中国企业家的年平均收入只有6万元人民币左右(国有企业企业家的账面收入比这一平均

---

① 甄峰,黄朝永,罗守贵:《区域创新能力评价指标体系研究》,《科学管理研究》,2000年第6期。

数更低)。① 同中国其他区域一样,江苏省的企业家一方面太"穷",另一方面又存在大量的寻租机会,所以,江苏省企业家的创新动力同发达国家相比,当然不足。

相反,如果企业家没有寻租机会,获取财富就可以步入社会上层,则虽然技术创新存在巨大风险,但风险与收益是成正比的,而且就技术创新收益率和企业家的生命有限性而言,技术创新是企业家获取财富的一种捷径。企业家通过技术创新去获取财富,实现从财富到技术创新的循环,既是一个过程,也是一种目的。所以,将财富作为最终目标的企业家,财富可以成为其创新的动机。

3. 将知识作为最终目标的企业家的创新动机

随着知识全球化和经济全球化程度的不断提高,知识已超过财富和权力,成为获取社会地位的一种重要资本。比尔·盖茨用了不到 20 年的时间,创造了一个世界神话:一个刚读大学一年多的小子,不要父母分文,创办一个软件公司,逐步将它构筑成庞大的软件帝国,并在 40 岁前登上了世界首富之巅。将知识作为最终目标的企业家,其经营活动本身就是技术创新活动。因此,企业家追求知识、创造知识的过程就是进行技术创新的过程,将知识作为最终目标的企业家具有强烈的创新动机。

5.3.1.3 企业家思维方式

企业家的价值观直接影响他们的思维方式,这些思维方式又直接影响和制约企业技术创新能力的提高。企业家价值观对其思维方式的影响主要体现在生存型实用思维、合作意识和信用模式等方面。

1. 生存型实用思维

区域企业家文化基因作为所在国家和民族的亚文化,受民族传统文化的影响很大。儒家学派出于对现实问题的思考和对现存的人的关怀,能直面当时的社会状况并力图解决当时的问题,

---

① 过文俊:《中国企业家文化批判》,《商业文化》,2003 年第 6 期。

使儒家思想最终被社会所接受,在汉代达到顶峰,并内化为人的一种行为,成为社会的道德准则和道德规范。① 儒家这种生存型实用思想产生的社会基础是当时自给自足的自然经济,即这种生存型实用思想存在的条件是农业经济。江苏省正在发展市场经济,但传统的生存型实用思想至今仍束缚着企业家的头脑,限制着企业家的创新思维。企业家生存型实用思维的结果是造成企业家的创新行为中止于实用,缺乏持续创新的动力。受生存型实用思维的驱使,江苏省企业家染上了急功近利的疾病。用经济学家杨瑞龙的话说就是——江苏企业家"作秀"重于练内功,热衷于炒作、策划和玩"空手道"。这种急功近利的心态是技术创新的大忌。②

更为严重的是,儒家生存型实用文化基因衍生出中庸思想。中庸思想强调内在的美德和外在的文雅摆出适度的均衡,具有强烈的相对主义色彩,总是按照社会和人文的思想方法来考虑问题,不像西方哲学家和宗教领袖总是趋向于逻辑和数学上的绝对。中庸思想在封建社会因为实用成为儒家思想的核心,但这种思想不利于技术创新,因为技术创新本身就是打破市场均衡的活动,是一种极端行为。

2. 合作意识

国内研究结果显示,中国企业家在青少年时期受父母等家庭成员影响较大,而西方国家企业家在青少年时期受朋友影响较大(见表 5.8、表 5.9)。这使中国企业家同国外企业家相比缺乏合作意识,而合作意识是企业技术创新中非常可贵的一种文化基因。

①　郭为:《儒家文化的制度视角与企业家精神》,《江汉评论》,2002 年第 10 期。
②　过文俊:《中国企业家文化批判》,《商业文化》,2003 年第 6 期。

表 5.8　中国企业家青少年时期成长(家庭影响)分析表

影响因素 / 企业家		家庭影响		主要特征
		家庭条件的影响	最具影响力的人	
第一个时期	李嘉诚	差	母亲	家庭条件差,受父亲(或母亲)影响大
	霍英东	差	母亲	
	包玉刚	差	父亲	
	邱德报	差	父亲	
	王永庆	差	母亲	
	李兆基	差	父亲	
	邵逸夫	差	父亲	
	曾宪梓		父亲	
第二个时期	柳传志	较好	父亲	家庭条件较好,受父亲(或母亲)影响大
	李泽楷	较好	父亲	
	王永民		母亲	
	史玉柱	较好	父亲	
	张瑞敏	较好	母亲	
	王荣之	较好	母亲	
	张建平	较好	母亲	
	张巨生	较好	父亲	
	李东生	较好		

资料来源:可星:《企业家产生的制度和文化分析》,《中国人民大学学报》,1999 年第 5 期。

表 5.9　国外企业家青少年时期成长(家庭影响)分析表

影响因素　　　　　企业家	家庭影响		主要特征
	家庭条件的影响	最具影响力的人	
第一个时期　萨姆·沃尔顿	差	母亲	家庭条件差,受母亲影响大
托马斯·沃森	差	母亲	
保罗·高尔文	差	母亲	
阿萨·甘特多	差		
亨利·福特	差		
吉列	差		
布恩·皮金斯		母亲	
克曼·威尔逊		母亲	
弗莱德·史密斯		母亲	
杰克·韦尔奇	一般	母亲	
第二个时期　比尔·盖茨	好	朋友	家庭条件好,受朋友影响大
安迪·格罗夫	好	朋友	
汤姆·沃森		朋友	
罗伯特·戈伊祖塔	好	朋友	
鲁珀特·默多克	好	朋友	
约尔马·奥利拉	好	朋友	
堤义明	好		
李健熙	好		
乔布斯		朋友	

资料来源:可星:《企业家产生的制度和文化分析》,《中国人民大学学报》,1999 年第 5 期。

3. 信用模式

规范人们行为方式的手段主要有两种:一种是法律,一种是道德。法律是强制的,使用外部力量对人们不正当的行为方式进行事后的惩罚;道德是非强制性的,是内在力量、自觉力量,对自己不正当行为进行事前的预防,万一自己做错了,就必须忏悔。实践证明,在规范人们行为方式的效果方面,道德比法律更有效,也更根本。[1] 由于中国历代贱商,缺乏对商业道德方面的信仰约束,既形成了对商人的"奸商认识",也形成了"奸商文化"。西方市场经济中的信用约束主要靠道德约束,在这方面,基督教信仰起了根本作用。通过道德对中国企业家的信用形成约束难度很大。同时,在法律约束方面,夏皮罗将契约、规章、诉讼等称为"信任卫士"[2],靠它们对失信者产生威慑作用。但中国的大量契约不但明显有失公平,而且违约后的裁判成本过于高昂。所有这一切,形成中国企业家文化基因中的"信用危机"。既然中国企业家文化基因中存在"信用危机",企业家便信任自己的家人或自己身边的人,国内研究也证明了这种观点(见表5.10)。江苏省作为中国的一个区域,其企业家的这种信任模式,影响企业家的价值观,制约企业家从价值观中的知识到思维方式中的信用模式良性循环的形成,阻碍企业创新能力的提高。

表 5.10　家族企业的主要依靠对象的重要百分比分布

单位:%

选项	开办之初			壮大之后		
	第一重要	第二重要	第三重要	第一重要	第二重要	第三重要
家族成员	63.8	6.8	5.7	52.4	8.4	8.4
本家(娘家)亲属	7.1	29.6	6.4	6.4	18.8	7.3
配偶家亲属	4.3	10.2	15.6	2.7	10.2	11.2
校友	4.0	9.6	4.9	2.9	7.0	6.2
年少时代的朋友	4.8	10.2	8.6	5.9	7.1	7.3

① 黄鲁成:《关于区域创新系统研究内容的探讨》,《科研管理》,2000 年第 3 期。
② Shapira S P. The social of impersonal trust. American Journal of Sociology, 1987,93(3).

选项	开办之初			壮大之后		
	第一重要	第二重要	第三重要	第一重要	第二重要	第三重要
以前的同事	5.1	12.9	7.2	4.3	13.7	11.1
战友	1.4	5.2	7.2	4.5	5.4	6.8
朋友推荐的人	2.0	7.9	13.6	3.6	12.3	12.9
向社会招聘	3.6	7.6	26.8	16.9	17.9	29.0
其他	1.0	0.1	1.1	1.5	0.2	1.0

资料来源:张厚义,明立志,等:《中国私营企业发展报告(2002)》,社会科学文献出版社,2003 年,第 138 页。

5.3.2 R&D 文化基因

在技术创新与区域文化的互动过程中,形成了江苏省的 R&D 文化基因。区域 R&D 是区域创新主体通过对 R&D 人员进行物质和精神投入,经过 R&D 人员的智力转换形成的。区域创新主体对 R&D 人员的物质投入包括现金投入和产权投入,区域创新主体对 R&D 人员的精神投入包括创造自由、提升发展和区域文化基因对 R&D 人员思维方式的影响等(见表 5.11)。

表 5.11 江苏省 R&D 文化基因与 R&D 产出

产出／投入	中间产品					R&D 人员R&D 能力	R&D 产出
	物质投入		精神投入				
投入内容	现金补偿	产权激励	创造自由	提升发展	思维方式	知识增长能力个人创造能力	既受 R&D 人员能力的影响,又对 R&D 投入产生反馈作用
文化基因	按劳分配平均分配	人本物本	宽容狭隘	知识本位官本位	理性思维经验思维怀疑批判崇尚权威		

区域 R&D 投入决定 R&D 产出。区域 R&D 包括心理层、制度层和器物层 3 个层面。表面上看,区域 R&D 产出是由区域创新主体对 R&D 人员的物质投入决定的,实际上,对 R&D 人员进行的物质投入只是决定 R&D 产出的一个必要条件,并非充分必要条

件。真正对区域 R&D 产出起决定作用的是区域 R&D 文化的心理层，即区域 R&D 文化基因，其核心是区域 R&D 文化中的价值观。因为区域 R&D 文化直接决定区域创新主体对 R&D 人员的物质投入。

在表 5.11 中，决定区域 R&D 物质投入和精神投入的 R&D 文化基因中，前者是区域 R&D 中理想的 R&D 文化基因，后者是江苏传统文化基因中与 R&D 不相容，而对江苏省 R&D 正在发生作用的 R&D 文化基因。实践证明，历史上世界创新源所发生的转移，主要是有关区域 R&D 文化基因发生了变化，适宜 R&D 的文化基因逐渐丧失了。创新源是一个区域创新联合体的基础、细胞或核心，是反映一个区域创新密度大小的关键。[①] 世界具有全球意义的 R&D 中心转移最早发生在公元 12 世纪的阿拉伯世界，接着是意大利（1540—1601 年）、英国（1660—1730 年）、法国（1770—1830 年）、德国（1830—1920 年）和美国（1920 年始）。世界 R&D 中心的转移，表面上看是以工业实验室为标志的 R&D 物质条件的转移，实质上是 R&D 文化基因所发生的区域转移。

5.3.2.1 决定区域 R&D 物质投入的文化基因

随着经济形态由工业经济向知识经济的过渡，知识超过其他创新资源，成为决定区域创新能力的首位因素。R&D 人员是 R&D 知识的载体，区域创新主体进行 R&D 实质上是 R&D 人员进行知识创新的过程。在区域技术创新中，R&D 人员是通过隐性知识与显性知识的转化，创造出新知识的。实践证明，在 R&D 产出的过程中，隐性知识所起的作用超过显性知识，这要求区域创新主体进行 R&D 投入时必须以人为中心，才能产生较好的 R&D 绩效。然而，不同的 R&D 文化基因不但决定区域创新主体对 R&D 人员进行薪酬投入的方式，而且决定对 R&D 人员进行产权激励的程度。

---

① 赵克:《论区域创新源对文化环境的依赖——诱致工业实验室发生区域转移的一种文化解释》,《科学学与科学技术管理》,2005 年第 4 期。

1. 决定分配方式的 R&D 文化基因

西方文化源于古希腊文化,基督教、民主和科学是支撑西方文化的 3 个基石。西方文化中的基督教作为西方人共同的信仰体系,对规范西方人的行为方式起了决定性的作用。基督教认为,人类都是上帝的子民,是上帝的创造物,因此,大家都是平等的,每个人都以自己的行为直接向上帝负责。即任何人都没有权利强迫其他人遵照他的意志办事,任何人也没有义务侍奉其他人,除了上帝。这种思想在人们头脑中生根,彻底消除了任何专制统治的可能。从文艺复兴和宗教改革以来,西方社会的专制思想不断被抨击、被抛弃。民主思想既是西方国家政治思想的基础,也体现在西方国家对创新资源的配置方面。在民主型国家或区域,资源配置的模型是正三角形,即创新资源集中在社会中下层,这是一种稳定的创新资源配置模型。① 这种模型意味着创新成本、风险和收益主要由民间承担。表现在 R&D 上,创新资源的支配权和使用权大部分掌握在 R&D 人员手中,由于创新资源集中在一线,区域政府对 R&D 的管理主要体现为政策制定。西方创新资源配置的特点,决定了西方国家在 R&D 收益方面只能根据投入比例进行收益分配。这种分配原则不但对投资者适用,而且对 R&D 人员同样适用。

支撑中国传统文化的基础是儒家文化。儒家文化统治中国两千多年,是中国传统文化的主流。儒家思想认为"皇权至上"、"族权至上"。秦汉以来,封建专制统治者所实行的遏制思想自由的文化专制主义政策,阻断了文化创新的发展。汉代董仲舒为了推行政治上的"大一统",建议罢黜百家,独尊儒术。西汉以后的历代统治者虽然对儒家思想有所修改,但其对专制统治的支持程度有增无减。儒家思想渗透到社会生活的各个方面,包括 R&D 领域。在创新资源配置方面,体现为集权型配置创新资源,是一种倒三角形。这种模型表示,技术创新必需的人、财、物、信息等资源高度集

---

① 赵克:《论区域创新源对文化环境的依赖——诱致工业实验室发生区域转移的一种文化解释》,《科学学与科学技术管理》,2005 年第 4 期。

中在政府或行政人员手中。由于创新资源的生长高度依赖于政府的作用,创新成本、风险、收益几乎全部由政府或行政官员承担。由于民间不存在或很少存在 R&D 投资主体,兼以中国传统"君子不患贫而患不均"思想的严重存在,形成对 R&D 人员分配的平均主义。江苏省作为中国的一个区域,这种分配思想与市场经济的分配原则相违背,成为阻碍 R&D 物质投入的重要文化基因。平均主义助长了懒汉作风,委屈了先进人物,压抑了创新组织中 R&D 人员的进取精神,限制了 R&D 人员的主观能动性,从而导致创新组织工作效率的低下。

2. 决定产权激励方式的文化基因

R&D 工作高度的不确定性要求在 R&D 管理中必须以人为中心。西方文化中的人文主义认为,在考虑、处理问题时要把人的利益放在中心地位,作为出发点,尊重人的尊严。人文主义的中心主题是人的潜能和创造力。① 人文主义体现在 R&D 中就是"人本"思想,承认 R&D 人员对其人力资本的产权,不但承认 R&D 人员对自身人力资本的占有权、使用权,还必须使 R&D 人员参与创新主体剩余价值的分配,使 R&D 人员享有剩余索取权。

在中国传统文化中虽然也讲"人",但中国传统的人文主义不同于西方的人文主义。中国传统文化中所谓的"人"是"类"的概念,是社会全体的概念。它所肯定的不是个人的价值、个性的自由,而是个人所归属的群体、团体。总体——个人所归属的团体,是神圣的,至高无上的。个体——个人、个人独立的人格,是卑微的,微不足道的。② 中国古代对人的态度和看法实质上是一种"物本"文化,即把人作为一种特殊的物对待。体现在江苏省 R&D 中,就是重技术设备等有形创新要素,轻视 R&D 人力资本这种最重要、最稀缺的无形资产。

---

① [英]布洛克:《西方人文主义传统》,董乐山译,读书·生活·新知三联书店,1997年,第234页。
② 可星:《企业家产生的制度和文化分析》,《中国人民大学学报》,1999年第5期。

5.3.2.2　决定区域 R&D 精神投入的文化基因

随着知识经济程度的不断提高,区域 R&D 投入中的精神投入对 R&D 绩效所起的作用越来越大。区域创新主体对 R&D 人员的精神投入包括创造自由、提升发展和对思维方式的影响等。这些精神投入表面上看只是属于意识形态领域的投入,但决定它们的根本因素是区域的 R&D 文化基因。决定对 R&D 人员"创新自由"投入的 R&D 文化基因是创新主体对 R&D 宽容或狭隘的态度,决定对 R&D 人员"提升发展"投入的 R&D 文化基因是"官本位"或"知识本位"意识,决定对 R&D 人员"思维方式"投入的 R&D 文化基因是理性思维或经验思维。

1. 创造自由(宽容—狭隘)

不同国家或区域历史背景不同,对 R&D 自由的容忍程度也不同。Hofstede[①] 从价值观层次将社会文化分为 4 个类型:权力距离大小、集体主义与个人主义、男性化和女性化以及对不确定性的规避倾向。其中权力距离大小包括人们对社会不公平的承受力、对权威以及在社会和组织中的身份地位差别的接受程度。美国、日本和中国的文化类型不同,对技术创新自由的宽容度也不同(见表 5.12)。在科技领域,永远没有顶峰和尽头。"后来居上"是科技发展的自然规律。在科技领域,鼓励创新与超越,是维系科学技术生命力最基本的条件。而要做到这一点,就必须把约束条件放宽到最小限度,把制约科技发展的非科技因素尽量予以排除。[②] 美国硅谷高新技术之所以发达,与其宽容的 R&D 文化有很大关系。在硅谷这座只有十几万人的小城市里,可以容纳十几种信仰,在 1 500 所中学里你能听到 52 种语言。正是由于硅谷宽容的 R&D 文化,它才汇集了世界各地的精英,这是硅谷成为硅谷的根本原因。

---

① Hofstede. Culture's consequences: international differences in work-related values. Beverly Hills, CA: Sage Publications, 1980:79-97.

② 何亚平,张洪石:《科技文化的价值观与技术创新》,《科学学研究》,2001 年第 2 期。

表 5.12　美国、日本和中国对创新自由的宽容度

文化参数	美　国	日　本	中　国
权力差距	鼓励各种试图消除权力差距的创新活动,创新成功者可能一步登天,对创新自由的宽容度大	等级森严,创新者虽得到鼓励,但地位升迁很慢,权力拥有不会因创新成功有太大改观,对创新自由的宽容度一般	只有拥有权力,才有力量推动创新,但创新阻力大,创新不被鼓励,对创新自由的宽容度较小

　　同样道理,受历史和区位影响,中国各区域对创新自由的宽容度也不同。在中国几大经济区中,东南沿海开放比较早,接受西方R&D文化早,对创新自由的宽容度比较大;中西部开放较晚,信息相对较为封闭,受传统文化影响较大,对创新自由的宽容度相对较小(见表5.13)。江苏省位于东南沿海,对创新自由的宽容度比较大。实践证明,凡创新能力差的区域,对创新自由的宽容度一般比较低;而创新能力强的区域,一般有着比较高的创新宽容度。

表 5.13　中国主要经济区对创新自由的宽容度

文化参数	长三角经济区	珠三角经济区	环渤海经济区	东北经济区	中西部经济区
权力差距	历史上文化发达,是外商尤其是台商主要的电子工业投资基地,开放早,受国外创新文化影响大,对创新自由的宽容度大	毗邻港澳,受殖民文化影响深,香港产业转移时大量移入该地区,对创新自由的宽容度相对较大	开放较晚,多为国有企业,对创新宽容度较小	为老工业区,受计划经济体制影响较深,创新自由宽容度较小	开放晚,许多地区至今处于封闭状态,R&D过程中受传统思想影响较深,对创新自由的宽容度最小

　　2. 提升发展(知识本位—官本位)

　　R&D工作是一项知识创新工作,要求创新主体必须具备"知识本位"思想。在R&D过程中,起作用最大、对R&D绩效贡献最大的要素是 R&D 人员及其拥有的知识。在发达国家,知识、权力和财富处于平等的地位,拥有三种资源中的任何一种,只要达到一定的数量,都可以认为是成功的标志。而在中国,受几千年自然经济基础上的封建皇权思想影响,"官本位"思想至今仍影响深远。"官本位"是一种以官为本,以权力的获得、实现和趋从为主导意识的社会风尚。说到底,"官本位"就是权本位,是一种官职崇拜,是一种以官职大小、官职高低为标尺或参照官阶级别来衡量人们社会地位的人生价值。"官本位"意识在长期演变和发展过程中,已经内化为整个民族的深层心理,渗透于我国社会文化的各个方面。① 江苏省 R&D 文化作为中国文化的亚文化,当然深受"官本位"思想的影响。但"官本位"思想与 R&D 工作的性质不相容,甚至已成为江苏省创新能力提升的障碍。

据《中国、日本、韩国、美国:中学生 21 世纪之梦》的调查显示,中国中学生最愿意当官,占 50% 以上,甚至有相当一部分人把地位高、当高官作为自己人生最大的目标,而美国和韩国分别有 70% 以上的中学生,日本有 70% 以上的初中生、50% 以上的高中生表示不愿当官。由此足见"官本位"意识在中国的严重程度。受"官本位"思想影响,一些品学兼优的理工科学生,毕业后不是全身心扑在 R&D 工作上,而只是将眼前的 R&D 工作作为升官的跳板。江苏省作为中国的一个区域,这种现象严重制约了江苏省创新能力的提升。正因如此,在企业和科研机构中,增加提升机会已成为对 R&D 人员很有效的一种激励方式。

3. 思维方式(理性思维—经验思维,崇尚权威—批判精神)

技术创新中的 R&D 工作需要科学的理性思维,理性思维是 R&D 成功的重要前提条件。西方文化起源于古希腊文化,古希腊文化起源于米利都学派的自然哲学,这种哲学同时也是科学。所以说,古希腊文化起源于科学②,即西方文化起源于科学。以古希

① 赵克:《论区域创新源对文化环境的依赖——诱致工业实验室发生区域转移的一种文化解释》,《科学学与科学技术管理》,2005 年第 4 期。

② 周昌忠:《西方科学的文化精神》,上海人民出版社,1995 年,第 25 页。

腊文化和基督教为核心或基础的西方文化崇尚理性思维,西方科学一个最重要的特点是"对现象背后的原因进行解释"。即西方科学主要不是对现象本身的描述,也不是全面的经验总结,而是用猜测的原因对现象进行解释的理论体系。

以儒家文化为核心的中国传统文化有以道德为中心的倾向,这种倾向是形成中国传统文化重人文、轻科技的思想根源,使中国人在 R&D 中偏重于对自然现象的描述,偏重于经验总结,从而在 R&D 中以经验思维为主。这不利于 R&D 中的技术突破。

科学技术是继承和发展的事业,批判与创新是近代科学技术得以持续进步的基本动力。① 西方人的怀疑和批判精神滥觞于公元前 3 世纪皮浪的怀疑主义。怀疑主义作为一种哲学流派,在古希腊罗马时期持续了 500 多年时间,对西方哲学和自然科学研究产生了深远的影响。亚里士多德就说:"吾爱吾师,吾更爱真理。"然而,中国历史上一直崇尚古人、权威,缺乏怀疑和批判精神。主要是因为"信而好古"和"述而不作"的传统,导致人们不敢对古人、死人和权威的学说提出挑战和进行彻底的批判。

以上是导致江苏区域创新主体对 R&D 进行物质投入和精神投入的主要文化基因,这些 R&D 文化基因是影响江苏省 R&D 投入的主要因素,也是决定江苏省 R&D 产出的主要因素。

5.4 区域创新主体的支撑层文化基因

区域创新能力既受区域创新主体核心层文化基因的影响,也受到区域创新主体支撑层文化基因的影响。区域创新主体支撑层文化基因决定着区域创新主体支撑层要素及其对区域创新主体核心层的作用,进而影响到区域创新能力。研究区域创新主体支撑层文化基因,揭示其形成路径,对研究区域创新能力形成路径具有重要意义。区域创新主体支撑层文化基因包括风险投资文化基因、教育文化基因和技术中介文化基因等。

---

① 盖文启:《创新网络——区域经济发展新思维》,北京大学出版社,2002 年。

5.4.1 风险投资文化基因

文化隐藏在人们内心深处,和法律制度、创新行为一起,组成区域极为复杂的因果关系网,对区域创新能力产生着影响。区域创新中的风险投资表面上看只是一种投资、融资行为,实际上,对这种投资、融资行为起决定作用的,是区域的风险投资文化基因(见图 5.3)。正如马克思·韦伯所言:"不是思想,而是利益支配人们的行为。但是,观念创造'世界图像'时常像扳道夫一样决定着由利益驱动的行为的发展方向。"

区域风险投资市场由风险投资者、风险资金和创业者组成,风险资金作为连接风险投资者与创业者的桥梁,能否起到桥梁作用,既取决于风险投资者,也取决于创业者和市场。

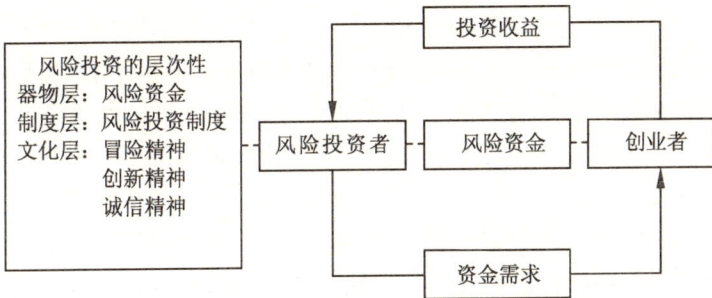

图 5.3 区域风险投资链及风险投资文化基因

5.4.1.1 促使西方国家风险投资产生的文化基因

风险投资是西方知识经济的产物。作为一种投资方式,风险投资本身代表了一种文化,反映了西方人的观念。为研究江苏省缺乏风险投资的原因,首先总结一下西方国家,尤其是美国风险投资成功的原因。

1. 创业者的创新精神

在风险投资市场上,创业者的创新精神是产生风险投资的根本。只有存在大量的具有创新精神的创业者,才能产生对风险资金的需求。美国硅谷、印度班加罗尔等之所以能培育出一批高科技公司,正是由于这些地区鼓励创业精神,吸引了大批有识之士前来这里创业。硅谷属于美国的一个地区,其文化受美国文化的影响。美国是一个移民国家,喜欢创新、冒风险是其主要的民族精神。

创业者的创新精神是风险投资的精神支柱,是风险投资产生并得以壮大的动力源泉。技术创新是一项充满不确定性和风险的事业,任何区域的人们都有可能产生各种各样的创新设想,但怎样将创新设想变为现实?只有创新精神才能在创新设想与创新实践之间架起这座桥梁。日本、西欧等其他发达资本主义国家之所以在风险投资方面不如美国发达,发达资本主义国家的风险投资之所以比发展中国家发达,创业者创新精神的差异是一个主要原因。就风险投资链而言,创业者的创新精神是导致各区域之间风险投资存在差异的终端原因。

2. 风险投资者的冒险精神

在风险投资市场上,风险投资者是风险资金的提供者,他们能否将资金投资于充满风险的创新项目,关键取决于风险投资收益率与社会平均收益率的比值和自己的冒险精神。由于高新技术的诞生往往与大量的失败相随,所以,高新技术企业经常面临巨大的技术风险;同时,高新技术创新是前所未有的市场创新,消费者对高新技术产品的认同程度经常与创新企业有很大偏差,所以,高新技术企业还面临着巨大的市场风险。并且,高新技术具有高投入、周期长的特点,风险投资中"成三败七"。① 所以,风险投资者如果没有一定的冒险精神,很难将资金投向创新项目。

在风险投资链中,冒险精神是影响风险投资供应环节的主要文化基因。美国是一个移民国家,移民本身就意味着冒风险,美国的历史决定了美国风险投资者具有强烈的冒险精神。

3. 连接双方的市场机制:诚信精神

在风险投资市场上,仅有风险投资者和创业者之间的供求关系,还不能保证风险投资的有效实现,除此之外,还必须有完善的保证风险投资实现的市场机制。其中最主要的是保证双方合作的

---

① 成思危:《风险投资在中国》,因陀罗网书海,2000 年,第 117 页。

市场精神,即诚实守信。道德规范与法律制度一起,构筑了市场高效运作的基础,一个公平、公正、诚信合作的市场无疑要比一个尔虞我诈的市场有效得多。

风险投资中的诚实守信主要靠道德去维持,一个人思想上的诚信只能来自他的信仰,在西方这种信仰是由基督教提供的。基督教的赎罪思想、立约思想是诚信的源泉,这种思想已渗透到社会生活的各个方面,当然包括风险投资领域。由于风险投资是高风险、高技术含量的投资行为,所以,风险投资的道德风险很容易被其他风险掩盖,从而造成机会主义盛行。在一般投资者、风险投资者和创业者之间存在严重的信息不对称问题,这种信息不对称很难通过法律等强制性规范去约束,只能通过文化层次的道德去约束。广泛的基督教信仰是西方国家风险投资业发达的一种市场自发约束性文化基因。

从上面分析可知,西方国家风险投资业发达,是风险投资链3个环节文化基因共同作用的结果。这既是西方国家风险投资成功的主要原因,也是风险投资存在和发展应该具备的文化基因。

5.4.1.2　江苏省风险投资缺乏的文化基因

西方国家风险投资成功的实践证明,风险投资的兴衰主要源于风险投资链上各环节的文化基因的支撑。西方国家风险投资业成功发达,是由于其文化基因适合风险投资链的形成;江苏省风险投资业落后,是由于江苏传统文化对风险投资链不支撑,甚至与风险投资链各环节的要求存在冲突。

1. 创业者的创新精神

中国地处东亚大陆,西南部、西部和北部都是高原,南面和东面面临海洋。特殊的区位使历史上的中国处于几乎与世隔绝的状态,这种独特的自然环境造就了中国传统文化中独特的保守和封闭思想。正是由于中国这种特殊的区位特点,中国历史上相对稳定,形成了发达的农耕文明,过于发达的农耕文明又形成了中国人绵延至今的农业意识。中国历代统治者"重农抑商",进一步强化了中国传统文化中的保守思想。江苏省作为中国的一个区域,其区域文化虽然具有自己的特点,但不能脱离中国传统文化的束缚。

文化为风险投资的发展提供精神动力。[①] 风险投资的特点要求创新文化为其提供精神动力,但江苏省作为中国的一个区域,其传统文化中的保守、求稳意识使江苏人宁可过贫穷稳定的生活,也不愿意冒风险去追逐风险大、收益高的活动。缺少创新意识的文化,致使江苏省缺少大量的敢于冒风险的创业者。因此,江苏传统文化基因造成江苏省对风险投资的需求不足,不能在风险投资链上对风险投资产生强有力的拉动作用。这是江苏省风险投资业落后的需求环节的原因。

2. 风险投资者的冒险精神

风险投资者和创业者一样,其投资行为也深受区域文化基因的影响。中国虽历经几千年演变,但基本上属于同一文化形态,始终没有突破和超越在初始阶段设定的意义网络,始终停留在农业社会的状态。[②] 中国传统文化作为强女性文化,其保守和懦弱性不但影响到创业者,也影响到风险投资者。受传统文化影响,许多资金拥有者宁可把资金放在银行里坐收低微的利息,也不愿冒风险,将资金投向风险项目。冒险精神的缺乏使许多资金拥有者始终处于潜在的风险投资者状态,很难转化为现实的风险投资者。

中国传统伦理思想中的道义倾向深刻地影响着国民的价值取向和价值追求。中国历史上一向重义轻利,这种贱利思想使中国人缺乏进行风险投资的动力。同时,中国历史上"官本位"思想的影响非常深远,至今对人们的求学、就业还在起着很大的作用。在中国人的信念中,要么求义当君子,要么做官,或者二者兼具,而这两者都排斥财富观念,任何追逐财富的行为在中国都属贱行。江苏省作为中国的一个区域,其区域文化深受中国传统文化的影响。在风险投资业,人们冒着巨大风险进行风险投资,主要目的是为了获得丰厚的投资收益,既然江苏省缺少好利的传统文化基因,当然

---

① Schofer P, Leitinger R. Framework for venture capital in the accession countries to the European Union. Austria: University of Applied Sciences "FH bfi Wien", 2002.

② 成良斌,葛秋萍,瞿凌云:《论中国风险投资的文化困惑》,《学海》,2002 年第 3 期。

江苏省的投资者即便有资金,也不愿意进行风险投资,致使江苏省的风险投资者缺乏进行风险投资的动力。

另外,同西方国家相比,江苏省的风险投资市场还很不成熟,资金拥有者存在许多高利润的寻租机会,这也严重制约着资金流向风险投资行业。

3. 连接双方的市场机制:诚信精神

江苏省虽然有多年的商业文化,但自古以来仍存在"贱商"意识,视商人为"奸商",视商业为不讲诚信的行业。同世界发达国家相比,江苏省的工业从商业中分化出来时间比较晚,工业行业的诚信度来源于人们对商业的认识和评价,其诚信度也不高。高新技术产业是近些年才从传统工业中分化出来的"第四产业",其行业诚信度当然受人们对商业和工业看法的影响。加上高新技术行业本身是一个高风险的行业,其中的道德性受各种机会主义行为影响比较严重,所以,江苏传统文化中的缺乏诚信,导致经济领域中的缺乏诚信,使风险投资链中的风险投资者与创业者之间缺乏有效的连接机制。诚信缺乏大大增加了风险投资者与创业者之间的连接成本,使江苏省风险投资的产生困难更加巨大。

决定江苏省风险投资链 3 个环节的文化基因都不支持风险投资的形成和发展,所以,江苏省的风险投资业至今仍很落后。风险投资业的落后又严重制约着江苏区域创新能力的提高和高新技术产业的发展。

5.4.2 教育文化基因

教育是科研的上游,一个区域的创新能力如何,在某种程度上是由各区域的教育决定的。区域创新能力是由区域技术创新人才决定的,而区域技术创新人才是由教育系统培养出来的。区域传统文化基因对区域教育的主导思想、教学模式、教学目标有着深刻的影响。所以,在区域技术创新过程中,区域文化基因制约区域教育,区域教育决定区域创新人才的数量和质量。同时,区域创新能力又对其教育具有反馈作用。

随着人类社会由工业经济向知识经济的过渡,创新能力已成为决定区域竞争力的根本因素。江苏省作为中国区域创新能力较强的省份,其技术创新能力之所以远远落后于发达国家,表面上是R&D资金、R&D人员、创新制度等原因,实质上与技术创新的上游——教育有很大关系。技术创新需要技术创新人员具备极端的创新思维,需要具备创新能力,需要将创新作为自己的最终目标。但受传统文化基因的影响,江苏省目前的教育模式培养出的有些技术人才并不具备创新人才应该具备的素质,甚至江苏省有些教育机构培养出的技术人才同技术创新的实际需要相比,供非所需,存在互相冲突现象(见图5.4)。这是江苏区域创新能力比发达国家落后的教育方面的根本原因。

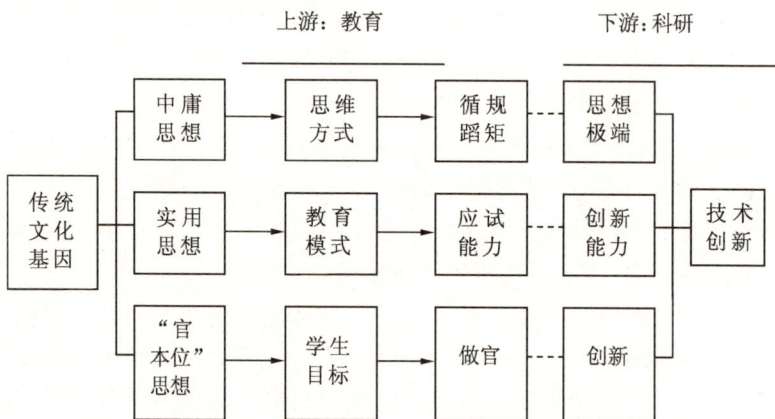

上游:教育　　　　　　　　　　　　下游:科研

```
                   上游:教育                           下游:科研

          ┌──────┐    ┌──────┐    ┌──────┐    ┌──────┐
       ┌─→│ 中庸 │ →  │ 思维 │ →  │ 循规 │ ╌╌ │ 思想 │
       │  │ 思想 │    │ 方式 │    │ 蹈矩 │    │ 极端 │
       │  └──────┘    └──────┘    └──────┘    └──────┘
┌────┐ │  ┌──────┐    ┌──────┐    ┌──────┐    ┌──────┐    ┌────┐
│传统│ │  │ 实用 │ →  │ 教育 │ →  │ 应试 │ ╌╌ │ 创新 │ ╌╌ │技术│
│文化│─┼─→│ 思想 │    │ 模式 │    │ 能力 │    │ 能力 │    │创新│
│基因│ │  └──────┘    └──────┘    └──────┘    └──────┘    └────┘
└────┘ │  ┌──────┐    ┌──────┐    ┌──────┐    ┌──────┐
       └─→│"官  │ →  │ 学生 │ →  │ 做官 │ ╌╌ │ 创新 │
          │本位" │    │ 目标 │    │      │    │      │
          │思想  │    └──────┘    └──────┘    └──────┘
          └──────┘
```

图 5.4　江苏传统教育与技术创新要求关系图

5.4.2.1　学生传统思维方式的文化基因

思维方式是人类创新能力的深层因素。学生的思维方式是学生创新能力的深层因素,对学生的学习行为和参加工作后的思维方式都有重大影响。国外研究表明,一个人的思维方式基本上是在学生时期形成的。

1. 江苏省学生的传统思维方式

"听话"的学生历来在江苏最受欢迎,而喜欢"钻牛角尖"的学生最不受欢迎。所谓听话,就是一切听老师的,一切服从传统思想,一切循规蹈矩。社会是不断发展的,任何传统和习俗都是一定历史条件的产物,随着历史条件的变化,曾经进步的传统和习俗可能会变得落后,可能会成为社会经济、政治、文化发展的障碍。因此,循规蹈矩实质上是一种守旧思想,这种思想不利于对现实问题的发现。

西方科学之所以能够领先全球,与西方盛行的怀疑和批判精神密不可分。西方在古希腊罗马时期就不相信任何权威,不相信任何成见。这种怀疑主义和批判精神不仅影响了文艺复兴后的整个西方学术界,并被发扬光大,而且还影响了宗教神学占绝对优势的中世纪的哲学家。中世纪经院哲学的瓦解和后来的宗教改革以及文艺复兴运动,都是怀疑和批判精神强烈作用的结果。

2. 江苏省学生传统思维方式的文化基因

江苏学生的思维方式之所以如此,除受老师直接影响外,还有深刻的历史原因,其中最主要的是江苏传统思想中的中庸思想。中庸的主要特点是不走极端,对任何事物既不表示赞成,也不表示反对,而是采取一种模棱两可的态度。据说,孔子的中庸思想一开始是从尧舜处理问题的"允执其中"那里演化而来的。秦汉以后,老百姓出于对强大皇权的畏惧,逐渐将中庸思想变为中国做学问和处理事情的主导思想。在根深蒂固的中庸思想的影响下,中国古人在"立言"时为了避免出错或害怕出错,总喜欢用既不能被证实,也不能被证伪,既不说是,也不说非的模棱两可的、几乎圆滑的语句来陈述问题。这种能够保证"永远正确"的辩证命题实际上没有给我们带来任何精确的信息。[①]

江苏省作为中国的一个区域,自古以来就有"人怕出名猪怕壮"、"木秀于林,风必摧之"、"枪打出头鸟"等俗语。在这种社会背景下,每个人都"夹着尾巴做人",这乃是小农经济社会和计划经济时代最普遍、最盛行的被扭曲的价值观、文化心态和思维模式。在这种思想影响下,人的个性被压抑,创新意识、创造力被抑制。而这种文化基因中的病毒,对我们正常的"教育—科学—教育—科

---

① 钱兆华:《西方文化精讲》,华龄出版社,2007年,第55-57页。

学"循环的细胞,对我们应有的科学创新意识、创造力细胞,具有一定的杀伤力,尤其对后代的有效的科学创新基因,更具杀伤力。[①]

3. 江苏省学生传统思维方式与技术创新思维的冲突

技术创新要求人个性鲜明、思想活跃、与众不同、标新立异,而在传统文化基因影响下,江苏省有些学校培养出的学生并不具备这样的思维方式。江苏省教育机构培养出的有些学生的思维方式与技术创新需求的思维方式供非所需,甚至存在冲突现象。

"创新师祖"熊彼特认为,创新就是打破旧的均衡,建立一种新的生产函数,创造出新的产品、新的工艺、新的材料来源、新的市场、新的组织。中庸思想打不破旧的均衡,中庸思想也建立不了新的生产函数。江苏省创新能力落后于西方发达国家有很多原因,但创新人员与西方创新人员在思维方式上的差异是主要原因之一,而造成双方差异的主要原因在于其文化基因和教育制度。因此,教育制度导致的学生思维方式的差异是江苏区域创新能力落后于西方国家的一个主要原因。

5.4.2.2 学校传统教育模式的文化基因

区域创新能力的提高靠大量的高素质的创新人才。然而,长期以来,江苏传统教育模式培养出的人才能力标准与技术创新要求的人才标准不相匹配,甚至产生冲突,究其原因,还是区域文化基因方面的问题。

1. 江苏省传统教育模式

教育是科学的基石,大学是人才的摇篮。关于"素质教育"与"应试教育"两种教育理念的争论和博弈,已经存在很长时间了,但江苏省有些区域的教育至今在很大程度上还是应试教育。从小学到大学,许多学生学习的目的主要是为了应付考试,不少学校培养出的人才基本上是考试机器。中国古代从隋朝开始用科举考试选拔人才,此后经过历代封建王朝的不断改进、完善,中国科举制度

---

① 宋东林、李政:《文化基因、信任模式与中国家族企业的管理专业化及国际化》,《北方论丛》,2007 年第 3 期。

到明清时达到顶峰。科举考试制度提供了竞争机会,为历代王朝选拔了不少杰出人才,尤其是寒门士子,通过苦读修身不仅有真才实学,进士及第后施展才能抱负,且为官后大多比较清正。然而,科举考试的弊病从唐朝时就暴露出来:科举制度诱使人读死书,一味寻章摘句,不务实学;而且为参加科举考试所读的书籍只是古典哲学和文学方面的内容,严重束缚了读书人自然科学研究才能的发展。科举考试制度已废除 100 多年了,但江苏省有些学校的教育模式至今还没有走出应试教育的怪圈。

2. 江苏省传统教育模式的文化基因

江苏传统教育模式之所以不能走出应试教育的怪圈,主要原因在于江苏传统文化基因中的生存型实用文化特征。在西方文化中,人们在精神世界中对世界奥秘的追求与其在世俗社会中对物质利益的追求是分离的。这起源于西方社会生活与世俗生活的二元分立的文化传统。西方社会生活的二重化,导致了人们物质生活与精神生活的分离,继而导致了人类知识的二重化,即维系世俗生活的工匠知识与探讨上帝或世界奥秘的理论知识之间的分离。

中国文明起源于黄河流域,中国古代农业社会面临严峻的自然条件,黄河由于途经黄土高原而经常改道,时而泛滥成灾,时而干旱少雨。这种生存状态产生两种精神取向:一种是靠原始巫术与宗教,幻想通过与天人交会的神秘主义宗教仪式求助于神灵,另一种是高度的实践理性精神。春秋时期以孔子为代表的一批具有现实精神的中国古人,对宗教意识采取了高度实践的态度。这导致世俗生活与宗教生活的高度一体化,使中国的宗教——儒教成为高度世俗化的宗教,它的教义与礼仪就是社会世俗生活本身,由此逐渐成为中国的主导性价值,产生了中国古代的生存型实用文化特征。① 江苏省作为中国的一个区域,其区域文化也带有生存型实用文化的特征。这就是江苏传统教育模式产生的重要文化基因。

---

① 成良斌,葛秋萍,瞿凌云:《论中国风险投资的文化困惑》,《学海》,2002 年第 3 期。

3. 江苏省传统教育的目标

江苏省教育主管部门虽然深知素质教育的重要性,但在实践中对学校的考核指标仍然以升学率为主。既然教育主管部门考核学校用升学率去衡量,当然学校考核教师工作绩效也用升学率去衡量。这样层层执行,素质教育只是说说而已,真正执行起来还是应试教育。在应试思想指导下,学校培养出来的人才只是考试机器,虽然具有很强的应试能力,但缺乏技术创新所需要的创新能力。应试教育模式几乎全然抑制或扼杀了学生的独立思考能力和创造潜能。学校培养的人才不具备创新能力,不适合技术创新,区域技术创新中最稀缺、最重要的创新人才短缺了,区域创新能力当然很难得到提高。

美国的教育目标与中国不同。莱斯特·瑟罗教授在对日美人文特征进行比较时说:"我们叫麻省理工学院的工程师做什么?技术突破!靠把什么东西改进1‰不能得到优。但在东京大学你把什么东西改进1‰就能得到优,他们那儿不讲究革命性的突破,整个教育系统不同。"[①]江苏省作为中国的一个区域,其教育模式与同受东方儒家文化影响的日本有很多相似之处。指导中西方教育的"指挥棒"不同,中西方教育机构培养出的人才能力自然不同。这是江苏区域创新能力落后于西方发达国家的又一个主要原因。

江苏省现有教育模式培养出的学生所掌握的是应试能力,而从事技术创新的人才应该具备的是创新能力。江苏省现有教育模式培养出的有些人才所具有的能力不适合技术创新,甚至与技术创新所要求的能力发生冲突。用这样的人才从事技术创新,当然很难实现技术创新的实质性突破。

5.4.2.3 学生目标的文化基因

中国自古以来就有"万般皆下品,唯有读书高"的说法,但读书

---

① 吕炜:《风险投资发展的制度背景与价值分析:以美日比较为参照》,《经济研究参考》,2001年第10期。

的目的主要是为了做官,而不是进行技术创新。"官本位"思想至今还影响着中国年轻人的择业观,大批品学兼优的理工科学生读书和工作的目的不是为了进行技术创新,而是为了做官。

在知识、权力和财富三者中间,中国人传统上最看重权力。既然全社会最优秀的人才都想去做官,当然进行技术创新的人才就少了。区域经济发展要靠区域创新能力的提高,但区域最优秀的人才又不愿意从事技术创新工作。社会的价值观导向与经济发展导向不一致,甚至发生严重冲突,致使社会人力资源发展方向偏离经济发展的主导方向。这样的区域,创新能力很难得到提高。

江苏传统文化基因中的中庸思想,形成学生思维方式的循规蹈矩;江苏传统文化基因中的实用思想,形成应试教育;江苏传统文化基因中的"官本位"思想,使有些学生将人生的最终目标定为做官,而不是技术创新。教育的下游是科研,在传统文化基因影响下的江苏省有些教育机构所培养出的人才和他们拥有的能力与技术创新所要求的人才标准存在冲突现象,所以,江苏省教育机构培养出的有些人才不能支撑江苏区域创新能力的提高和发展,这是江苏区域创新能力落后于西方发达国家的教育环节的主要原因。

5.4.3 技术中介文化基因

区域技术中介机构是随着企业对技术中介服务的需求而逐渐产生和发展的。虽然区域技术中介机构的技术中介服务是一种伴生性活动,其产生发展受企业对技术中介服务的支持力度的影响很大,但由于技术中介服务是一种以技术为核心的服务供求活动,区域文化基因对区域技术中介服务存在重要影响,甚至在某种程度上可以决定区域技术中介服务的质量,从而直接影响到区域技术中介的存亡。所以,从文化层研究区域技术中介对研究区域创新能力形成路径具有重要意义。

区域技术中介机构在区域技术创新中联系着企业、金融机构、政府、科研与教育机构等创新主体,在区域技术创新中起着桥梁和纽带作用。区域创新主体对技术中介机构的认识、区域技术中介机构的诚信、技术中介机构与其他区域创新主体的合作意识都对区域技术中介有重要影响。而区域创新主体对技术中介机构的认识、技术中介机构的诚信和技术中介机构与其他创新主体的合作意识均属于区域文化的范畴,是区域多年历史沉淀的结果。只有揭示它们对区域技术中介作用的路径,才能揭示区域技术中介文化基因的形成路径。

5.4.3.1 区域创新主体对技术中介的价值观

技术中介同其他活动一样,也受到行为主体价值观的影响。技术中介机构的服务活动不是盲目的,在技术中介服务的背后,价值观起着决定性的作用。一个事物,只有当它被认为是有价值,能满足人的某种需要的时候,才能成为行为主体追求的目标。技术中介服务作为技术含量很高的"软产品",其价值衡量本身就有很大难度,所以,区域创新主体对技术中介的价值观直接影响到技术中介服务的状况。

1. 重产品、轻服务的价值观

江苏传统文化是一种农业文化,即重视农业生产,轻视工商业生产。在封建统治者看来,农业是本,工商业是末。历代统治者"强本抑末"的经济政策形成了江苏省重产品、轻服务的观念。也就是说,在江苏传统文化基因中,就有轻视服务的价值观。

技术中介服务是知识经济的产物。由于历史原因,江苏省至今尚处在工业经济阶段,"知识经济初露端倪",同发达国家相比,江苏省的技术中介起步相对较晚。

江苏传统文化是一种生存型实用文化。江苏传统哲学和文化过分强调了知识、真理与行动的统一,而忽视了知识的独立性;缺少西方那种在"爱知"的价值取向下对纯粹知识和自然现象的求索。[①] 江苏省的这种传统实用价值观,形成江苏省重知识的实用、轻知识的理论,重知识的直接实用、轻知识的间接实用的文化。技术中介是一种技术服务,不直接产生价值,自然不被人们重视。改

---

① 陈红剑:《中西古代科学的文化基因比较》,《郑州航空工业学院学报(社会科学版)》,2005年第2期。

革开放后,江苏省同中国其他区域一样,从西方引进了技术中介制度,但制度可以引进,文化却不能引进。致使江苏省起步初期的技术中介成为退休技术人员和迫于生存压力、期望通过考取职业资格证进行二次就业的年轻人从事的职业。

区域社会对技术中介价值的评价直接影响到区域创新主体对技术中介的价值观。阿根廷学者格龙多纳(Mariano Grondona)认为,为促进经济的可持续发展,需要一种亲经济(非经济但又不烦经济)的价值观。① 区域创新主体这种非亲经济的价值观严重影响到技术中介服务及其产出的价值,致使技术中介机构在江苏省创新体系中的地位大打折扣。

2. 技术中介服务人员的价值观

技术中介产生初期,由于社会各界不重视技术中介行业,不承认技术中介服务的价值,引起技术中介工作人员对技术中介服务价值的判断。实践证明,追求价值不仅是人们认识活动的目的,而且也是人们积极从事包括创新活动在内的各种活动的动力。价值目标越大,越是同行为主体的需求、利益相一致,人们就越会产生出大的干劲,越能迸发出更多的激情和创造灵感。在社会压力下,技术中介人员降低了对技术中介服务价值的要求。随着技术中介服务价格的降低,技术中介服务的质量也跟着下降。这种恶性循环至今还在影响着江苏省的技术中介服务。

5.4.3.2　区域技术中介机构的诚信意识

在区域技术创新体系中,技术中介机构处于受托地位。而且技术中介服务具有很高的专业技术性,技术中介机构在很多情况下与技术的供应方、购买方处于信息不对称状态。所以,区域技术中介机构的诚信状况直接影响到区域技术的供需,影响到区域创新体系的信息流通。受区域文化基因影响,区域技术中介机构的诚信度因地域差异很大。

---

① 玛里亚诺·格龙多纳:《经济发展的文化分类》,[英]塞缪尔·亨廷顿,等主编《文化的重要作用——价值观如何影响人类进步》,新华出版社,2002年。

1. 江苏省的传统信任模式

信任机制从本质和特征层次，可以分为亲情化的私人信任、算计性信任和制度化信任。信任作为人的主观预期，与其生存的社会历史文化传统有着密切关系，不同的历史传统孕育出不同的信任机制。江苏省是一个有着"家文化"传统的区域。在江苏省，家不仅成为价值的出发点，而且成为整个社会关系的理想模式。江苏省的信任模式是以家庭为中心向外依次扩散的，是典型的亲情化的私人信任模式。作为江苏区域创新主体一个组成部分的技术中介机构，其信任模式也脱离不了亲情化私人信任模式的特点。由于江苏省的技术中介制度是从西方引进的，所以，江苏省现行的技术中介制度与江苏省技术中介机构的信任模式存在失配现象。

2. 西方国家技术中介机构的诚信意识

西方发达国家已实行市场经济 1 个多世纪了，市场经济实质上就是诚信经济，诚信是西方市场经济的基础。西方国家的诚信与其传统文化基因有很大关系。西方假定人性是恶的。根据《圣经》的说法，人类始祖亚当和夏娃因偷吃了禁果，从而犯下了原罪。从此，人类就有了罪恶的本性。"性恶论"直接导致了法制、民主和正式制度的建立，因为如果一个人的本性是邪恶的，就需要外部因素的制约。① 正是由于这个原因，西方国家在发展知识经济的同时，建立了一套技术中介制度，保证西方制度性诚信的建立。制度性诚信有利于利益主体与家族外的成员建立诚信关系，保证了诚信的广泛性和持久性。

3. 江苏省技术中介机构的诚信意识

江苏省作为中国的一个区域，其传统文化基因假定人性是善的，"性善论"直接导致了人治、专制和对正式制度的变通。因为如果假定一个人的本性是善良的，就会强调每个人内心的修为和自觉性，而忽略了外部因素的制约。人治的结果是专制和对正式制度的忽略和变通。正是由于江苏传统文化基因的作用，加上江苏

---

① 成良斌:《文化传统、社会资本与技术创新》,《中国软科学》,2006 年第 11 期。

省技术中介行业存在的恶性竞争,致使江苏省年龄不大的技术中介行业在诚信方面存在诸多弊病,既降低了委托人对其信任度,也造成了技术中介市场的混乱。

5.4.3.3 区域技术中介机构的合作意识

R. Landry 等通过实证研究发现,参与网络活动、关系资本、R&D 的投入相对强度、使用的先进技术的数量、出口销售的百分比和财政资产的指数相对增加 10%,那么企业创新的可能性将相应提高 1.89%、1.8%、1.42%、1.3%、0.33% 和 0.22%,前两者共提高了 3.69%;研究网络、关系资本、用于生产过程中的先进技术的数量、出口销售百分比、总的销售额和 R&D 投入相对强度的价值指数相对提高 10%,那么激进创新的程度将相应加强 3.36%、0.91%、2.02%、1.59%、1.17% 和 0.72%,前两者共增加了 4.27%。[①] 由此可见技术创新中合作的重要性。技术中介机构作为区域技术创新体系中的一个创新主体,与其他创新主体的合作同样重要。

1. 西方技术中介合作的文化基因

根据 Hofstede 的划分,西方文化属于个人主义文化,西方的合作是以"个人"为本位、重利轻义、理性主义的合作,这种合作更多地依靠市场去调节。市场是调节利益关系的最好手段,只有靠市场调节,才能实现个人利益的最大化,才符合市场经济的规律。西方技术中介机构与其他创新主体合作的目的是实现相关各方的共赢,合作的纽带是合作各方的利益。这种合作符合市场经济规律。

2. 江苏省技术中介合作的文化基因

江苏省作为中国的一个区域,其文化属于集体主义文化,集体主义的合作是以"集体"为本位、重义轻利、情感主义的合作。这种合作是为了实现集体或社会利益的最大化,有时为了实现集体的利益还要牺牲个人利益。所以,江苏省技术中介机构与其他创新主体的合作是一种道德合作,维系合作各方的纽带是道德,这种合

---

① Landry R. Amara N,Lamari M. Does social capital determine innovation? To what extent? Paper Prepared for Presentation at the 4th International Conference on Technology Policy and Innovation, Curitiba, Brazil, 2000.

作的纽带不符合市场经济规律,体现出合作过程中的矛盾性,甚至与市场经济规律发生冲突。这是江苏省技术中介机构与其他创新主体经常发生冲突的深层次的文化基因。

5.5 区域文化基因形成的根源

由于区域文化基因是经过数百年、数千年乃至数万年历史沉淀的结果,所以,区域文化基因的形成是一个非常复杂的过程。但区域文化基因的形成过程总的来说还是有规律的,认清区域文化基因形成的规律,对解释各区域文化基因存在差异的原因、分析区域文化基因对区域创新能力各要素的影响、通过区域文化建设提升区域创新能力都具有非常重要的意义。

总体而言,区域文化基因的形成取决于两方面因素:一是区域内部因素,包括静止状态下的区位、关键人物和动态情况下的区域历史;二是区域外部因素,主要是区域的开放程度,以及对异质文化的兼容程度(见图5.5)。柏林科学技术研究院通过跨国比较研究认为,所有的创新经济都根植于其特定的文化土壤中。文化因素影响着个体和机构的个性和行为,进而在很大程度上决定一个组织的创新成败;文化因素是国家间组织能力和制度能力差异的重要源泉,而这种差异往往导致了国际间竞争力的差异。[①]

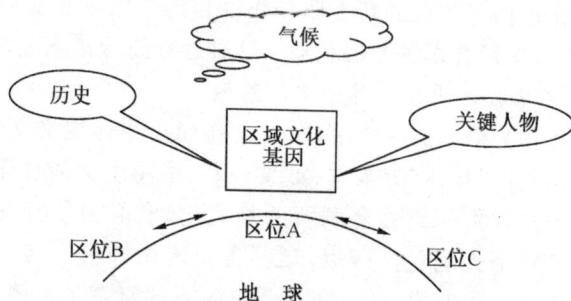

图5.5 区域文化基因的影响因素图

---

① 柏林科学技术研究院:《文化VS技术创新——德美日创新经济的文化比较与策略建议》,吴希金,等译,知识产权出版社,2006年,第72-79页。

5.5.1 区位对区域文化基因的影响

一个区域的区位决定了该区域所处的地理环境条件,决定了该区域的地形、气候、水源、矿产资源、土地资源、生物资源等自然条件,而这些自然条件又制约和决定着该区域人们的生活习惯、价值观、思维方式、世界观、信仰等,即决定着该区域的文化基因。江苏省作为中国的一个区域,其区域文化基因既受到中国整体区位的影响,又具有本区域的区位特色。

中国传统文化起源于黄河流域,黄河由于途经黄土高原经常改道,时而泛滥成灾,时而干旱少雨。这种区位特征使中国古人想方设法应对严峻的自然条件,形成中国古代的生存型实用文化。开始时主要是为了应对自然灾害,每种技术的产生都是为了实用,后来这种思想逐渐扩展到社会生活的其他领域。另外,中国平原面积广大,适宜农耕,致使中国自古以来就是农业国,自然经济在中国封建经济中占统治地位。农业生产存在季节规律,春耕、夏长、秋收、冬藏,人们在这种情况下形成等待的心理和慢节奏的生活,缺乏紧迫感和竞争意识。农业技术因循守旧,发展缓慢。

而日本就不一样。日本是太平洋中的一个岛国,又位于火山地震带,几乎每年都有台风、地震等自然灾害。日本每年水稻收割前后都有大的台风,使日本人必须赶在台风前将水稻收割完毕,否则,农民一年的劳动将可能毁于台风自然灾害。这种情况形成了日本人干事快捷的习惯。

区位差异也是美国硅谷地区和 128 公路地区之间技术文化差异的主要原因之一。美国硅谷地区东部是旧金山海岸的一条狭长的地带,西部是圣克鲁斯山的丘陵。这种半岛形成的天然界限缩短了公司与公司之间的距离,促进了它们之间频繁的、非正式的交流,从而保证了该地区快速的发展。在地理挑战和科技前沿挑战的共同推动下,美国西部先驱者们开创了稳妥可靠、行之有效的技术文化。而马萨诸塞州的科技公司广泛分布于 128 公路地区两侧,并逐步扩散到外围地带和洲际公路 495 附近,被森林、湖泊和高速公路分隔开。这种建立在独立公司基础之上的工业体系有着规模优势和稳定性,但对于疾变的市场和技术反应却较为迟钝。美国硅谷地区和128公路地区区位的差异造成了两个区域技术文化的差异,进而造成了它们技术创新能力的差异。

江苏省与山东省、广东省、浙江省技术创新能力的差异也可找到区位方面的原因。梁金河认为,广东经济领先发展,岭南文化和华侨文化起了很大作用,它完整地体现在岭南人的改革思想、开放意识、吐故纳新和敢闯敢试的实践中;山东经济和齐鲁文化有着密切关系,正是由于齐鲁文化的兼容性和开拓性,推动了山东经济的起飞。① 浙江傍海而居,自然资源匮乏,出海为生的自然环境,培育出了浙江人顽强的生命力和开拓冒险的精神,创新冒险精神是浙江文化最显著的特点,巨大的生机和创造力是其文化的生命力量,功利主义和自然人生观构成了浙江文化的人生观。江苏在中国版图上居南北交汇的缓冲地带,又是大陆海洋的过渡地区。这种特殊的区位对江苏文化的交流发展起到了积极作用。同时,江苏苏南典型的水文化赋予了当地人民勤劳、精巧、柔韧的经济价值观,形成了精打细算、经济作业、节省开支、细水长流的经济作风,注重稳中求进。但正是由于区位影响,也导致江苏区域创新主体过于谨慎,在技术创新中缺乏敢闯敢干的冒险精神,小富即安,进取不足。江苏苏北平原广阔,形成苏北人民富有远见、宽容明礼、坚韧不拔、勤劳务实的精神,但也使苏北人民缺乏批判精神,求稳怕乱,不敢冒险。

5.5.2 区域关键人物对区域文化基因的影响

区域文化基因不但是通过人创造出来的,而且是靠人进行传承的。所以,特定区域的关键人物对该区域文化基因的形成起着重要作用。人是生产力中最活跃的因素,人创造文化,并不断受传统文化影响着。在区域文化基因的形成过程中,区域关键人物因为在区域发展中的强势地位,会比一般人对区域文化基因产生更

---

① 梁金河:《中国:经济方位——鲁粤两省文化不败与经济崛起现象窥析》,中国城市出版社,1996 年,第86-91 页。

大的影响。

古希腊的泰勒斯、毕达哥拉斯、恩培多克勒、亚里士多德等作为自然哲学家,都兼哲学家和自然科学家于一身。正是他们的努力,使自然哲学成为整个古希腊文化的主向度。古希腊文化就是起源于米利都学派的自然哲学,古希腊文化起源于科学,而西方文化又起源于古希腊文化。西方文化能够在自然科学方面创造杰出成就,与古希腊文化起源时的关键人物有很大关系。

中国传统文化中儒家思想的形成与一些关键人物也有很大关系。春秋战国时期,以孔子为代表的一批具有现实精神的中国古人,提出了儒家思想。由于这种思想在封建农业经济条件下具有很强的实用性,被封建统治者接受。西汉时,董仲舒为了推行政治上的"大一统",提出"罢黜百家,独尊儒术",使儒学处于独尊的地位。宋朝时朱熹提出的理学进一步强化了儒家思想。封建统治者和儒家思想的代表人物对儒家思想成为中国传统文化的主流起了主要作用。他们是中国传统文化基因塑造过程中的核心人物。

江苏人才辈出,明清至今,江苏一直是中国人才最集中的地方之一。明代李贽关于利益的解释,明末东林党及清初顾炎武、黄宗羲的思想,都影响到江苏商人文化。近代龚自珍、章太炎等人的资产阶级思想更促进了江苏技术创新思想的发展。

5.5.3 区域历史对区域文化基因的影响

区位和区域关键人物对区域文化基因的影响只能在某一段历史时期内起作用,基本属于静态影响。由于区域文化基因是区域数百年、数千年乃至数万年历史沉淀的结果,所以,区位和一定历史时期的关键人物对区域文化基因的影响可以认为是静态的影响。从长远看,区域一定历史时期的文化基因还受到以前历史的影响。一个区域的历史对其文化基因的形成和发展具有重大作用。

美国是一个移民国家,移民的多元性使其文化具有很大的开放性和兼容性。美国移民多来自欧洲大陆,大多数受过文艺复兴和启蒙运动的影响,这些人个性很强,人格独立,思想解放,富于创新精神,这就为美国成为一个富有创新精神的国家准备了充分的人力资源。① 同时,美国由于历史不长,人与人之间的契约关系使法制不必受制于伦理和人际关系,使美国人在追求变革时追求的是个人效用的最大化,较少考虑别人影响而受到较小约束。

中国则不然。中国是一个有着悠久历史的文明古国,长期文化积淀形成的文化基因中既有促进社会发展的因素,也有一些文化基因随着历史条件的变化,成为社会经济、科技、政治等发展的障碍。文化基因经过多年对人们潜移默化的影响,已形成人的思维,要改变它本身就非常艰难,加上有些区域有意识地保护,并且对新文化基因塑造严重滞后,致使传统文化基因中的消极成分遗传几百年甚至几千年,至今还在束缚着人们的头脑。

美国硅谷地区和 128 公路地区技术创新能力的差异,也是两个区域不同历史影响的结果。硅谷地区的开创者都是白人,大部分是 20 多岁的年轻人。许多人在斯坦福大学或麻省理工学院学习过机械工程专业,很少有人有工作经验。这里没有本地人,主要成员中有很大一批来自中西部的小城镇。这使硅谷的企业家们因在当地缺乏祖先或家族联系,在围绕开发新技术项目的过程中发展了相互认知,他们很少区分工作和生活。而 128 公路地区的创业者历史悠久,那里以源于 17 世纪的保守主义传统为特征,清教徒主义的等级制度和独裁的伦理观在其形成几个世纪后继续影响着那里的区域文化。这些与家庭、邻居、社区的长期联系确保了128 公路地区对工作和社会生活的严格区分。

江苏通江达海,港汊众多,与海外交往已有 500 多年的历史。早在明末,这里就在全国率先出现了资本主义萌芽,商品意识早已深入人心。近代,江苏地处列强侵略和西方文化传入的前沿,江苏通过消化吸收来自西方的工业文明,率先发展民族工业,逐渐成为中国民族工业的发祥地。与此同时,江苏也涌现出一批思想家、科

---

① Lexa F J. Pay for performance and the revolution in American medical culture. Journal of the American College of Radiology,2008,5(3).

学家,崇文、重科技、重工商的民风日盛。① 江苏重商历史为现代区域创新能力的提升奠定了思想基础。

5.5.4 区域之间文化交流对区域文化基因的影响

区域文化基因是历史和区位共同作用的结果,就文化基因本身而言,文化基因没有优劣之分,但就一定时期一定区域的文化基因与经济的匹配来说,文化基因所起的作用不同。与区域经济发展相匹配的文化基因,能够促进区域经济的发展;反之,则会阻碍区域经济的发展。许多区域传统文化基因与正在实行的市场经济、技术创新不融合、不匹配、不协调,而又不能主动地对这些文化基因进行改进,这是这些区域落后于其他区域的主要原因。

生物遗传基因对生物的进化起着绝对的决定作用,而人类文化基因并不能完全决定人类文化的发展,人类文化基因的优势在于其有兼容并蓄的能力。任何文化都有一定的时间或空间局限性,社会是不断发展的,而文化由于在人们头脑中的黏滞性,其发展经常落后于社会经济的发展。这要求人们必须不断反思自己的传统文化基因,并适时进行改进。实践证明,在经济全球化和知识全球化的今天,哪个区域积极对外开放,并且文化的兼容性强,那个区域就能通过与世界先进文化的融合,形成自己的新文化基因,并促进本区域创新能力和竞争能力的不断提高。

江苏省先进的区域文化本身就是江苏内外文化交流的产物。公元前 333 年楚败越以后,江苏的区域文化主体吴文化开始转入低潮时期,民族性由夷越文化向汉族文化转型。到东汉时期,文化转型基本完成,社会经济开始复苏。此后一千年间,永嘉之乱、安史之乱、靖康之难,中华文明的这三次劫难,给吴文化带来了加速发展的机会。先进的中原文化大规模涌入江苏,经过一千余年的融合与发展,明清时期的江苏区域文化已成为中国汉族文化中最先进的区域文化,江苏也成为中国经济文化的中心地区。②

---

① 钱智:《吴文化区域系统初步研究》,《地理学报》,1998 年第 2 期。
② 董楚平:《吴文化的三次发展机遇》,《浙江社会科学》,2001 年第 5 期。

5.5.5 区域文化基因形成的根源对提升区域创新能力的意义

形成区域文化基因的主要因素有区位、区域关键人物、区域历史和对异质文化的兼容性等,这几个因素是各区域之间产生技术文化差异的关键原因,也是区域之间创新能力存在差异的主要原因之一。只有明确本区域文化基因形成的关键制约因素,才能认识到本区域文化基因中的积极成分和消极成分,才能通过对外开放吸收世界上先进的异质文化,才能通过对本区域成功经验的提炼、培养和传播,塑造出新的文化基因,并促进区域创新能力的不断提高。

5.6 小结

创新文化基因是区域创新能力在人们心理层次的表现,它是决定区域创新能力的最根本、最深层的因素。区域创新能力形成的文化基因包括区域创新主体核心层的企业家文化基因、R&D文化基因和支撑层的风险投资文化基因、教育文化基因、技术中介文化基因等。区域创新主体核心层构成要素的文化基因直接参与区域技术创新,对区域创新能力起着主要的决定作用;区域创新主体支撑构成要素的文化基因决定着区域创新主体支撑层向核心层提供创新资源的数量和质量,保证着区域创新能力提升中创新资源的供应,对区域创新能力的形成也起着不可缺少的作用。

区域创新能力形成的文化基因主要是区位、区域关键人物、区域历史和区域对异质文化兼容能力等共同作用的结果。这几个因素既是形成区域技术文化基因的关键,也是塑造区域新文化基因、提升区域创新能力的关键。区域创新主体改造传统文化基因、塑造新文化基因、提升区域创新能力都应从这几个关键因素做起。

6 区域创新能力各层次之间的关系

前面分析了江苏区域创新能力3个层次的形成路径,这3个层次是相互联系、密不可分的,其中任何一个层次都不能离开其他层次而单独存在,3个层次只有有机结合,才能形成完整的区域创新能力。为了从整体上揭示区域创新能力形成的路径,必须对区域创新能力3个层次之间的关系进行深入研究。区域创新能力各层次之间的关系主要体现为区域创新能力各层次的匹配性和区域创新主体在各层次地位的差异性。

6.1 区域创新能力各层次的匹配性

区域创新能力各层次是一个有机的整体,区域创新能力的3个层次是区域创新主体在区域技术、区域制度和区域文化3个方面的具体行为表现(见表6.1)。在区域创新能力的3个层次中,区域创新能力器物层是区域创新能力最直观、最外显的层面,是人们能够直接看得见、摸得着的层面;区域创新能力文化层是区域创新能力最核心、最深隐的层面,是各区域之间创新能力存在差异的本质根源,也是不可复制的一个层次;区域创新能力制度层是连接区域创新能力器物层和区域创新能力文化层的纽带和桥梁,在区域创新能力器物层和区域创新能力文化层之间起着承上启下的作用。区域创新能力的3个层次只有互相匹配,才能形成强有力的区域创新能力。

表 6.1　区域创新主体在区域创新能力 3 个层次的表现

层次	企业家	研发机构	风险投资机构	技术中介机构	大学及科研机构
器物层	企业创新战略决策	研发	风险投资	技术中介服务	人才支撑
制度层	企业家制度	研发制度	风险投资制度	技术中介制度	教育制度
文化层	企业家文化	研发文化	风险投资文化	技术中介文化	教育文化

6.1.1　企业创新战略决策能力各层次的匹配性

企业家是区域技术创新的源头,区域企业创新战略决策能力的各层次是否匹配直接决定区域企业创新设想的产生,决定区域 R&D 成果市场化的实现。区域企业创新战略决策能力在器物层、制度层和文化层具有不同的表现形式(见表 6.2),这些表现形式相互制约、相互影响,共同决定一个区域的企业创新战略决策能力。

表 6.2　企业创新战略决策能力各层次的表现形式

层次	表现形式
器物层	企业创新战略决策—协调 R&D 部门与营销部门之间的关系
制度层	企业家选拔制度—企业家使用制度(人力资本产权制度、激励制度、约束制度)—企业家创新绩效评价制度
文化层	企业家价值观—企业家创新动机—企业家思维方式

6.1.1.1　企业创新战略决策能力文化层与制度层的匹配性

以吴文化为基础,经过数千年融合交汇形成的江苏区域文化,具有稳中求进、崇学尚仕的特点。江苏区域文化是在江苏特殊的区位条件下经过长期历史积淀形成的,其特点在明朝时就曾经影响过商人的发展,至今还在影响着这里企业家的价值观、创新动机和思维方式。

按照 Joseph Alois Schumpeter 的观点,企业家是将"新的生产要素的组合"引入生产系统的人,敢于冒险是企业家应具备的最基本的条件。在江苏区域文化影响下的企业家,缺乏足够的冒险精神,创新意识不足。虽然江苏省的企业创新能力 2001—2005 年在

全国的排名均居前三名,但外商经济驱动是主要原因,江苏省企业
的自主创新能力并不强,江苏省 1999—2006 年的新产品产值中,
港澳台商投资企业和外商投资企业所占的比例分别为 34.82%,
37.07%,35.94%,29.91%,24.27%,26.72%,31.96%,39.49%,
各年的变化趋势虽然有所波动,但至今仍呈上涨趋势(见图 6.1)。
同时,江苏区域文化虽然存在"重商文化",但更注重"学而优则
仕"。据史料记载,《二十四史》中 20 000 多名传者,6 000 余人为江
苏人;明代 89 名状元中 16 名是江苏籍,在全国各省排名中居第二
位;清代 114 名状元中 49 名是江苏籍,在全国各省排名中居第一
位,明清状元总数在各省排名中居全国第一位(见表 6.3)。

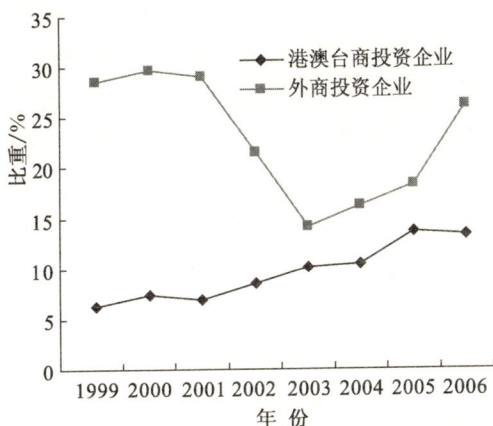

**图 6.1　1999—2006 年江苏省港澳台商及
外商投资大中型企业新产品产值比重变化趋势**

表 6.3　江苏省明清状元总数在全国排名

省份	江苏	浙江	江西	安徽	福建	山东	河北	湖北	广东	广西	河南	陕西	满族	四川	湖南	贵州	总数
明代	16	20	17	6	11	5	3	3	0	2	2	0	1	0	0		89
清代	49	20	3	9	3	6	4	3	4	1	1	3	1	2	2		114
合计	65	40	20	15	14	11	7	6	4	3	3	3	2	2	2		203

资料来源:董楚平:《吴越文化的三次发展机遇》,《浙江社会科学》,2001 年第 5 期。

　　江苏省在历史上出现众多官员,一方面说明江苏省具有深厚

的文化底蕴,另一方面,也说明"官本位"意识在江苏传统文化中根深蒂固。"官本位"价值观使江苏省成就了大批封建官员,但成就不了企业家。只有"知识本位"的价值观才能塑造出具有创新能力的企业家。也就是说,江苏传统文化基因不支持企业家的诞生。

为解决江苏省技术创新中的企业家瓶颈问题,江苏区域政府制定了一系列鼓励企业家选拔、使用、评价的制度。在企业家选拔制度方面,江苏省"十一五"规划纲要规定:"鼓励和引导民营企业制度创新和机制创新,转换企业内部经营管理机制,加快建立现代企业制度,提高企业家素质。增强自主创新和技术创新能力,提高民营经济竞争力。到2010年,民营经济创造的增加值占国民经济的比重提高到40%左右。"在企业家激励制度方面,江苏省苏政发〔2006〕53号文件规定:"允许国有高新技术企业管理骨干实施期权等激励政策,对从事科技创新活动并为经济社会发展作出突出贡献的有关人员进行奖励。"在企业家创新绩效评价制度方面,苏政发〔2007〕26号文件等规定"企业经营管理人员的创新绩效由市场和出资人认可"。所以,江苏省目前已制定出完整的企业家创新制度链。

企业家是市场经济的产物。从某种程度上说,企业家是自然生成的。区域企业家制度只能对企业家创新进行保护,并不能制造出企业家。区域文化基因中的企业家文化基因才是企业家产生的根本土壤,如果区域文化基因与企业家制度不匹配,甚至与企业家制度存在冲突现象,区域企业家制度纵然完备,在执行过程中也会大打折扣。江苏传统文化基因与江苏企业家制度存在不相匹配的现象,这是江苏省企业家创新能力不高的深层次原因,只有克服传统文化基因中不利于企业家成长的因素,采取措施塑造出江苏省的新企业家文化基因,才能从源头解决江苏省企业家制度链执行过程中的核心瓶颈问题。

6.1.1.2 企业创新战略决策能力制度层、文化层与器物层的匹配性

江苏省的企业创新战略决策能力在中国各省域中总体较强。

1998—2006 年大中型企业中有科技机构的企业占企业总数的比例分别为 39.26％,40.25％,37.25％,55.47％,55.11％,48.25％,49.69％,50.23％,49.86％,1999—2006 年规模以上工业产销总值中新产品产值所占的比重分别为 11.66％,13.16％,12.75％,10.54％,8.59％,7.74％,6.38％,7.30％。上述历史数据表明,江苏省的企业创新战略决策能力虽然较强,但对 R&D 部门与营销部门之间的关系协调不够,R&D 产出市场化的实现不但没有随着有科技机构的企业占企业总数比例的增加而增加,反而出现明显下降趋势(见图 6.2)。

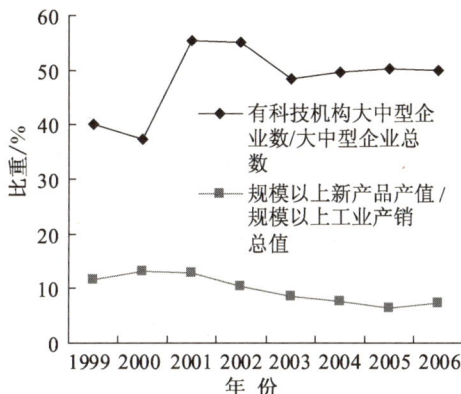

图 6.2　1999—2006 年江苏省的企业创新战略决策能力变化趋势图

1999—2006 年,江苏省的企业家制度在逐步完善,目前已形成一个完整的企业家制度链。但江苏省的企业创新战略决策能力并未随着企业家制度链的完善而发展,这说明江苏省的企业创新战略决策能力器物层有偏离制度层的现象。也就是说,江苏省的企业创新战略决策能力近年出现的下降现象不能从制度层找到准确的解释。根本原因在于江苏省的企业创新战略决策能力的文化层、制度层与器物层存在失配现象,致使江苏省的企业创新战略决策能力缺少必要的文化动力。

6.1.2　R&D 能力各层次的匹配性

R&D 能力是区域创新能力的核心,区域 R&D 能力各层次是否匹配直接决定着区域企业家的创新设想能否变成 R&D 产出。

区域 R&D 能力在器物层、制度层和文化层具有不同的表现形式(见表 6.4),这些表现形式彼此影响,共同决定一个区域的 R&D 能力。

表 6.4　R&D 能力各层次的表现形式

层次	表现形式
器物层	R&D 投入(资金、人员)—R&D 产出(专利、著作)
制度层	R&D 投入(风险投资、人员激励)制度—R&D 生产(R&D 合作)制度—R&D 产出(知识产权、R&D 产出评价)制度
文化层	影响 R&D 物质投入的文化基因:按劳分配—平均分配 人本—物本 影响 R&D 精神投入的文化基因:知识本位—官本位 宽容—狭隘 理性思维—经验思维 批判精神—崇尚权威

　　江苏区域文化具有多元性特点,绚丽多彩的江苏区域文化曾经促进了江苏经济社会的发展,但也存在突出的负面影响。以苏锡常为代表的水文化是江苏区域文化的主流,水文化"稳中守规中往往缺乏风险意识和冒险精神;自得其乐中往往容易小富即安,进取不足"。以苏北为代表的中原文化"在宽容中往往蕴含着批评精神的缺乏,富有远见、敢为天下先的同时往往存在求稳怕乱、不愿冒尖的心态"。[①]

　　受江苏传统文化基因的影响,江苏省的创新资金以企业自有资金为主,1999—2006 年技术改造贷款投入产出比在逐年增加,而技术改造贷款占贷款余额的比例却在逐年下降(见图 6.3),风险投资市场至今尚未形成。江苏省县级以上政府部门所属研究与开发机构中的科学家工程师数量 1999—2006 年分别为 19 965 人、21 122 人、20 759 人、18 354 人、15 346 人、11 604 人、7 099 人、7 457 人,在逐年减少。江苏省在 R&D 中虽然重视知识和人才,但

---

　　① 周明生,王世谊:《论江苏地域文化的多元性与江苏人文精神的二重性特征》,《江苏行政学院学报》,2007 年第 3 期。

"官本位"意识远远超过"知识本位"意识,许多科技精英在成名之后不是继续在科学研究上下工夫,而是想方设法去做领导。

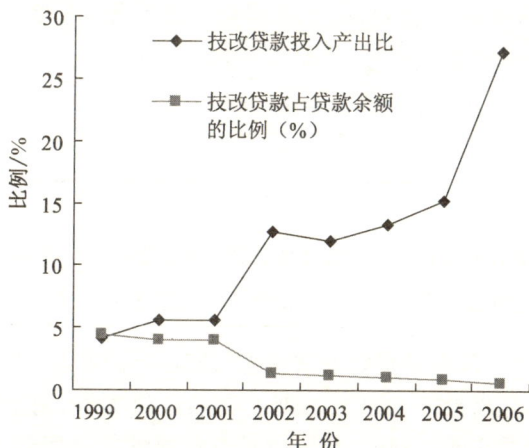

图 6.3　1999—2006 年江苏省技改贷款变化趋势

经过 30 多年的改革开放,江苏省已经制定出完整的 R&D 制度链。在 R&D 投资方面,苏政发〔2006〕53 号等文件鼓励保险公司、证券公司、创业投资企业进行创业投资。在 R&D 人才方面,苏政发〔2006〕53 号等文件对江苏省创新创业人才队伍建设中高层次创新创业人才专项资金的使用、吸引海内外优秀技术人才的措施等进行了详细规定,还规定"允许国有高新技术企业对技术骨干和管理骨干实施期权等激励政策,对从事科技创新活动并为经济社会发展作出突出贡献的有关人员进行奖励"。在 R&D 产出评价方面,规定了 R&D 产出专家评价制度。

江苏省虽然制定了完整的 R&D 制度链,但风险投资、R&D 人才的引进和 R&D 产出评价并未出现制度预想的结果,这说明江苏省的 R&D 能力制度层与 R&D 能力器物层和文化层存在冲突现象。而实践证明,江苏省的 R&D 能力器物层与文化层的表现基本一致。

6.1.3　风险投资能力各层次的匹配性

技术创新是一项充满风险的事业,风险投资是技术创新中的重要创新资源,缺少风险投资,再高明的技术人员也"巧妇难为无米之炊"。区域风险投资能力在器物层、制度层和文化层具有不同的表现形式(见表 6.5),只有 3 个层次互相匹配,才能形成区域强有力的风险投资能力。

表 6.5 风险投资能力各层次的表现形式

层次	表现形式
器物层	股权投资
制度层	委托人与代理人信息互通制度—风险投资激励制度
文化层	创业者的创新精神—诚信精神—风险投资者的冒险精神

6.1.3.1 风险投资能力文化层与制度层的匹配性

江苏省凭借沿海、沿江、沿湖的自然区位优势,创造了这一区域先进的物质文明。同时,江苏省具有深厚的文化底蕴,灿烂的吴越文化使江苏人民养成诚信的优良传统。但由于优越的自然区位条件,江苏人民在富足中缺乏足够的创新精神和冒险精神,这两种精神是风险投资形成的必要条件。

由于风险投资市场尚未形成,江苏省缺乏完善的风险投资中的委托人与代理人信息互通的制度。苏政发〔2006〕53 号等文件虽然鼓励保险公司、证券公司、创业投资企业进行创业投资,但成效不大。所以,江苏区域文化中缺少风险投资形成的部分文化基因,但在制度层中又没有作出规定,江苏省的风险投资文化层与制度层的表现不一致,江苏省的风险投资制度鼓励有关风险投资主体进行风险投资,但江苏传统文化基因限制风险投资主体冒险精神的发挥,结果没有对江苏省风险投资能力的形成起到有效的促进作用。

6.1.3.2 风险投资能力文化层与器物层的匹配性

江苏省 1999—2006 年技术改造贷款占贷款余额的比例呈逐年下降趋势,这说明随着江苏省创新经济的发展,江苏省的金融机构非但没有提高对技术创新的认识,加大对技术创新的投资力度,反而变得越来越"谨慎"。附加许多风险控制条件的债务融资尚且如此,风险投资主体的谨慎程度就更高了。归根结底,在于江苏省缺乏技术专家去运作风险投资,潜在的风险投资者不能在被投资企业遇到风险时给予指导,帮助创新企业及时化解技术创新过程中的风险。

江苏区域文化中的不愿冒险思想,不但影响着银行家,也在影响着技术专家。只有熟悉技术的人去从事风险投资,才能降低风险投资者与创业者之间的信息屏蔽,增加风险投资者与创业者之间的信息透明度,从而逐步缩小创业者与风险投资者之间的资金缺口。通过分析可以看出,江苏省风险投资的文化层与器物层是一致的。

6.1.3.3 风险投资能力制度层与器物层的匹配性

克服江苏传统文化基因对风险投资的限制,主要依靠风险投资制度,但江苏省的风险投资制度对技术专家进行风险投资,没有进行明确的规定,对风险投资的激励制度很少,而且切实可行的更少。

江苏省的风险投资缺乏有效的制度保障,区域文化基因中又不支持,江苏省技术创新中以股权投资为主要表现形式的风险投资市场自然很难形成。也就是说,江苏省风险投资能力的制度层不能克服文化层中不利于风险投资形成的因素,才形成江苏省风险投资能力器物层的短缺,风险投资能力制度层与器物层也产生不相匹配的现象。

6.1.4 技术中介服务能力各层次的匹配性

技术中介机构是连接区域创新主体的桥梁,区域技术中介服务人员及其服务的数量、质量直接制约区域创新能力的提高。区域技术中介服务能力在器物层、制度层和文化层上具有不同的表现形式(见表 6.6),只有这 3 个层次互相匹配,才能形成区域强有力的技术中介服务能力。

表 6.6 技术中介服务能力各层次的表现形式

层次	表现形式
器物层	技术中介服务
制度层	行业准入制度—技术中介激励制度—绩效评价制度—创新结网制度
文化层	服务价值观—诚信意识—创新合作意识

6.1.4.1 技术中介服务能力文化层与制度层的匹配性

江苏传统文化基因作为中国传统文化基因的一个组成部分，带有中国传统文化的烙印。江苏传统文化是一种农业文化，历代封建统治者"贱商"思想严重，以至形成江苏省重产品、轻服务的传统。虽然江苏传统文化基因中具有诚信意识和合作意识，但江苏传统文化基因整体上并不支持技术中介服务这种产业的产生和发展。

区域创新主体的创新活动是区域技术中介服务的市场，从某种程度上说，区域技术中介服务是区域技术创新市场的产物。虽然技术中介服务对区域技术创新具有推动作用，但就区域创新主体的力量大小对比而言，区域技术中介更多的是区域技术创新市场的产物。

由于江苏省的技术中介行业落后，所以，江苏省缺少技术中介行业中的相关行业准入制度、激励制度、绩效评价制度和创新结网制度等。江苏省的技术中介制度与技术中介文化不相匹配，没有通过技术中介制度克服江苏传统文化基因中不利于技术中介产生、发展的因素，没有对江苏传统文化基因中利于技术中介的因素进行制度性引导。

6.1.4.2 技术中介服务能力文化层与器物层的匹配性

江苏省的技术中介服务比较落后。根据江苏省科技咨询协会统计，江苏省2005年度278家咨询单位承担咨询项目的合同总金额为49.43亿元，共承担各类咨询项目103 986项（2003年为118 743项，2004年为102 207项），其中政策咨询6 258项，占6%；管理咨询12 398项，占11.9%；工程咨询22 349项，占21.5%；其他咨询43 092项，占41.4%。而技术咨询只有19 882项，占19.2%，居中等水平（见表6.7）。

表 6.7　江苏省 2005 年度咨询业统计汇总表

地区	2005 年末职工总数(人)	从事咨询业务人员总数(人)	科学家工程师总数(人)	2005 年度完成咨询项目数(项)	政策咨询(项)	技术咨询(项)	管理咨询(项)	工程咨询(项)	其他咨询(项)
南京市	18 176	14 450	12 497	37 877	5 655	8 466	9 230	10 116	4 410
苏州市	3 617	2 918	2 594	11 958	245	2 030	771	5 552	3 360
无锡市	1 949	1 257	1 158	28 276	91	879	1 113	738	25 455
常州市	1 465	1 079	1 019	6 806	62	2 968	207	1 271	2 298
徐州市	1 956	1 886	1 862	4 583	121	2 473	55	1 402	532
盐城市	301	195	153	1 497	1	45	531	151	762
南通市	279	235	202	5 756	13	883	61	1 125	3 674
连云港市	1 116	907	799	1 958	3	464	300	1 158	33
扬州市	340	288	262	1 669	30	174	36	293	1 136
镇江市	1 943	999	964	2 104	29	1 016	43	379	637
淮安市	294	225	205	1 122	2	142	41	149	788
泰州市	93	70	58	380	6	342	10	15	7
宿迁市	0	0	0	0	0	0	0	0	0
合计	31 529	24 509	21 773	103 986	6 258	19 882	12 398	22 349	43 092

资料来源:《江苏科技年鉴(2006)》。

　　统计结果显示,江苏省的技术中介文化基因与江苏省的技术中介服务水平是基本一致的。江苏省的技术中介机构虽然具有诚信精神,但创新合作意识不足,而且,技术中介服务的发展还受到传统文化基因的束缚。

　　6.1.4.3　技术中介服务能力制度层与器物层的匹配性

　　江苏省的技术中介制度不健全,与江苏省创新经济对技术中介的需求不相适应。也就是说,江苏省的技术中介制度没有对江苏省技术中介行业的发展起到引导作用,只是被动地随着江苏省技术中介行业的发展在逐步完善。

　　江苏省的技术中介行业发展较慢,与技术人员经营技术中介产业的激励制度也有关系。美国硅谷地区与 128 公路地区技术中介产业的对比显示,技术专家介入技术中介产业,能够减少区域创新主体之间的信息屏蔽现象,大大增加区域创新主体创新合作的机会。而江苏省的技术中介制度中对此尚未明确规定,这体现出江苏省技术中介制度与技术中介产业发展的不匹配现象。

6.1.5 人才支撑能力各层次的匹配性

人才是区域技术创新中最稀缺的资源,区域人才支撑能力是提升区域创新能力的重要"瓶颈"因素。区域人才支撑能力在器物层、制度层和文化层上具有不同的表现形式(见表 6.8),只有这 3 个层次互相匹配,区域人才支撑能力才能得到有效的提高。

表 6.8　人才支撑能力各层次的表现形式

层次	表现形式
器物层	R&D 能力—企业创新战略决策能力
制度层	人员管理制度—科研条件配置制度—科研项目管理制度—科技成果管理制度
文化层	价值观—人生观—思维方式

前面在分析江苏省的 R&D 能力各层次之间的关系时分析过,江苏省人才荟萃,在传统价值观中,普遍认为"万般皆下品,唯有读书高","学而优则仕"是读书人的唯一目标。强烈的"官本位"意识使读书人的价值观、人生观和思维方式与技术创新对人才的要求不相匹配。

江苏省为提升人才支撑能力,制定了一系列制度,苏科技〔2005〕400 号等文件对科技人员管理、科技条件配置、科研项目管理、科技成果管理都进行了详细规定。江苏省已制定出完整的 R&D 人才制度链,为保证江苏省技术创新能力的提升做好了制度准备。江苏区域政府制定这些 R&D 人才制度,目的在于克服江苏传统文化基因中不利于技术创新的因素,逐渐把人才的价值观、人生观和思维方式引导到技术创新的轨道上来。

由于人才制度的正确引导,江苏省的创新经济在以外资经济为驱动力的基础上,自主创新能力在不断提高。实践证明,江苏省的人才支撑能力器物层在逐渐挣脱区域传统文化基因对技术创新的束缚,实现江苏省人才支撑能力器物层与文化层的完美匹配。

江苏省的人才支撑能力制度层与器物层的匹配程度也在不断提高。

通过对江苏省企业创新战略决策能力、R&D 能力、风险投资能力、技术中介服务能力和人才支撑能力器物层、制度层、文化层的匹配性分析可知,江苏区域创新能力各组成部分的文化层既有与器物层相匹配的地方,也有不相匹配的地方,区域创新能力器物层的任何不良表现都可从文化层找到相应的基因;江苏区域创新能力制度层存在的唯一理由就是为了调整区域创新主体在器物层的创新行为,使其反作用于文化层,逐渐实现区域创新能力文化层与器物层的匹配。区域创新能力制度层是联系区域创新能力文化层与区域创新能力器物层的纽带,区域创新能力制度层的健全程度直接影响到区域创新能力器物层和区域创新能力文化层,进而影响到区域创新能力的提高。

阻碍区域创新能力提升的原因有很多,其中各种具体的创新制度和相应的文化基因是重要障碍,从区域创新能力制度层和文化层采取措施,是提升区域创新能力的根本措施。

6.2　区域创新主体在各层次中地位的差异性

在区域创新能力各层次相互制约、相互联系的同时,各区域创新主体在 3 个层次中的地位还存在差异性。正确认识区域创新主体在 3 个层次中地位的差异性,是研究区域创新能力形成路径的关键之一。

6.2.1　区域创新主体核心层在各层次中地位的差异性

6.2.1.1　企业家在 3 个层次中地位的差异性

在区域创新能力器物层中,企业家是企业技术创新链的开端。企业家一方面提出企业技术创新战略,另一方面调整企业 R&D 部门与营销部门之间的关系。企业是区域创新主体的核心,在区域技术创新中担负着将企业 R&D 成果和大学、科研机构的 R&D 成果实现市场化的责任,而企业家又是技术创新企业的核心,是企业创新资源的组织者和管理者。所以,企业家在区域创新能力器物层中处于核心地位,区域之间创新能力的差异,就企业创新战略而言,主要体现在区域之间企业家的差异。

就区域企业内部而言,企业家又是企业技术创新制度的制定者,在区域创新能力制度层中占据重要地位。区域创新能力制度层在企业内部的执行和落实程度,直接决定区域企业技术创新的强度,决定企业 R&D 人员和营销人员的合作程度、创新效率。所以,企业家是区域创新能力制度层中企业技术创新制度的根本责任者。

组织文化是由组织历史、区位和关键成员等决定的,区域企业家是区域企业的首要人物,其工作作风、创新思维方式、价值观等是区域企业文化的主要来源。美国硅谷地区与 128 公路地区企业家的不同,造就了两个区域截然不同的企业文化。硅谷地区初期的企业家都是白人,大部分 20 岁刚出头,许多人在斯坦福大学或麻省理工学院学过机械工程专业,很少人有工作经验。没有本地人,主要成员中有很大一批来自中西部的小城镇。他们对现存东海岸制度和观念持否定态度。正是这种"反叛"精神,使硅谷地区形成了鼓励冒险、注重合作的企业技术文化和区域技术文化。而128 公路地区的企业家主要由传统的东海岸老牌企业高级管理人员组成,他们所代表的企业可追溯到 17、18 世纪,他们固守传统价值。同样,江苏企业与中国内地企业不同的技术文化也主要是由相应区域的企业家造成的。

6.2.1.2 R&D 机构(部门)在 3 个层次中地位的差异性

区域 R&D 机构(部门)是区域技术创新的直接执行者,处于区域技术创新链的中间环节,是将区域企业家的创新设想转变为技术创新活动的操作人员。区域 R&D 人员的数量和质量直接决定区域的 R&D 产出,决定区域创新能力的高低。就区域 R&D 操作层而言,区域之间创新能力的差异主要体现在区域之间 R&D 人员的差异。区域 R&D 人员是区域创新能力器物层的核心人员,决定着区域创新能力器物层中技术创新链的中间环节,决定着区域创新能力器物层中技术创新链的强度。

区域 R&D 人员是区域创新能力制度层中技术创新制度的主要执行者,受到区域技术创新制度的制约,完善的、适合市场需求的技术创新制度能够促进区域技术创新的发展;而违背技术创新规律、限制区域 R&D 人员创新积极性的技术创新制度,则会阻碍区域技术创新的发展,制约区域创新能力的提高。同时,区域 R&D 人员也不断地通过创新活动作用于区域创新能力制度层,是区域创新能力制度层的间接缔造者。

区域技术文化作为区域文化的重要组成部分,是全区域人们共同作用的结果,其中,区域 R&D 人员的 R&D 活动对区域技术文化具有决定性的影响。之所以如此,一方面是因为区域 R&D 人员是区域新 R&D 文化基因的直接缔造者,他们的 R&D 活动影响和决定区域未来 R&D 文化的前进方向,对传统文化基因中不利于技术创新的因素承担着抵抗、扭转的责任。另一方面,区域 R&D 人员与区域企业家在技术创新的岗位上不断发生转换,R&D 人员一旦转化为企业家,则会成为区域企业层次技术制度的直接缔造者,对区域技术文化产生更大的作用。

区域企业家和 R&D 机构(部门)作为区域创新主体的核心层,虽然在区域创新能力的 3 个层次上都有不同的表现形式,但它们的核心地位和作用更多地发生在区域企业内部,是区域创新能力在企业层次的直接缔造者。

6.2.2 区域创新主体支撑层在各层次中地位的差异性

6.2.2.1 区域政府在 3 个层次中地位的差异性

区域政府作为区域创新主体,其核心作用在于区域创新能力制度层,在于为区域创新主体的技术创新提供制度供给。他们或是以"第一行动集团"的身份,在自己的职权范围内主动进行制度创新;或以代理人的身份,在中央政府的制度准入条件下进行制度创新试验;或以"第二行动集团"的身份,对微观创新主体的制度创新活动予以鼓励和扶持,使制度创新得以实现。

在区域创新能力文化层中,区域政府的核心作用在于通过制度安排,引导区域技术文化的方向,抑制和克服区域传统文化基因中不利于技术创新的因素,使区域有利于技术创新的文化基因在原有的基础上进一步发扬光大。区域政府在区域技术制度提供和技术文化基因引导方面的作用是其他区域创新主体无法替代的。

6.2.2.2 风险投资机构、技术中介机构和教育机构在3个层次中地位的差异性

区域风险投资机构、技术中介机构和教育机构作为区域创新主体,其主要作用体现在区域创新能力器物层上,即为区域创新企业提供风险资本、技术中介服务和人才。虽然这3个区域创新主体在本机构内部也存在技术制度,也在区域创新能力制度层具有不同的表现形式,但它们更主要的作用在于被动地执行区域政府提供的技术制度。

同区域 R&D 机构(部门)一样,区域风险投资机构、技术中介机构和教育机构在区域创新能力文化层上一方面受到区域传统文化基因的影响,另一方面又不断地反作用于区域创新能力文化层,这些创新主体的创新活动在不断地塑造着区域技术创新的新文化基因。今天的技术创新来源于对昨天技术文化的弘扬,今天的技术文化又孕育着明天的技术创新。区域风险投资机构、技术中介机构和教育机构就是这样间接地通过各自的创新活动塑造着区域创新能力文化层。

通过上面的分析可以知道,区域创新主体支撑层作为区域创新主体的主要作用在于对区域创新资源进行创造,进而为区域创新企业提供强有力的技术、人才、资本、制度、文化等支撑。

6.3 小结

区域创新能力各层次是一个有机的整体,3个层次相互制约、相互影响,共同形成区域创新能力。区域创新能力文化层既有与器物层相匹配的地方,也有不相匹配的地方,区域创新能力器物层的任何不良表现都可从文化层找到相应的基因;区域创新能力制度层存在的唯一理由就是为了调整区域创新主体在器物层的创新行为,使其反作用于文化层,逐渐实现区域创新能力文化层与器物

层的匹配。区域创新主体在区域创新能力各层次中均有不同的表现形式,但就其对区域创新能力的塑造而言,企业家和 R&D 机构(部门)的主要功能和作用更多地发生在企业内部,它们的创新活动是区域创新能力的核心。其他创新主体的活动都是为企业家和 R&D 机构(部门)的创新活动提供服务。企业家在塑造企业技术创新制度方面起着主导作用,区域政府在塑造区域技术创新制度方面起着主导作用,企业家和区域政府是区域创新能力制度层的核心主体。区域创新主体共同参与区域技术创新,共同以自己的创新活动塑造着区域的新技术文化基因,但区域政府对区域技术文化的前进方向起着引导作用,其他区域创新主体既受到区域传统文化基因的影响,又同时在塑造着区域的新技术文化基因。

7 研究结论及展望

7.1 研究结论

区域创新能力是一个立体结构,包括器物层、制度层和文化层3个层次。区域创新能力器物层是人们能够直接感觉到的区域创新能力,区域创新主体的技术创新行为只是区域创新能力形成过程中诸多原因的结果,驱使区域创新能力形成的深层原因是区域创新能力的制度层和文化层,区域创新能力制度层和文化层是更深层次的区域创新能力。只有从器物层、制度层和文化层同时研究区域创新能力形成的路径,才能全面揭示区域创新能力形成的立体路径。

江苏区域创新能力在全国名列前茅,在器物层上体现为企业家创新能力、R&D能力等在全国名列前茅;在制度层上体现为区域创新制度完善,基本形成完整的技术创新制度链;在文化层上体现为区域传统文化基因对技术创新具有双重作用,江苏水文化在限制区域创新主体冒险精神发挥的同时,又为江苏区域创新能力提升奠定了雄厚的知识和人才基础。

研究表明,区域创新能力的3个层次主要是这样形成的:

(1)区域创新能力器物层中的核心层包括企业创新战略决策能力、R&D能力和新产品营销能力等,是区域创新能力的核心和根本。区域创新能力器物层中的支撑层包括风险投资能力、技术创新公共服务能力、技术中介服务能力和人才支撑能力等,是区域创新能力核心层存在和发展的条件,是区域创新能力的支撑因素。提升区域创新能力既应从区域创新主体核心层要素着手,通过增加企业家数量、提高企业家创新素质提升企业创新战略决策能力,通过提高 R&D 人员素质、营销人员素质,提高企业 R&D 能力、新产品营销能力。更应从区域创新主体支撑层抓起,因为区域创新主体支撑层是区域创新能力长期发展的决定因素。区域企业在技术创新过程中存在集群、接链、结网等自组织形式。没有龙头企业的产业集群或产业链,其创新动力主要来自产业集群或产业链以外,靠区域创新网络的创新外部性实现创新。有龙头企业的产业集群或产业链,其创新动力主要来自龙头企业的带动,产业集群或产业链在龙头企业的带动下实现创新,并通过产业集群或产业链创新对区域创新主体支撑层提供的知识、技术、人才、信息等创新资源产生需求拉动。江苏省的产业集群以无核产业集群为主,其创新动力主要来源于区域创新网络的外部性。江苏省的主导产业以新兴产业为主,大多数龙头企业是私营企业和外商企业,创新激励机制比较健全,能够对产业链创新产生有效的带动作用。江苏区域创新主体在开放性、非平衡性和非线性方面都表现突出,使江苏区域创新主体具有较强的创新结网能力。

(2) 区域技术创新制度渗透到区域创新主体的各个组成部分中,制约和影响区域创新能力的形成和发展。区域创新能力制度层要促进技术创新,区域创新主体核心层中的企业家制度、R&D制度和支撑层中的创新融资制度、技术创新公共服务制度等就需要根据创新实践不断完善。区域技术创新制度是将区域创新主体核心层和支撑层联系起来的重要纽带,区域创新主体的各种技术创新制度形成区域创新能力制度层,将区域创新主体核心层与支撑层联系起来,形成一个统一的整体。区域技术创新制度既是区域创新能力产生和发展的主要原因,也是区域之间创新能力存在差异的主要原因之一。江苏区域创新能力制度层已形成比较完整的技术创新制度链。

(3) 区域创新能力形成的文化基因是区域创新能力在人们心

理层次的表现,它是决定区域创新能力的最根本、最深层的因素。区域创新主体核心层要素形成的文化基因直接参与区域技术创新,对区域创新能力形成起着主要的决定作用;区域创新主体支撑构成要素形成的文化基因决定区域创新主体支撑层向核心层提供创新资源的数量和质量,保证区域创新能力提升过程中创新资源的供应,对区域创新能力的形成也起着不可缺少的作用。

区域创新能力各层次是一个有机整体,3个层次互相制约、互相影响,共同形成区域创新能力。

区域创新能力形成路径理论揭示了区域创新能力形成的原因,是制定区域创新能力提升战略的理论指导,本研究认为:

(1) 提高区域企业创新战略决策能力,应从制约企业创新战略决策能力的因素着手。区域政府从文化、制度两个层面鼓励企业家精神,减轻企业家税收负担。区域企业加强产权制度改革,尽快确立企业家的企业技术创新主体地位,建立客观、统一的企业家创新业绩评价标准。在提高企业家素质方面,建立健全企业家中介机构和技术中介机构,为企业家与企业及企业家资源与技术资源的结合创造中介条件。提升区域 R&D 能力需从 R&D 个人、R&D 团队、R&D 部门、R&D 机构等方面同时采取措施,首要工作是面向市场进行 R&D。解决江苏省创新资金缺口,就风险投资而言,重点是通过制度安排,引导技术专家进入风险投资市场;就债务融资而言,重点是通过区域政府的强制力来降低债务融资制度变迁的成本,用区域政府的命令、法律的尽快引入实现对技术创新企业的融资支持。在区域人才支撑能力提升方面,江苏省应针对不同类型的人才采取不同的发展战略。

(2) 为保证区域创新能力器物层和制度层发展战略的顺利实现,必须对区域创新能力形成的文化基因进行重新塑造。对江苏省新企业家文化基因、新 R&D 文化基因、新风险投资文化基因、新教育文化基因等的塑造都是通过对相应优性文化现象进行提炼、培育和传播,限制区域传统文化基因中不利于技术创新的因素的作用,弘扬有利于技术创新的因素的作用,从而形成相应的新文化基因,即精神的力量既得靠精神的力量去摧毁,还得靠精神的力量去塑造。塑造江苏省技术创新新文化基因是通过对精神的力量进行正确引导实现的。

7.2　研究的主要创新点

本研究在中外学者已有理论的基础上,在以下几方面取得了创新:

(1) 以区域创新主体为核心建立了区域创新能力多层次分析模型。

(2) 基于区域创新主体的层次性,以江苏省为例,分析了区域创新能力形成的立体路径,将区域技术创新制度和技术创新文化落实到具体的区域创新主体身上,将中国传统文化基因分解到江苏区域亚文化层次,并提出塑造区域创新能力形成的新文化基因的具体措施。

(3) 应用系统动力学、结构方程、因子分析等非线性分析方法研究区域创新能力形成机理,并建立了区域创新能力器物层的系统动力学模型、区域创新能力制度层和文化层的结构方程模型。

7.3　研究展望

区域创新能力形成路径是一个非常复杂的问题,其中牵扯到的影响因素很多,本研究只是基于区域创新主体的层次性和区域创新能力的层次性,以江苏省为例,对区域创新能力形成路径进行的初步探索。在即将完成这一研究的时候,发现所涉及的问题还有很多,主要表现为:

(1) 企业家的创新决策能力是企业创新战略决策能力的源泉,但江苏省企业家历史数据的采集比较困难,限制了对江苏省企业创新战略决策能力形成路径的研究。

(2) 技术中介服务能力是区域创新主体创新结网能力的主要体现,但江苏省技术中介的历史数据不完整,限制了对江苏省技术中介服务能力形成路径的研究。

（3）区位和历史是形成区域文化基因的两个关键因素,但这一结论尚缺乏足够的历史数据进行支撑。

（4）虽然在研究过程中进行了大量的问卷调查,但由于样本数量有限,对区域创新能力形成路径所揭示的深度还不够。

上述研究中的不足之处主要是由于时间、资料及自身科研能力有限所致,有待在以后的研究中进一步加强。

参考文献

[1] 黄鲁成:《关于区域创新系统研究内容的探讨》,《科研管理》,
2000 年第 3 期。

[2] 柳御林,胡志坚:《中国区域创新能力的分布与成因》,《科学学
研究》,2002 年第 5 期。

[3] 颜晓峰:《论国家创新能力》,《中国特色社会主义研究》,2000
年第 3 期。

[4] 甄峰,黄朝永,罗守贵:《区域创新能力评价指标体系研究》,《科
学管理研究》,2000 年第 6 期。

[5] 胡宝娣,胡兵:《中西部地区区域创新能力研究》,《重庆工商大
学学报(西部经济论坛)》,2003 年第 5 期。

[6] 王德禄:《区域创新——中关村走向未来》,山东教育出版社,
1999 年。

[7] Freeman C. Technology policy and economic performance:
lessons from Japan. London: Pinter, 1987.

[8] Cooke P, Uranga M G. Regional innovation systems:
institutional and organization dimensions. Research Policy,
1992(26).

[9] Autio E. Evaluation of RTD in regional systems of innovation.
European Planning Studies, 1998, 6(2).

[10] 刘洪涛,王应洛,贾理群:《国家创新系统——理论与中国的实
践》,西安交通大学出版社,1999 年。

[11] 王益谊,席酉民,梁磊:《西部区域创新系统的结构及其战略体系演化的研究》,《研究与发展管理》,2003 年第 3 期。

[12] Kuhlmann S. Future governance of innovation policy in Europe—three scenarios. Research Policy,2001(30).

[13] 江兵,杨蕾,杨善林:《区域创新系统理论与结构模型》,《合肥工业大学学报(社会科学版)》,2005 年第 1 期。

[14] Asheim B T, Isaksen A. Localized knowledge, interactive learning and innovation: between regional networks and global corporations. Vatne E and Taylor M (eds). The Networked Firm in a Global World. Aldershot: Ashgate,2000.

[15] Andersson M, Karlsson C. Regional innovation systems in small & medium-sized regions: a critical review & assessment. JIBS Working Paper Series,2002(2).

[16] 魏江,申军:《传统产业集群创新系统的结构和运行模式——以温州低压电器业集群为例》,《科学学与科学技术管理》,2003 年第 1 期。

[17] Porter M. The competitive advantage of nations. London: Macmillan, 1990.

[18] 谭清美:《区域创新系统的结构与功能研究》,《科技进步与对策》,2002 年第 8 期。

[19] 胡志坚,苏靖:《区域创新系统理论的提出与发展》,《中国科技论坛》,1999 年第 6 期。

[20] 丁焕峰:《论区域创新系统》,《科研管理》,2001 年第 6 期。

[21] 顾新:《区域创新系统论》,四川大学博士论文,2002 年。

[22] 冯之浚:《国家创新系统的理论与政策》,经济科学出版社,2000 年。

[23] Lundvall B A. National systems of innovation: towards a theory of innovation and interactive learning. London: Pinter, 1992.

［24］ 王稼琼,等:《区域创新系统的功能和特征分析》,《中国软科学》,1999 年第 2 期。

［25］ 张志富:《知识经济与区域经济》,中国轻工业出版社,2000 年。

［26］ 孟浩:《基于产业集群的群簇区域创新系统——对区域创新系统内涵与结构的探讨》,《天府新论》,2004 年第 5 期。

［27］ Narayanan V K:《技术战略与创新——竞争优势的源泉》,程源,高建,杨湘玉译,电子工业出版社,2002 年。

［28］ 盖文启:《创新网络——区域经济发展新思维》,北京大学出版社,2002 年。

［29］ 方旋,刘春仁,邹珊刚:《对区域创新理论的探讨》,《华南理工大学学报(自然科学版)》,2000 年第 9 期。

［30］ 邵云飞,谭劲松:《区域技术创新能力的形成机理探析》,《科学学学报》,2006 年第 4 期。

［31］ Porter M, Stern S. The new challenge to America's prosperity, finding from innovation index. Council on Competitiveness,1999.

［32］ 薛风平:《关于区域创新能力研究述评》,《技术经济与管理研究》,2006 年第 6 期。

［33］ 谷国锋,张秀英:《系统动力学在区域创新系统研究中的应用》,《科学学与科学技术管理》,2003 年第 1 期。

［34］ Solow R. Technical and change production function. Review of Economics and Satiation, 1957(39).

［35］ Noth D. Sources of Productivity in Ocean Shipping,1600～1850. Journal of Political Economy,1968(76).

［36］ 许庆瑞,谢章澍,杨志蓉:《企业技术与制度创新协同的动态分析》,《科研管理》,2006 年第 4 期。

［37］ Rosenberg N. Factors affecting the diffusion of technology. In Perspectives on Technology. New York:Cambridge University Press,1976.

［38］ 韩青有:《中国科学技术在近代落后的原因》,《自然辩证法》,

1995 年第 11 期。

[39] 袁庆明:《技术创新的制度结构分析》,经济管理出版社, 2003 年。

[40] 王东:《中华文明的五次辉煌与文化基因中的五大核心理念》, 《河北学刊》,2003 年第 5 期。

[41] 冯之浚:《技术创新与文化传统》,《科学学与科学技术管理》, 2000 年第 1 期。

[42] [英] 李约瑟:《四海之内》,劳陇译,上海三联书店,1987 年。

[43] 陈红剑:《中西古代科学的文化基因比较》,《郑州航空工业学 院学报(社会科学版)》,2005 年第 2 期。

[44] 钱兆华:《中国传统科学的特点及其文化基因初探》,《江苏大 学学报(社会科学版)》,2005 年第 1 期。

[45] [美] 安娜利·萨克森宁:《地区优势:硅谷和 128 号公路地区 的文化与竞争》,上海远东出版社,1999 年。

[46] 邱成利,魏际刚:《论构建区域创新文化环境与对策》,《科学管 理研究》,2003 年第 5 期。

[47] 宋东林,李政:《文化基因、信任模式与中国家族企业的管理专 业化及国际化》,《北方论丛》,2007 年第 3 期。

[48] 储小平:《中国"家文化"泛化的机制与文化资本》,《学术研 究》,2003 年第 11 期。

[49] Cooper R G. Product innovation for strategy. Research Technology Management,2000(1).

[50] Ducker P E. The discipline of innovation. Harvard Business Review,1985,63(3).

[51] Christensen C M. The innovator's dilemma. Boston: Harvard Business School Press,1997.

[52] Foster R N. Managing technological innovation for the next 25 years. Research Technology Managemengt,2000(1).

[53] 高勇,关士续,米加宁:《企业家技术创新可能性建构及阶梯模 型》,《科研管理》,2000 年第 6 期。

[54] [奥] 约瑟夫·熊彼特:《经济发展理论》,何畏,等译,张培刚,
     等校商务印书馆,1990 年。

[55] 庄子银:《企业家精神、持续技术创新和长期经济增长的微观
     机制》,《世界经济》,2005 年第 12 期。

[56] 李新春,王珺,邱海雄,等:《企业家精神、企业家能力与企业成
     长——"企业家理论与企业成长国际研讨会"综述》,《经济研
     究》,2002 年第 1 期。

[57] 李垣,汪应洛:《企业家利益诱导下的技术创新行为探讨》,《科
     学学研究》,1995 年第 1 期。

[58] 方世建,郑南磊:《信息不对称下技术创新途径与企业家选
     择》,《科研管理》,2002 年第 6 期。

[59] 李兴旺:《企业家战略——培育创新能力的企业内部战略》,
     《南开管理评论》,2004 年第 4 期。

[60] Massa S, Testa S. Innovation and SMEs: misaligned
     perspectives and goals among entrepreneurs, academics, and
     policy makers. Technovation. 2008, 28(7).

[61] Bourne M, Mills J, Wilcox M, et al. Designing implanting
     and updating performance measurement systems. International
     Journal of Operation & Production Management,2000,20(7).

[62] Chester A N. Management and incentive for control research.
     Industrial Research Institute,1995(4).

[63] Roger E W. A theoretical look at firm performance in high-
     tech organizations. Journal of High Technology Management
     Research,2001(12).

[64] 张春霖:《企业组织与市场机制》,上海人民出版社,1991 年。

[65] Adler P S. Interdepartmental interdependence and coordination:
     the case of the design/manufacturing interface. Organization
     Science,1995,6(2).

[66] Miller G A,Wager W. Adult socialization, organizational
     structure, and role orientations. Administrative Science

Quaterly,1971(16).

[67] Souder W E,Chakrabarti A K. The R&D/marketing interface：results from an empirical study of innovation projects. IEEE Transaction on Engineering Management,1978,3(25).

[68] Whittington R C. Control strategies in industrial R&D. R&D Management,1991(9).

[69] 庄丽娟:《服务定义的研究线索和理论界定》,《中国流通经济》,2004 年第 9 期。

[70] DeLong J B, Shleifer A, Summers L, Waldmann R. Positive feedback investment strategies and destabilizing rational speculation. Journal of Finance,1990 (45).

[71] Nomann R. Service management wiley. Chichester, 1984.

[72] Sundbo J, Gallon F. Innovation as a loosely coupled system in services, the result of SI4S project. SI4S Topical Paper, 1998.

[73] 胡松,蔺雷,吴贵生:《服务创新的驱动力和模式》,《研究与发展管理》,2006 年第 1 期。

[74] 马钦海,关志民:《基于全顾客经历的服务产品结构化概念》,《管理评论》,2004 年第 1 期。

[75] 蔺雷,吴贵生:《新服务开发的内容和过程》,《研究与发展管理》,2005 年第 2 期。

[76] Lewis R E, Heckman R J. Talent management：a critical review. Human Resource Management Review, 2006, 16 (2).

[77] 张生太,段兴民:《企业高级人才队伍动态稳定模型及决策研究》,《管理科学学报》,2004 年第 2 期。

[78] 胡铁鹰:《企业技术人员技术创新能力的要素分析》,《研究与发展管理》,2000 年第 4 期。

[79] 文魁,吴冬梅:《异质人才的异常激励》,《管理世界》,2003 年第 10 期。

[80] 李树业,刘金兰:《高新技术企业人才资源内化开发与管理》,《科学管理研究》,2004 年第 4 期。

[81] Olson E M,Walker O,Ruekert R. Organizing for effective new product development: the moderating role of product innovativeness. Journal of Marketing,1995(1).

[82] Souder W. Managing new product innovations. Lexington Book, D. C. Heath and Company,1998.

[83] Griffin A,Hauser J R. Integration R&D and marketing: a review and analysis of the literature. The Journal of Product Innovation Management,1996(13).

[84] Moenaert R K,Souder W E,De Meyer A,et al. R&D——marketing integration mechanisms, communication flow, and innovation success. The Journal of Product Innovation Management,1994,11(1).

[85] 赵喜仓:《江苏区域经济协调发展战略研究》,江苏大学博士论文,2006 年。

[86] 徐承红:《产业集群与西部区域经济竞争力研究》,西南财经大学出版社,2006 年。

[87] Callois J-M. The two sides of proximity in industrial clusters: the trade-off between process and product innovation. Journal of Urban Economics,2008,63(1).

[88] 李永刚:《论产业集群创新与模仿的战略选择》,《中国工业经济》,2004 年第 12 期。

[89] 芮明杰,等:《产业链整合》,复旦大学出版社,2006 年。

[90] 黄贤金,王舒:《江苏省循环经济发展:基本态势、区域差异与政策建议》,《科技与经济》,2005 年第 3 期。

[91] 任永平:《论制度创新与我国企业技术创新能力的提高》,《江苏理工大学学报(社会科学版)》,2001 年第 4 期。

[92] 李立生:《论制度安排与技术创新》,《科学学与科学技术管理》,2001 年第 8 期。

[93] Kirzner I M. Competition and entrepreneurship. University of Chicago Press, 1973.

[94] 杨思群:《中国金融理论前沿 IIM》,社会科学文献出版社,2001年。

[95] Cook M B, Bhamra T A, Lemon M. The transfer and application of product service systems: from academia to UK manufacturing firms. Journal of Cleaner Production, 2006, 14(17).

[96] Dias J, Mc Dermott J. Institutions, education, and development: the role of entrepreneurs. Journal of Development Economics, 2006, 80(2).

[97] 何炼成,白永秀:《论中国企业家的地位及其培育对策》,《南开管理评论》,1999年第4期。

[98] 张同全:《论企业家人力资本产权》,《科学学与科学技术管理》,2002年第5期。

[99] 李义平:《论企业家及其产生的社会基础》,《管理世界》,2002年第7期。

[100] 刘新梅,孙卫:《论国有企业企业家道德风险》,《数量经济技术经济研究》,1999年第4期。

[101] 朱仁显:《美国科技领先的制度供给》,《自然辩证法研究》,2003年第9期。

[102] Barry C B. New directions research on venture capital finance. Financial Management, 1994, 4.

[103] 赵捷,孙晓芸:《我国科研机构收入分配制度改革的现状及存在的问题分析》,《中国软科学》,2006年第6期。

[104] 孙利辉,朱伟民,万迪昉:《企业研发人员组织激励实施模式研究》,《系统工程》,2000年第5期。

[105] Link A N, Bauer L L. Cooperative research in US manufacturing: assessing policy initiatives and corporate sradegies. Lexington: Lexington Books, 1989.

[106] Mowery D C, Rosenberg N. Technology and the pursuit of economic growth. Cambridge University Press, 1989.

[107] Srinivasan R, Lilien R L, Rangaswamy A. Survival of high tech firms: the effects of diversity of product-market portfolios, patents, and trademarks. International Journal of Research in Marketing, 2008, 25(2).

[108] Tirole J. The theory of industrial organization. London: Cambridge University Press, 1982.

[109] 林毅夫:《关于制度变迁的经济学理论:诱致性制度变迁与强制性制度变迁》,上海三联书店,1991年。

[110] 马良华,阮鑫光:《中小企业技术创新资金缺口及其经济学解析》,《科研管理》,2004年第3期。

[111] 吴宏洛:《体制转轨中的融资偏好与约束:民营经济发展的难题》,《科学学与科学技术管理》,2004年第5期。

[112] 陈晓红,黎璞:《分工演化与关系型融资:中小企业融资问题的新理论解释》,《管理评论》,2003年第5期。

[113] 孙永波:《中小企业信用担保体系的制度性缺陷及其制度创新》,《管理世界》,2005年第11期。

[114] 王建安:《技术创新与制度创新的匹配机制研究——一个理论框架和两个案例分析》,《科研管理》,2001年第3期。

[115] Yo Takagi, Sinjela M. Harnessing the power of intellectual property—strategy and programs of the WIPO worldwide academy. World Patent Information, 2007, 29(2).

[116] 安莉:《世界不同体制国家政府质量研究——兼论中国政府质量优化问题》,吉林大学博士论文,2004年。

[117] 张卫,岳少华:《多元视角下的社会阶层和谐关系研究——以江苏省为例》,《江海学刊》,2008年第6期。

[118] Lorne C H. Incentives in academics: why is there tenure? Journal of Political Economy, 1988(96).

[119] Holmstrom B, Milgrom P. Multi task principal agent

analysis: incentive contracts, asset ownership , and job design. Journal and Theoretical Economics ,1991(147).

[120] Comez-Mejia L R, Balkin D B. Determinants of faculty pay: an agency theory perspective. Academy of Management Journal,1992(35).

[121] Van Der Merwe A P. Project management and business development: integrating strategy, structure, processes and projects. International Journal of Project Management, 2002,20(5).

[122] Jassawalla A, Sashittal H. Building collaborative cross-functional new product teams. Acdemy of Management, 1999,13(3).

[123] 何作麻:《成果评审中的不良风气》,《维护科学尊严》,湖南教育出版社,1996 年。

[124] 钱兆华:《西方文化精讲》,华龄出版社,2007 年。

[125] Holt D H. A comparative study of values among Chinese and U. S. entrepreneurs: pragmatic convergence between contrasting cultures. Journal of Business Venturing,1997, 12(6).

[126] 可星:《企业家产生的制度和文化分析》,《中国人民大学学报》,1999 年第 5 期。

[127] 郭为:《儒家文化的制度视角与企业家精神》,《江汉评论》, 2002 年第 10 期。

[128] 过文俊:《中国企业家文化批判》,《商业文化》,2003 年第 6 期。

[129] Shapira S P. The social of impersonal trust. American Journal of Sociology,1987, 93(3).

[130] 赵克:《论区域创新源对文化环境的依赖——诱致工业实验室发生区域转移的一种文化解释》,《科学学与科学技术管理》,2005 年第 4 期。

[131]〔英〕布洛克:《西方人文主义传统》,董乐山译,生活·读书·新知三联书店,1997。

[132] Hofstede. Culture's consequences: international differences in work-related values. Beverly Hills, CA: Sage Publications, 1980.

[133] 何亚平,张洪石:《科技文化的价值观与技术创新》,《科学学研究》,2001年第2期。

[134] 周昌忠:《西方科学的文化精神》,上海人民出版社,1995年。

[135] 成思危:《风险投资在中国》,因陀罗网书海,2000年。

[136] Schofer P, Leitinger R. Framework for venture capital in the accession countries to the European Union. Austria: University of Applied Sciences "FH bfi Wien", 2002.

[137] 成良斌,葛秋萍,瞿凌云:《论中国风险投资的文化困惑》,《学海》,2002年第3期。

[138] 吕炜:《风险投资发展的制度背景与价值分析:以美日比较为参照》,《经济研究参考》,2001年第10期。

[139] 玛里亚诺·格龙多纳:《经济发展的文化分类》,〔美〕塞缪尔·亨廷顿,等主编《文化的重要作用——价值观如何影响人类进步》,新华出版社,2002年。

[140] 成良斌:《文化传统、社会资本与技术创新》,《中国软科学》,2006年第11期。

[141] Landry R. Amara N, Lamari M. Does social capital determine innovation? To what extent? Paper Prepared for Presentation at the 4th International Conference on Technology Policy and Innovation, Curitiba, Brazil, 2000.

[142] 柏林科学技术研究院:《文化 VS 技术创新——德美日创新经济的文化比较与策略建议》,吴希金,等译,知识产权出版社,2006年。

[143] 梁金河:《中国:经济方位——鲁粤两省文化不败与经济崛起现象窥析》,中国城市出版社,1996年。

[144] Lexa F J. Pay for performance and the revolution in American medical culture. Journal of the American College of Radiology,2008(3).

[145] 钱智:《吴文化区域系统初步研究》,《地理学报》,1998 年第 2 期。

[146] 董楚平:《吴文化的三次发展机遇》,《浙江社会科学》,2001 年第 5 期。

[147] 周明生,王世谊:《论江苏地域文化的多元性与江苏人文精神的二重性特征》,《江苏行政学院学报》,2007 年第 3 期。

[148] 吴晓波,裘丽萍,章威:《新产品开发中 R&D—营销界面有效性研究》,《研究与发展管理》,2006 年第 4 期。

[149] 梅强:《我国工业企业新产品开发状况的调查分析》,《数量经济技术经济研究》,2001 年第 10 期。

[150] 孙天琦:《制度竞争、制度均衡与制度的本土化创新——商洛小额信贷扶贫模式变迁研究》,《经济研究》,2001 年第 6 期。

[151] 朱明伟,杨刚:《企业人力资本管理研究》,《南开管理评论》,2001 年第 5 期。

[152] Heyer E, Sibert A, Austerlitz F. Cultural transmission of fitness:genes take the fast lane. Trends in Genetics,2005, 21(4).

[153] 陈佛松:《世界文化史》,华中科技大学出版社,2002 年。

[154] 毕文波:《当代中国新文化基因若干问题思考提纲》,《南京政治学院学报》,2001 年第 2 期。

[155] 盛亚:《企业文化与技术创新》,《科学管理研究》,1995 年第 5 期。

[156] Peedicayil J. The importance of cultural inheritance in psychiatric genetics. Medical Hypotheses,2002, 58(2).

后 记

　　本书是在我的博士学位论文的基础上修改而成的。这篇论文能够最终成书，首先要感谢我的博士论文指导老师赵喜仓教授。在论文完成过程中，赵老师倾注了大量的心血。读博期间，无论是在学习、科研，还是生活等诸多方面，都得到了赵喜仓老师无微不至的关怀和帮助。赵老师作为区域经济和技术经济研究领域的专家，其深厚的理论功底、丰富的科研经验、严谨的治学态度及和蔼可亲的为人，都给我留下了深刻的印象，为我树立了终生学习的榜样。

　　毕业两年来，我一直在思考、深化本书构建的区域创新能力框架。为印证书中的观点和结论，我先后在北京、天津、江苏、广东等地走访了近 10 个高新技术产业园区，调研了近 40 家企业。在调研中发现，区域创新能力器物层是区域创新主体的要素创新能力和产品或服务创新能力，是区域创新能力中的硬实力。区域创新能力制度层和文化层是区域创新主体的规则创新能力，是区域创新能力中的软实力。区域创新主体通过器物层的技术创新降低生产成本，决定区域经济绩效；区域创新主体通过制度层的制度创新和文化层的文化创新，降低交易成本，决定区域经济绩效。在与有关企业、大学与科研机构、政府等区域创新主体的工作人员进行交谈的过程中，本书的核心观点受到了他们的关注和认同，他们为完善本书核心观点提出了宝贵意见。如果本书的出版能够对区域创新主体从立体角度寻求区域创新能力形成路径起到帮助作用，那正是本书出版的目的。

　　在本书写作过程中,参考了诸多学者的著述,书中列出了参考文献,在此对相关论著的作者及专家表示深深的谢意。同时,对所有关心和帮助过我的朋友和同仁们表示最衷心的感谢和祝福。

陈玉川

2011 年 10 月 26 日于河南财经政法大学